북종선

# 북종선

혜원
慧諼 著

운주사

## 머리말

'북종선'에 대한 필자의 연구는 70년대 말부터 시작되었다. 하지만 그 당시 동국대학교에는 선학을 전공하신 선생님이 계시지 않아 어쩔 수 없이 박사과정을 수료한 후 故김지견 선생님의 권유로 일본 駒澤대학 선학과(박사과정, 85~88년)에서 지금까지도 학은學恩을 입고 있는 타나카료쇼(田中良昭) 선생님의 지도를 받으며 본격적으로 선학 공부를 하게 되었다. 이를 토대로 김영태 선생님을 지도교수로 모시고 원의범 선생님으로부터 논문 지도를 받아 박사학위를 취득하였는데, 선학분야로 학위를 취득한 것은 동국대에서 처음이 아닌가 싶다.

선학에 대한 관심과 연구는 이미 입적하신 은사 벽안碧眼 스님이 『육조단경』에 대해 흥미롭게 이야기해 주신 것이 계기가 되었다. 변재가 훌륭한 스님께서, 특히 혜능과 신수의 신분의 차이, 공부의 결과를 시구를 통해 심사한 홍인, 대중 몰래 혜능에게 전법한 홍인, 혜능의 야반도주, 혜능의 장쾌한 설법 등에 대해 말씀할 때, 당시 10대였던 어린 필자에게는 한 편의 드라마를 보는 듯했다. 그 후 『단경』 텍스트를 찾아 읽게 되었고, 이를 계기로 필자는 선학의 길로 들어선 것이다. 이처럼 지금까지의 선학 편력은 은사의 후광이라고 생각한다.

그리고 필자의 선학에 대한 관심은 駒澤대학 유학을 계기로, 한국불교계에서 남종과 육조 혜능의 우월성에 대한 대척점으로 인식되고 있는 북종 '신수'와 '북종선'에 천착하게 되었다. 그동안 북종 신수선에 대한 필자의 지속적인 연구는 북종계 문헌에 대한 올바른 이해에 중점을 두어 왔는데, 이는 한편으로 '깨달음'과 '수행'이라는 두 가지 명제를 가지고 초기교학사상과 남종계 선문헌 등에 대한 정밀한 고찰이 필연적이었다. 그리고 연구를 통해 필자는 선종을 둘러싼 그동안의 오해와 실체에 한 걸음 접근할 수 있었다.

북종 신수는 대승경론을 배경으로 돈오점수의 실수實修를 설명한다. 신수 이전은 실수를 중심으로 이루어진 초기 달마계 선이었지만, 신수는 교학을 근거한 선리禪理와 제법실상을 실증實證해야 함을 중요시한 것이다. 이러한 신수의 선수禪修 방법은 불타가 개발한 삼학의 일치, 돈오와 점수의 일치 등의 입장을 견지한 것으로, 교리발달상에서 나타난 본증묘수本證妙修의 행行, 돈오점수, 선계일치 등의 사상에 어긋남이 없는 선리禪理의 정통성을 지녔음을 살필 수 있었다.

이렇게 깨달음을 위한 '수행', 즉 바라밀다행의 정로正路를 교학을 방편으로 간명직절簡明直截하게 설명한 북종 신수의 사상은 지금 우리들에게 더없이 좋은 선수행의 길잡이가 될 것이라고 믿으며, 그동안의 공부를 정리해 세상에 출간하게 된 것이다.

지금까지 필자의 북종선과 선학 전반에 대한 이해는 타나카료쇼 선생의 관계 문헌과 자료 제공이라는 배려에 힘입는 바 크다. 이 책의 북종 계보나 연보도 선생의 허락과 조언으로 가능했다. 선생에 대한 감사는 아무리 강조해도 넘치지 않는다. '조사어록의 연구는 자신의 실상實相을 아는 도구'라고 하신 선생의 말씀은 아직까지도 필자의 선학 연구에 중핵이 되고 있다.

　산수傘壽가 넘으신 데도 아직도 미덥지 못하다는 듯이 학문의 자세와 방법에 대해 꼼꼼히 챙기고 지도해 주시는 원의범 선생님께 감사드리며, 원장의 소임을 맡고 있는 동국대 교책연구기관인 불교문화연구원의 연구원 여러분의 조도助道, 원고교정에 도움을 준 선학과 대학원생인 영석, 여현 스님에게, 또한 출판계의 어려운 여건에도 불구하고 불교가 세상에 널리 전파되기를 바라는 마음으로 이 책의 출판을 기꺼이 맡아준 운주사 사장님께도 심심한 감사를 드린다.

2008년 1월
혜원 합장

머리말 5

# I. 서론 13

# II. 인도불교에서의 수정 방편의 연원적 근거

## 1. 불타 당시 외도外道의 수정修定 19

1) 「이학삼부품異學三部品」 20
2) 『우다라경優陀羅經』 23
3) 「아라람울두람품阿羅藍鬱頭藍品」 26
4) 『과거현재인과경過去現在因果經』 29
5) 「문아라라품問阿羅邏品」 상 37
6) 「문아라라품問阿羅邏品」 하 41
7) 「답라마자품答羅摩子品」 48
8) 「고행품苦行品」 54

## 2. 사문 구담의 선정 57

1) 『잡아함경』 57
2) 『오분율五分律』 60
3) 『근본비나야잡사根本毘柰耶雜事』 61

## 3. 아비달마불교에서의 정혜쌍수定慧雙修와 돈점불이頓漸不二 63

1) 유부계有部系의 점수관漸修觀 63
2) 『구사론』에서의 선정 65
3) 대중부계의 돈수관頓修觀 및 기타 돈점론 69
4) 『성실론』에서의 선정 76

4. 대승경전에서의 선정　78

　　1)　반야부계에서의 선정　78

　　2)　『법화경』에서의 선정　82

　　3)　『지장경』에서의 선정　84

　　4)　『대반열반경』에서의 선정　87

　　5)　『화엄경』에서의 선정　90

　　6)　『입능가경』에서의 선정　92

　　7)　『해심밀경』에서의 선정　96

　　8)　밀교계 경에서의 선정　103

## Ⅲ. 대통신수 이전의 중국 선사상

1. 보리달마선 성립 전후의 선관禪觀의 역사　109

　　1)　『안반수의경』　111

　　2)　『불설선행삼십칠품경佛說禪行三十七品經』　112

　　3)　『선행법상경禪行法想經』　112

　　4)　『선요경禪要經』　113

　　5)　『법관경法觀經』　114

　　6)　『달마다라선경達摩多羅禪經』　115

　　7)　『좌선삼매경坐禪三昧經』　116

　　8)　『오문선경요용법五門禪經要用法』　117

　　9)　『법화경』 안락행의安樂行義　118

　　10)　『마하지관摩訶止觀』　119

2. 보리달마선의 계승　120

## Ⅳ. 대통신수의 선사상

1. 신수의 생애　125

2. 신수의 돈오점수頓悟漸修　129

　　1)『대승무생방편문』의 중심 내용　131

　　2) 남종선의 돈오점수　155

3. 신수선에서의 일행삼매　166

　　1) 일행삼매의 의의　166

　　2) 신수선에서의 일행삼매　180

　　(1) 신수의 염불정토관　180

　　(2) 염불과 일행삼매　185

　　(3) 남종선의 일행삼매와의 상위성　189

4. 신수선에서의 방편　199

　　1) 방편의 의의와 선　199

　　2) 초기 선종의 선 실수　204

　　3) 신수의 방편과 그 특색　211

5. 신수의 관심사상　221

　　1) 초기 선종의 관심　222

　　2) 남종선에서의 견성　229

　　3) 신수의 관심사상　235

6. 신수의 계율관　244

　　1) 신수의 계율에 대한 견해　245

　　2) 계율의 전승傳承　250

## V. 결론 262

初期中國禪宗系譜(北宗禪) 및 주요 禪籍  273

參考文獻  275

11經의 번역 연대 일람표  284

summary  285

찾아보기  289

# I. 서론

불교佛敎는 불佛이 아니다. 마찬가지로 '불'은 불교가 아니다. '불'은 사람이고 '불교'는 사람의 말이다. 불이 불교가 아니고 불교가 불이 아님은 사람이 말(言語)이 아니고 말이 사람이 아닌 것과 마찬가지다. 또 그것은 입이 말이 아니고, 말이 입이 아닌 것과 같다.

　불교는 '불'의 입을 통하여 나온 말이다. 불의 입을 통하여 나온 말이 '불'일 수는 없다. 그런데 말에도 여러 가지가 있다. '불의 입을 통하여 나온 말'이 불교佛敎이고 불어佛語가 아닌 까닭은, 불교가 '불'이 '불이 아닌 사람들'에게 '불이 되라고 가르친 말'인 것에 있다. '불'에 대해서 '불이 아닌 사람들'이 이른바 '중생'이다.

　그러므로 '불'이 중생에게 '불이 되라'고 가르친 말이 불교로서의 '불의 말'이다. 불의 가르침으로서의 불의 말인 불교는 불과 중생 사이에 있고, 불교를 사이에 두고 불과 중생은 일단 서로 다르다고 하지 않을 수 없다. 말하자면 불은 무엇인가 될 대로 다 된 사람이고,

중생은 아직 될 대로 다 되지 못한, 이른바 불보다는 아직 덜 된 사람이다. 그러므로 불은 중생에게 불이 되라는 가르침을 주었다.

불교를 사이에 두고 불과 중생은 마치 강을 건너가 저 언덕에 있는 사람과 아직 못 건너가고 이 언덕에 있는 사람처럼 서로 떨어져 있다. 그래서 저 언덕에 이미 건너가서, 아직 못 건너가고 이 언덕에 있는 중생을 향하여 그리로 건너오라고 가르쳐 주고 있다. 직접 강을 건너본 부처 자신이 건너본 체험에 의하여 말로 일러주어 가르친다. 말하자면 그렇게 가르쳐주는 강을 건너는 방법 같은 것이 곧 중생에게 가르쳐준 불의 가르침이다. 그런 뜻에서 불이 불교가 아님은 강을 건너는 방법이 강의 피안이 아닌 것과 마찬가지다.

불교는 불이 되는 방법이다. 그런 뜻에서 불교는 불로 가는 불도佛道이기도 하다. 도는 어떤 목적지로 가는 길일 뿐이지 그 목적지는 아니다. 그러므로 불도 내지 불교는 원리적으로 방편이고 방법이다. 뗏목이고 배이고 달을 가리키는 손가락[指月之指]이고 도를 나타내는 도구[顯道之具]다. 불이 되는 방법으로서의 불교를 제일 먼저 가르치기 시작한 분은 물론 인도의 석가모니불이다. 그 가르침은 방법상 크게 세 부문으로 나누어진다. 하나는 직접 언어에 의한 것이고, 다른 하나는 행동 위의에 의한 것이고, 셋째는 염화시중에 의한 것이다. 첫째, 혜慧는 바로 교문[慧卽敎門]으로 발전되고, 둘째는 계戒는 즉 율문[戒卽律門]이며, 셋째 정定은 즉 선문[定卽禪門]으로 발전되었다. 교문에도 여러 가지가 있고, 율문에도 여러 가지가 있고, 선문에도 여러 가지가 있게 되었음은 두말할 필요도 없이 중생의 근기의 차이에서 온 역사적 변천이라고 할 수밖에 없다.

그런데 계·정·혜 삼학三學이 일체임을 인정하면서도 교와 율과 선이 서로 어떻게 다른 것인가라는 문제에서는 그들이 서로 본질적으로 다르다고 보는 것이 보편적인 경향이다. 그러나 그 셋 모두 성불하는 방법 내지 방편인 것에서는 서로 본질적으로 다를 수가 없다. 본 연구는 바로 이 점에 착안하였다.

즉 계·정·혜 삼학은 불도를 닦는 데에 있어서 다만 동일한 목적지에로 가는 세 갈래의 서로 다른 길이라는 견해를 고집할 때에는 계·정·혜, 즉 율의律儀와 교리는 방향이 서로 다른 세 갈래의 길처럼 서로 다를 수 있다. 그러나 삼학은 동일한 목적지로 가는 세 갈래의 길이 아니고, 방향이 서로 다른 세 갈래가 아니라 몇 갈래의 어떤 길을 가는 사람에게도 필요한 세 가지의 필수 조건이라는 견해에서 본다면, 계·정·혜는 서로 다르면서도, 어떤 길을 가는 자에게도 지켜야 하는 세 가지 필수 조건이라고 보아야 한다.

예를 들면, 영동과 영남과 호남에서부터 서울로 가는 길이 하나는 동에서 서로, 다른 하나는 남에서 북으로, 다른 하나는 서에서 동으로 가듯이, 서행·북행·동행은 서로 상반되고 반대되고 모순된다. 그러나 그렇지 않고 어떤 방향에서 서울로 행하던 간에, 첫째로 걸어야 하고, 둘째로 방향을 바로 알고 걸어야 하고, 셋째로 목적지에 닿을 때까지는 변함없이 몸과 마음을 다하여 오로지 바르게 걷기만 해야 한다. 걸어야 함은 계행이고, 방향을 알아야 함은 혜해慧解이고, 오로지 바르게 전심전력을 다하여 변함없이 일심불란으로 행해야 함은 선정이다.

이렇게 볼 때에 삼학은 서로 다른 세 갈래의 길이 아니라 어떤 길을 가든, 길 가는 사람이라면 반드시 지켜야 할 세 가지 필수조건이다. 삼학은 본래 이런 관계에서 불가불리의 것이었다. 그런 뜻에서 서로 다른 것뿐인데도 불구하고 계·정·혜를 전혀 서로 다른 수행방편인 것처럼만, 즉 마치 방향이 서로 다른 세 갈래의 길인 것으로만 아는 것은 불의 본래 가르침에서 어긋난다고 보아야 할 것이다.

그러므로 본 연구에서는 이 점에 착안하여 선禪이 아무리 돈오頓悟라 할지라도 선은 역시 계·정·혜 삼학의 정定에 그 연원이 있기 때문에 계와 혜가 없이는 선정禪定도 선행禪行도 완수되지는 않는다는 그런 측면에서 수선修禪에서 돈점, 정혜의 문제들을 재검토하고자 한다. 먼저 이를 위한 방법상에서 삼학이 불가불리인 점을 감안하고 주요 경전들을 근거로 하여 선정에 대한 것을 밝히며, 이른바 중국선종에서의 남돈북점南頓北漸의 문제를 그러한 계·정·혜 삼학의 원리적·동체일심적 입장을 살펴보도록 하겠다. 이는 역사적 맥락에서 볼 때, 즉 수도인의 수행에서의 정혜쌍수·선교일치는 마치 차의 양 바퀴처럼 상부상조하면서 행하는데, 차의 방향은 곧 계의 실천이며 수도방법일 뿐만 아니라, 나아가 북종의 점수가 오히려 수정修定의 역사적 정통성을 지니고 있다는 것을 밝히는 데에 본 연구의 목적이 있다.

본 연구의 문제의식은, 특히 한국에서 선이라고 하면 남종의 돈오頓悟뿐인 것처럼 관습화된 사상의 경향과, 동시에 한국의 선은 남돈南頓만을 이어 받은 것처럼 보는 경향이 있음에서 비롯된다.

따라서 연구의 목적을 달성하기 위하여 먼저 불타 수행 당시의 대표적 선정주의禪定主義자, 특히 알라라와 웃따라까의 수정修定방법을 비교적 초기 경전, 즉 아함부를 중심으로 하여 살펴보고, 또 사문 구담은 그러한 재래적 수정방법을 왜 버렸으며 그 자신은 어떠한 새로운 방법을 취하였는가를 살펴보도록 하겠다.

그 다음 단계에서는 초기 경전상에서 그러한 문제들과의 관련에서 아비담부, 특히『대비바사론大毘婆沙論』에서의 수정관修定觀을 살펴본 다음, 제3단계에서『구사론俱舍論』・『성실론成實論』등 대・소승 논부論部에서의 수정관을, 제4단계에서는 대승 초기의 반야부에서 대승종교終敎까지의 여러 경전에서 수정관들을 살펴보고자 한다.

물론 이상과 같은 정리는 다만 돈점과 정혜쌍수라는 현실을 중심으로 하여, 그 양자가 불가불리의 관계에 있음을 요점적으로 열거하여 보는 범위 내에서만 연구할 뿐이다. 역사적으로 초기 내지 소승, 대승의 여러 경전에서의 수정관을 총망라하려는 것은 아니다. 다만 이 책에서는 앞에서 말한 바와 같이 북종 점수관漸修觀이 오히려 역사적 연원과 정통성을 가지고 있음을 밝혀보려는 점에 집중하여, 역사적으로 드러난 여러 경론 중 이와 관련된 대표적인 내용들을 살펴보고 이를 체계화하였다.

이처럼 기초적 정리 작업을 맨 첫 단원에서 끝마친 다음, 두 번째 단원에서 그러한 역사적・기초적・사실적 이론들을 배경으로서 살피며, 세 번째 단원에서 구체적으로 북종 신수의 선사상을 설명하면서 북종선이 돈점, 정혜의 양수兩修를 주장하였으며, 나아가서는 남종도 그렇게 돈만은 아니었다는 것까지 밝히려고 한다. 여기서 말하는 남종이란 하택신회荷澤神會가 혜능을 달마의 정계라고 보아 그를 남종으로 간주하는 데 기인한다. 따라서 본 연구에서 다루려는 남종선은 혜능과 신회의 선사상을 말하는 것이다. 이렇게 하여 결국 북점北漸이 오히려 수정修定의 역사적 정통성을 지니고 있음을 결론 지으려고 한다.

그리고 본 연구를 전개시킴에 있어서 수정의 연원을 여러 경전에서 찾되, 그러한 여러 경전을 그 성립이나 한역漢譯 연대순으로 인용하면서 가급적 오래된 경전이 보다 새로운 경보다는 더 연원적인 근거가 될 것이라고 보는 한편, 교리발달사적으로는 보다 새로운 경전이 교리에 있어서 역사적으로 더 발전된 것이라고 보는 가운데, 한역의 경론을 전거典據로 삼았다.

또한 주제의 서술 전개 방법으로서는 먼저 주제 항에 관한 경전의 교설 내용을 간략하게 초역抄譯하여 서술하고, 다음에 그 내용을 근거로 하여 필자의 견해를 기술하는 방법으로 진행하였다.

# II. 인도불교에서의 수정 방편의 연원적 근거

### 1. 붓타 당시 외도外道의 수정修定

불교 전적典籍에서 바라문교의 수선修禪은 붓타의 비판 대상으로 나타난다. 여기서는 불교 당시 바라문교에서의 수선방편을 불교의 전적에서만 근거하여 알아보려고 한다. 붓타가 출가 직후 당시 유명한 두 사람의 수정주의자修正主義者, 알라라 깔라마(梵 ārada kalama, 巴, ālarakālama)와 웃따라까 라마뿟따(梵 Udrakarāmaputra, 巴, Uddakarāmaputta)에게로 가서 당시의 선정을 수행하였다는 것은 여러 초기경전 및 후기경전에 두루 나타나 있는 정설定說이다.

당시의 수정주의자들이 수행하던 그 정定이라는 것이 붓타 이후 불교에서의 이른바 선禪이라는 것과 동일한 것은 아니다. 왜냐하면 붓타가 성불 이전 수행할 때 당시 수정주의자들의 정을 직접 수행한 뒤, 그 정에 만족하지 못하고 그러한 수정을 버리고 떠났기 때문이다.

당시 수정주의자들의 정은 물론 이른바 바라문교에서의 수정이다. 그것이 과연 어떠한 것이었는지를 밝히는 일은 쉬운 일이 아니다. 여기서는 다만 불교의 내전內典상에서 바라문교의 수정을 어떻게 비판하였는가 하는 점만을 중점적으로 추구해 보겠다. 그리고 그런 점으로 미루어서 불타가 교시敎示한 불교에서의 선이라는 것이 과연 어떠한 것이었는가를 기존 바라문교 수정과의 차이점에서 밝히는 동시에, 결국 불교의 수선修禪은 정定만이 아니고 혜慧, 즉 관觀을 겸한 점과 또 점수漸修만이 아니고 돈오頓悟를 겸한 점이 바라문의 수정修定과 다른 점이었으며, 결국 그러한 정혜쌍수定慧雙修·돈점쌍수頓漸雙修는 불타 이래로 면면히 계속되어온 선수행의 근원적 본질이었음을 밝혀보려고 한다.

알라라 깔라마와 웃따라까 라마뿟따에게서 성도成道 이전의 불타가 수정을 수행하였다는 사실을 언급한 경은 일반적으로 열한 개 정도라고 알려져 있다.[1] 여기서는 이들 중 성불 이전의 불타, 즉 사문 구담沙門瞿曇이 어떻게 당시의 바라문교의 수정을 비판하였고, 불타 자신이 독자적으로 행하였던 수선修禪이 어떠한 것인가를 완연하게 알아볼 수 있는 내용을 담고 있는 여덟 개의 경을 추려서 살펴보도록 하겠다.

### 1) 「이학삼부품異學三部品」

대의大意만을 간추려 보면 대략 다음과 같다.[2]

---

[1] 『望月佛敎大辭典』, 阿羅羅迦藍 項과 優陀羅摩子 項 및 11經 번역 연대표 참조
[2] 竺法護 譯, 『普曜經』 卷5(『大正藏』3, p.510), 西晉永嘉 A.D.308

보살이 니련선하의 강변에서 한적하게 있으면서 마음이 적연寂然하고 시방十方을 자애롭게 살피고 하늘의 신과 인간을 요익하고자 하였을 때에, 멀리 웃따라까[鬱頭藍佛]를 보고는 "내가 가서 그가 행하는 바 잘 아는 것을 물어 보아서 항복을 받고 유위법有爲法을 가르쳐 주어야겠다. 그리하여 일심해탈문 삼매정정一心解脫門 三昧正定으로써 그가 배운 바를 초월한 권방편權方便인 그 본말本末을 관하여 이들이 행하는 것이 세속의 정의定意임을 스스로 알게 한 다음에 심오한 정정, 즉 무위삼매無爲三昧를 설하여 대도大道로 돌아가게 하리라."라고 생각하고는 그곳으로 갔다.

여기서 보살은 웃따라까가 통달하였다는 유상무상정有想無想定을 실증實證해 보고는 무상無想의 정정을 넘어서 그 이상 가는 마지막 지도至道에 나아갈 수가 없다는 사실을 웃따라까로부터 직접 확인하고, 그에게 신信이 없고 정진과 염정念情·의意·지혜智慧가 없으므로 곧 그곳을 버리고 떠났다.

다음에 알라라 깔라마[迦羅無提]를 찾아가서 무용허공삼매無用虛空三昧를 다시 실증實證하였으나, 그는 그 삼매三昧가 "멸도滅道에 이르지 못하고, 욕망을 떠나지 못하고, 무위無爲에 통달하지 못하고, 적연寂然에 이르지 못하며, 사문沙門에 있지 않으며, 정각正覺에 이르지 못하여, 열반[泥洹]이 아니다."라고 판단하여 역시 그곳을 떠나 버렸다는 것이다.

이 경에는 다른 경과는 분명하게 다른 점들이 있다. 즉,

①뒤에 설명되는『우다라경』은 사문 구담이 아직 성불하지 못하고 웃따라까와 알라라에게서 수정修定을 배우던 때의 이야기지만, 이

경에서는 보살로서의 불佛이 주인공이 되어 있다. 더구나 웃따라까를 교화시키려는 보살로서 등장한다. 그러고 보면 성불 후의 교화를 위한 화신化身보살로 보아야만 옳을 것이다.

② 『우다라경』과는 완전히 주객이 전도된 내용을 담고 있으며, 『우다라경』에서는 알 수 없었던 것이 완연하게 나타나 있다. 즉 알라라의 현상의 존재〔有法〕에 대한 불의 유무법有無法과 알라라의 세속 정의定意에 대한 무위삼매정의無爲三昧定意가 그것이다.

③ 사문 구담이 알라라에게 가서 그의 수정을 배운 것은 오로지 그를 교화하기 위한 방편에 불과하였다는 것을 밝힌 점이다. 이것은 역사적 측면에서 볼 때 전역傳譯된 시대는 『우다라경』보다 앞서지마는, 그 내용은 교리발달사적 측면으로 본다면 『우다라경』보다 후세에 엮어진 경임이 틀림없다. 이는 구담을 보살화菩薩化시킨 것에서 알 수 있는 일이다.

④ 우다라까는 그의 최고의 정最高定, 무상의 정無想定, 이상의 정定은 없다고 단념하고 있었지만 보살, 즉 사문 구담은 그러한 그를 비판하기를 그에게는 신信, 정진과 염念과 정의定意와 지혜가 없다고 하고 그를 떠나가 버렸다. 여기에서 사문 구담은 무상정無想定 이상의 것이 또 있을 것이라고 믿고 정진수행하여 염念과 정定의 뜻을 성취하고 지혜를 획득하였다는 것을 시사하고 있다.

⑤ 알라라에게서는 무용허공삼매無用虛空三昧를 수정修定하였지만, 그 삼매가 멸도에도 이르지 못하고, 욕망에서도 떠나지 못하고, 무위無爲에도 통달하지 못하고, 적연寂然에도 이르지 못하고, 정각正覺에도 이르지 못한다고 하고, 결국 열반도 아니라고 결론지었다.

여기에 뒤의 『우다라경』의 경우보다 더 명료하게 드러난 점은, 멸도와 이욕離欲과 통달무위通達無爲와 적연이 니원, 즉 열반의 조금 더 구체적인 내용이라는 것이 시사된 점과, 이욕은 계戒에, 적연은 정定에, 통달무위는 혜慧에 해당되는 것이라고 보아야 한다는 점이다.

이상으로 미루어 볼 때 여러 불타의 교설에서 천편일률적으로 정설화定說化되어 있는, 이른바 웃따라까와 알라라에게서 사문 구담이 그때 당시의 재래적·바라문적 수정修定을 완수하였다는 것은 틀림없지만, 그러나 그 수정이 그저 단순한 수정만은 아니었다고 보아야 하며, 더 나아가 정定과 아울러 교리적 이론학습, 즉 혜와 계행 실천도 있었다고 보아야 할 것이다.

### 2) 『우다라경優陀羅經』

한때에 세존이 사위성에 있는 아름다운 숲인 급고독給孤獨의 정원에서 여러 비구들에게 말씀하셨다.[3]

"웃따라까 라마뿟따가 대중들 가운데에 있으면서 자주 이와 같은 말을 하였다.

'이 생生 가운데서 이것을 관觀하고, 이것을 깨닫고〔覺〕, 부르튼 데〔癰, ganda, 곪아 부어 오른 곳〕의 근본을 모르다가 나중에 곪아 부어 오른 데의 근본을 알았다. 우다라라마자는 모든 것에 대한 앎〔一切智〕이 없으면서 자칭 일체지라고 하고, 실은 깨달은 바가 없으면서 자칭 깨달았다고 한다. 우다라라마자는 이와 같이 보고

---

3 僧伽提婆 譯,「中阿含林品」『優陀羅經』第8, 第2, 小土城誦.『中阿含經』第56(『大正藏』1, p.603a) 東晉陸安元 2, A.D.397~398.

이와 같이 설한다. 즉 집착(有)이 병이요, 헐은 데(癰)요, 가시(刺)이다. 설사 무상無想이라도 이는 어리석은 병(愚痴)이다. 만약에 깨달은 바가 있으면 곧 지식(止息; 숨의 멈춤)이요, 가장 훌륭함(最妙)이다. 이른바 비유상비무상처非有想非無想處이니라.'라고 한다.

그러나 그는 스스로 몸을 즐기고(樂), 스스로 몸에서 느끼고(受), 스스로 몸에 집착하여 몸으로 이미 비유상비무상처非有想非無想處를 닦아 익혔다. 그러므로 몸이 무너지고 목숨이 다하면 비유상비무상처非有想非無想處의 하늘(天) 가운데에 난다. 그 하늘 가운데서의 수명이 다하면 다시 이 세간에 와서 난다. 비구가 이 생에서 이를 관觀하고, 이를 깨닫고(覺), 헐은 데(癰本)를 모르다가 나중에 막혀 부르튼 곳을 알았다고 해도 이를 어찌 비구의 정관正觀이라 할 수 있겠는가, 정관은 아니다. 비구는 여섯 가지 촉觸을 알고 습習을 알고 멸滅을 알고 맛(味)을 알고 근심을 알고 벗어남의 방법(出要)을 알고, 혜慧로서 참됨(眞)과 같음을 아니, 이것이 비구의 정관이니라.

비구의 깨달음(覺)이란 어떤 것인가. 비구는 세 가지 깨달음을 안다. 습習을 알고 멸滅을 알고 맛(味)을 알고 근심(患)을 알고 벗어나는 방법을 알고, 혜로서 참됨과 같음(如)을 아니, 이것이 비구의 깨달음이니라. 비구가 부르튼 근본(癰本)을 알지 못하다가 나중에 그것을 알았다고 하는 것은 무엇인가. 비구는 애욕(愛)이 사라진다는 것을 알고 그 근본을 뽑아버리고, 결국 다시 태어나지(生) 않는 데에 이르니, 이것이 비구가 부르튼 근본을 모르다가 나중에 부르튼 근본을 알게 되었다는 것이다. 부르튼 것이 곧 몸이다. 한 사대(四大; 地水火風)가 아버지로부터 태어나 마시고, 먹고, 잘 기르고, 옷 입히고, 가꾸고, 닦고, 씻어서, 강인强忍해지지만, 이는 곧 무상법無想法이고 괴법壞法이고 산법散法이다. 이것이 곧 옹癰이다. 옹의 근본은 세 가지 애욕[三愛]이니, 욕애欲愛·색애色愛·무색애無色愛이다. 이것이 이루어져 부르트는 근본[癰本]이다. 부르틈은 모든 누(漏, 번뇌)의 시초가 되며 이른바 여섯 가지 부딪치는 곳[觸處]에서 일어난다. 눈으로의 번뇌[眼漏]는 곧 색(色, 현상)을 봄에서이며, 귀에서의 번뇌[耳漏]는 곧 소리를 들음에서이고, 코로서의 번뇌[鼻漏]는 곧 향기를 맡음에서이요, 혀로서의 번뇌[舌漏]는 곧 맛을 앎에서이요, 몸의 번뇌[身漏]는 촉감에서이요, 의식으로서의 번뇌[意漏]는 곧 모든 현상을 앎에서이니, 이것으로 이루어진 것이 모든 번뇌이다. 비구들이여, 내가 이미 그대들을 위해 부르틈과 부르틈의 근본을 말하였다. 큰 자애로움과 슬픔이 일어나 연민의 감정으로 의로움 및 요익을 구하고, 안은安隱과 기쁨을 구하기를 나는 이미 다 지었다. 그대들도 또한 앞으로 마땅히 스스로 다시 지어야 할 것이다.

평화로운 텅 빈 산중, 고요하고 편안한 곳에 이르러서 연좌宴坐하여 방일放逸하지 말며, 한층 더 부지런히 정진하여 후회가 없도록 해야 한다. 이것이 곧 나의 가르침이니라."

불이 이와 같이 말씀하니 모든 비구들이 불이 말씀한 바를 듣고 환희 봉행하였다.

이상에서, 앞의 이학삼학품異學三學品 제14와 비교하여 다음과 같은 점들을 지적할 수가 있다.

① 비유상비무상처의 하늘[非有想非無想處天]에서는 수명이 다하

면, 다시 하계로 추락하여 다시 태어난다고 불이 선언하였다.

② 욕계欲界·색계色界·무색계無色界는 모두 유루有漏의 세계이며, 모두 애욕이 있는 세계이다.

③ 애욕이 완전히 사라지면 곧 번뇌가 다 끝나는 것[漏盡]이다.

④ 누진漏盡에 이르려면 애욕을 없애야 하며

⑤ 애욕이 없으면 다시는 태어남을 받지 않는데 이것이 곧 정각을 이룸[成正覺]이다.

⑥ 성정각成正覺하는 수도 과정에서는 텅 빈 산중인 편안하고 맑은 곳에서 연좌宴坐 사유思惟하여 정진精進해야 한다.

결국 「이학삼학품」 제14의 사문 구담이 독자적으로 원하고 닦았던 정각이란 애욕이 모두 끊어진 애진각愛盡覺이라고 보아야 할 것이며, 애愛를 혜慧로서 여실하게 알고, 애욕을 없애기 위하여, 연좌宴坐 사유思惟함이 곧 사문 구담의 독자적인 수정修定이었다고 할 수가 있다.

### 3) 「아라람울두람품阿羅藍鬱頭藍品」

보살[瞿曇]과 알라라는 서로 적당하게 인사를 나누고 나서, 가르치고 배울 것을 합의한 후, 보살이 먼저 묻는다.[4]

"생로병사의 환患을 어떻게 면할 수가 있습니까?"

알라라가 답하기를, "성성이 변해 생로병사가 있고, 성은 순정純淨

---

[4] 曇無讖 譯, 『佛所行讚經』 卷3, 「阿羅藍鬱頭藍品」 第12(『大正藏』4, pp.22~24), 丙寅(A.D.414~426)

하고, 전변轉變하는 것은 오대五大이며 …(중략)… 결국 흑혜(黑慧, pratibuddha)와 우암(愚闇, apratibuddha)과 현현(顯現, Vyakta)과 불현현(不顯現, avyakta)이라는 이 네 가지 법을 잘 알게[知] 되면, 생로병사를 능히 벗어날 수 있다."라고 하면서 결국 알라라 자신도 가비라선인과 그 제자의 교의를 수학하여 해탈을 얻었다고 말한다. 보살은 다시 "그 네 가지 지知를 얻는 방편(upaya) 및 구경究竟이란 어떤 것이며, 어떠한 범행梵行을 닦아야 하는지"를 묻는다. 이에 대하여 알라라는 자신들의 경론에 근거하여 대답한다.

"혜慧방편입니다. 대체로 분별해서 말한다면, 출가하여 걸식 지계하고, 소욕지족하며 홀로 조용히 닦고, 여러 경과 논을 부지런히 학습하고, 편안한 마음으로 고요히 하고, 욕계를 벗어나고 또한 번뇌를 멀리 떠난다면, 기쁨과 즐거움이 일어날 것입니다. 처음 각관覺觀의 선禪을 얻고, 이러한 선락禪樂과 각관심覺觀心을 기이하게 여기는 즐거움에 빠져버리는 우치심愚痴心을 버리고, 목숨이 다하여 범천梵天에 나서 다시 두 번째 단계의 선으로서 광음천光音天에 나고, 더욱 수행하여 세 번째 단계의 선으로 누정천漏淨天에 나고, 차례로 네 번째 단계의 선으로 광과천廣果天에 나고, 더욱 더 닦아 지혜로서 공관空觀을 이루고, 그 다음 무량한 의식[無量識]을 관觀하고, 다시 무소유를 관찰하면 거기가 바로 무소유처인데, 이것이 참된 해탈[眞解脫]이고 방편입니다."

이에 대하여 보살은 다음과 같이 비판한다.

"앎[知]을 원인으로 삼는 해탈도는 구경도究竟道가 아닙니다. 성전변性轉變의 원인[因]이 앎[知]이며, 이는 태어날 법[生法]이고 종자법

種子法입니다. 아我가 청정하면 해탈이라고 하지만, 그러나 그러다가도 조건[緣]을 만나면, 곧 다시 생·노·사에 매이게 된다. 결국 아我가 남아 있는 한은 아의 구나(求那, guṇa), 즉 아의 성덕性德이 종자처럼 남아 있기 때문에 나[我]와 나의 것[我所]을 완전히 떠나지는 못하였고, 그러므로 결국 언젠가는 그 종자가 다시 태어나 노사老死에 매이게 됨이, 마치 종자가 남아 있는 한, 인연이 화합하면 다시 태어나는 것이나 마찬가지입니다. 또 아무리 미세하지만 아(guṇa, 求那)가 있는 한 나의 것(guṇin, 求尼)이 있음은 불[火]과 뜨거움[暖]이 떨어질 수 없는 것이듯, 나와 나의 것은 떨어질 수 없는 것이므로 아는 바[所知]가 있는 한 해탈은 아닙니다. 그러므로 일체를 버려야 구경究竟입니다."

그리고 알라라를 떠나서 웃따라까에게로 간다.

웃따라까는 상(想; 마음에 떠오르는 생각들)을 떠나 비상(非想; 떠오르는 생각에 집착하지 않는 것)에 머물지만 결국 미세한 경계에서 불상(不想; 떠오르는 생각이 없다고 하는 것)의 상상이 보이므로 결국 벗어 나오지 못하고 반드시 다시 퇴전退轉해서 생사로 돌아온다고 생각하고, 그 또한 버리고 결국에는 가사산伽闍山에 올라 고행의 숲으로 간다.[5]

이 경에서 사문 구담은 알라라의 무소유처의 정定은 혜慧를 방편으로 삼고 수정修定하여 얻어지는 경지이지만, 혜가 앎[知]을 방편으로

---

[5] 『大正藏』4, p.24a~b. "往詣鬱陀仙 彼亦計有我 雖觀微細境 見想不想過 離想非想住 更無有出塗 以衆生至彼 心當還退變 菩薩求出故 復捨鬱陀仙 更求勝妙道 進登伽山 城名苦行林."

삼는 한 결국 지知가 씨앗[因]이 되어서 계속 생사에 빠지게 된다고 비판한다. 인因은 본래 태어나게 되는 법이기 때문이다. 무소유처에서는 아我가 청정하여 해탈한다고 하지만, 앎이 있는 한 아는 없어지지 않고, 아가 있는 한 계속 생사윤회하며 구경해탈은 얻지 못한다고 하였다. 또 웃따라까의 비상非想에 머물어서는 무상無想의 상想을 보므로 결국 생사에서 벗어 나오지 못한다는 것이다.

이상에서 사문 구담의 알라라와 웃따라까의 수정에 대한 비판의 골자는 결국 아我가 있고 생각들이 일어나면 구경해탈이 못된다고 하는 것이다. 이 점이 사문 구담 이전의 수정에서는 여덟 번째 선, 즉 비상비비상처非想非非想處까지가 최고선정이었는데 사문 구담의 수정, 즉 불교의 입장에서는 아홉 번째 상수멸정(想受滅定: 마음속에서 떠오르는 생각, 대상으로부터 일어나는 생각 등이 함께 사라진 고요함)이 덧붙여 있는 점을 보여준 것이라고 할 수가 있다. 즉 무아무상無我無想이기보다 더 구체적으로 받아들일 것이 없음에 근거한 무상정(無想定: 어떠한 상도 없는 고요함)이 사문 구담이 스승 없이 개발한 특수선정禪定인 것이다.

### 4) 『과거현재인과경過去現在因果經』

출가하여 행방불명이 된 실달태자를 찾아간 왕사王師 및 대신들은 발가선인跋伽仙人 고행림苦行林으로 갔지만, 태자가 그곳을 떠나 북쪽으로 갔으며 알라라와 웃따라까의 처소로 갔다는 말을 듣고 그곳으로 간다.[6] 가던 도중에 나무 아래에서 단정히 앉아 사유하고 있는 태자를 발견하고, 환궁할 것을 여러 가지 이유를 들어서 권청하지만 태자는 끝내 거절한다. 결국 마지막에서는 왕사가 학문적 토론으로 태자를 설복시키려고 한다. 왕사가 먼저 태자에게 말하였다.

"태자께서 일단 도를 배우려고 출가하였다가 다시 집으로 돌아옴은 태자님의 말씀대로 선왕의 법에 어긋나는 일입니다. 그러나 여러 선성仙聖들도 한 사람은 미래에 반드시 과보가 있다고 하고, 또 다른 한 사람은 그런 것은 없다고 하며, 두 선인 알라라와 웃따라까도 미래세 가운데 반드시 과보가 있는지 없는지를 알지 못하고 있습니다. 그런데 태자께서는 어찌하여 현재의 즐거움을 버리고 그것이 반드시 있는지 없는지도 모르는 미래의 과보를 구하려고 하십니까. 생사의 과보도 오히려 그것이 있는지 없는지를 결정코 알 수는 없는데 어찌 해탈과를 구하려고 하십니까. 오직 환궁하시기를 원할 뿐입니다."

"저 두 선인들이 미래의 과과를 말하면서 한 사람은 있다고 하고, 한 사람은 없다고 한다. 둘 모두 의심스럽고 결정지을 수가 없는 말들이다. 나는 이제 더 이상 그들의 가르침에 따라서 닦지는 않겠다. 또 그들과 이런 문제를 가지고 서로 만나서 논란하지는 않겠다. 왜냐하면 나는 지금 어떤 과보果報를 바라서 여기에 온 것이 아니다. 눈으로 직접 보는 생로병사를 반드시 당하고 거쳐야 하는데 이 고통을 면하려고 해탈을 구할 뿐이다. 나는 그대들로 하여금 머지않아서 나의 도를 알게 할 것이며, 내 뜻과 원願이 이루어지는 것을 보게 할 것이다."

결국 태자는 환궁하지 않고 다시 북행하여 알라라와 웃따라까

---

6 求那跋陀羅 譯, 『過去現在因果經』 卷3(『大正藏』3, pp.636~638), 劉宋 元嘉12~20, A.D.435~443.

등이 있는 곳으로 간다. 왕사 등은 하는 수 없이 교진여 등 다섯 명을 남겨두고 돌아간다. 태자는 도중에 왕사성에서, 빈비사라왕이 나라 전체를 태자에게 넘겨줄 터이니 왕위를 이어받으라는 권고를 받았지만, 이를 거절하고 도리어 왕에게 몸과 목숨과 재물의 세 가지 견고한 법을 잘 닦아서 나라를 잘 다스리시라고 말한다. 또 자신이 부모를 버리고 나라를 버리고 머리를 깎은 까닭은 오직 생로병사의 고를 끊기 위함이며 오욕락五欲樂을 구하기 위함이 아니라고 말하고, 해탈을 구하는 최상의 도사인 선인 알라라와 웃따라까에게로 간다고 하였다. 태자는 먼저 알라라에게로 향한다.

여러 천신들이 알라라에게 이르기를, "보살 실달이 나라를 버리고 부모를 이별하고 무상정진의 도無想定眞之道를 구하여 일체중생의 고를 뽑아버리기 위하여 여기에 왔다."고 한다. 알라라는 기꺼이 태자를 영접하며 서로 마주 앉아서 안부 인사를 교환하였고 태자는 도를 배우는 것에 대한 질문을 한다.

"당신의 말을 듣고 만나니 반갑기 그지없습니다. 그대는 어서 나를 위해 생로병사를 끊는 법을 말씀해 주십시오."

"좋습니다. 곧 말씀드리리다. 중생은 알지 못하는 가운데 가장 먼저 아만이 일어나고, 아만으로부터 어리석은 마음[痴心]이 생기고, 어리석은 마음에서 애욕으로 물들어지고, 물들어진 애욕으로부터 다섯 가지 미진微塵한 기氣가 생기고, 다섯 가지 미진의 기로부터 오대五大가 생기고, 오대로부터 탐·진·치 등 여러 가지 번뇌가 생기고, 여기에서 생로병사로 유전하면서 우비고뇌憂悲苦惱가 있게 됩니다."

이처럼 태자를 위하여 간략하게 말한다.

"당신의 말한 그 뜻에 의하여 생사의 근본을 알았습니다. 그런데 어떤 방편으로서 그것을 끊을 수가 있습니까?"

"만약 이 생사의 근본을 끊고자 하는 자는 먼저 마땅히 출가하며 계행을 지키고 닦아야 하며, 더불어 인욕하고 텅 빈 한가로운 곳에 머물며 선정을 닦고 익히며 욕망과 선법善法이 아닌 것은 버리고 깨달음〔覺〕으로 관觀하는 초선初禪을 얻고, 각관覺觀이 사라지고, 고요함에서 희심喜心에 들면 두 번째 단계의 선에 이르고, 희심을 버리고 맑은 생각〔淨念〕에서 기쁨의 뿌리〔樂根〕를 갖춘 세 번째 선에 이르고, 고락이 사라져 맑은 마음으로 사근捨根에 들어 이러한 네 번째 선을 얻으면 무상의 결과〔無想報〕를 얻습니다. 어떤 도사는 이와 같은 것을 설하여 해탈이라고 했습니다. 즉 정定에서 깨달음이 생겼지만 그러나 해탈한 것이 아님을 알고, 색상(色想; 구체적인 형상이 되는 생각)을 떠나서 공한 자리에 들어 대상에 의해 일어나는 생각〔有對想〕이 멸진하고 식처識處에 들어가서 무량한 식에서의 생각〔無量識想〕이 사라지고 오직 하나의 식識만을 관하여 무소유한 곳에 이르고, 다시 여러 가지 상상을 떠나서 비상비비상처에 들면 이를 구경해탈이라고 합니다. 이것이 수행자들의 피안입니다. 그러니 태자도 생로병사의 근심을 끊고자 한다면 마땅히 이와 같은 수행을 닦으십시오."

태자는 선인의 이와 같은 말을 듣고도 마음이 기쁘지 않고, 스스로 이렇게 생각하였다. 그렇게 알고 보는 것은 구경처가 아니다. 가지가지 응결된 번뇌가 영원히 끊어지는 것이 아니다. 태자는 다시 말하였다.

"지금 그대가 설한 내용 가운데서 이해할 수 없는 데가 있어서 물어보고 싶습니다."

"그러십시오."

"비상비비상처에는 아我가 있습니까, 없습니까? 만약 아가 없다면 비상비비상이라고 말할 수 없는 것이며, 만약 아가 있다면, 아는 앎이 있거나 혹은 앎이 없을 것입니다. 아가 만약 앎이 없다고 하면 곧 목석과 같을 것이고, 아가 만약 앎이 있다고 하면 곧 반연이 있게 되고, 이미 반연이 있으면 곧 염착(染着; 집착이 일어남)이 있고, 염착이 있으므로 이는 해탈이 아닙니다. 그대는 미세한 번뇌는 다하였다고 하지만, 아직도 미세한 번뇌가 남아 있음을 스스로 알지 못하고 있습니다. 그러므로 구경究竟이라고 하지만 미세한 번뇌가 자라나 다시 태어남을 받게 됩니다. 그러므로 결국 피안에 이르지 못한다는 것을 알 수가 있습니다. 만약 능히 아 및 아상我想이 제거되어 모든 것을 완전히 버리게 되면 이것을 참된 해탈[眞解脫]이라고 할 수가 있습니다."

선인은 아무 말도 못하고 침묵하였으며, '태자가 설하는 바가 매우 미묘하다'고 생각하였다.

태자는 선인인 그가 16세에 출가하여 104년 동안 고행을 닦아왔는데 얻은 법이 결국 그것밖에 못 된다는 것을 알고 떠나려고 하였다. 그러자 선인이 "태자께서는 왕족의 씨앗[王種]으로서 이러한 고행을 능히 행할 수가 없다."고 하자, 태자는 "그보다 더한 고난의 수행도 했다."고 하면서 떠나 버린다.

선인은 태자의 굳은 뜻을 알고, 그 뛰어난 지혜를 알고, 태자가 반드시 모든 것에 대하여 아는 지혜(一切種智)를 이루리라는 것을 알고, 태자가 만약 성도하면, 먼저 선인 자신부터 제도해 달라고 부탁하고 헤어진다. 태자는 그 길로 웃따라까의 처소로 가서 또 위와 같은 문답을 주고받고, 태자는 다시 길을 재촉하여 가사산 고행림迦闍山苦行林으로 가버린다. 웃따라까와의 문답은 여기에서는 일일이 나오지 않고 다만 '역시 이와 같다(亦復如是)'라고만 되어 있다.

사문 구담이 주로 알라라와 웃따라까 두 선인 수정주의자에게서 그들의 수정법修定法을 이수한 것에 관한 것들을, 일반적으로 알려져 있는 열한 개 경전들 중 여덟 개의 경의 내용들을 발췌하여 살펴보고 있는데, 한역된 연대순으로 보면 『과거현재인과경過去現在因果經』은 다섯 번째에 해당한다.

가장 오래된 한역은 『보요경普曜經』이고 그 다음 오래된 한역이 『출요경出曜經』이며 그 다음 세 번째가 『중아함경中阿含經』 「포리다품哺利多品」과 『우다라경優陀羅經』이고, 네 번째가 『불소행찬경佛所行讚經』 「아라라울두람품阿羅邏鬱頭藍品」이고, 다섯 번째가 지금의 『과거현재인과경』이고, 여섯 번째가 (4), (5), (6)항의 경이고, 일곱 번째가 (7)항의 경이고, 여덟 번째가 『불설중허마하제경佛說衆許摩訶帝經』이다.

가장 오래된 번역 연대가 A.D.308년이고, 가장 마지막 번역 연대는 A.D.1001년인데, 지금 다섯 번째에 해당하는 이 『과거현재인과경』에서는 수정과 해탈과의 관계가 이론적으로 체계화되어 있고, 선정의 차례 순서가 설명되어 있는 점이 나타난다. 즉 태자는 미래의 과보의 유무를 알려고 하는 것보다는 해탈을 구하려고 출가하였다. 그러므로 미래의 과보, 즉 사후의 과보의 유무를 가지고 논란하고 있는 두 선인-이 경에서는 알라라와 웃따라까가 아닌 다른 두 선인으로 표현되어 있다-을 떠나서 알라라와 웃따라까에게로 간다.

해탈과解脫果라고 함은 분명히 생로병사의 고를 끊는 그것뿐이지 다른 것이 아니었다. 그러나 해탈을 구하는 최상의 존사尊師가 알라라와 웃따라까의 두 선인이었다. 알라라는 생사의 근본이 결국 아만과 번뇌에 있고, 그것을 끊는 방편이 출가하여 계를 지키며 수행하는 것이며, 더불어 인욕하고 한가로운 공간에서 선정을 수습하여 초선에서부터 제4선까지 이른다고 한다. 이 제4선에서는 무상보無想報를 얻는데 이것을 해탈이라고 하는 한 스승도 있다. 그러나 그것은 해탈이 아님을 알고 다시 색상色想을 떠나서 공처空處에 이르고, 공처에서 식처識處에 이르고, 다음 무소유처에 이르고, 무소유처無所有處에서 다시 비상비비상처에 이르면 이곳을 이름하여 구경해탈처라고 한다.

태자는 그러나 비상비비상처에 이르렀을 때에 결국 유아有我인가 무아無我인가를 힐난하고, 무아이면 목석과 같고 유아라면 결국 미세한 번뇌가 남아 있으며, 미세한 번뇌가 남아 있으면 그것이 늘어나 언젠가는 다시 생을 받게 된다고 지적한다. 즉 생사를 받게 된다고 반박하고 결국 아 및 아상을 제거해버려야 비로소 모든 것을 완전히 버리게 되어 참된 해탈이 이루어진다고 하고 알라라를 떠나 웃따라까에게로 간다. 웃따라까와의 문답도 알라라의 경우와 같이 '역시 같다'라고 되어 있다.

이상의 내용으로 미루어볼 때 구담사문은 알라라와 웃따라까에게서 수정할 때에 이 초선에서 제4선까지의 점차적 단계가 있는 수정을 하였고, 또 더 나아가서 제4선을 더 넘어서, 공·식·무소無所·비상비비상처에 이르는 이른바 초선에서 제8선천에 이르기까지의 선정을 수습하였음을 알 수 있다. 그리고 또 그러한 수정을 뒷받침하는 이론체계도 배운 것이다.

그러나 그런 것들에 만족하지 못한 이유는 그러한 선정에서는 결국 아와 아상이 멸해지지는 않았다는 데에 있다. 그렇다면 사문 구담이 마지막으로 바라고 구했던 이른바 구경해탈은 아와 아상이 멸한 것이었다고 할 수가 있다. 더 나아가서 사문 구담이 목적달성을 하여 성도 성불하여 구경해탈에 이르렀다면 그 도는 무아無我와 무아상無我想에 이르는 길이요, 그 이론이라면 무아와 무아상의 이론일 것임에 틀림없다. 또 사문 구담이 새로이 알라라와 웃따라까 두 선인의 수정방법 이외의 다른 수정방법을 취하였다고 한다면, 그 수정은 아와 아상을 멸하는 수정이었음에 틀림없다.

그런데 그러한 새로운 수정법이 알라라와 웃따라까 두 선인의 제8선처禪處까지 이른 다음에라야 비로소 얻을 수 있는, 말하자면 재래在來의 수정방법적 순서와 단계를 모두 거치고 난 다음이라야 비로소 얻는 제9선처 같은 것인지, 그렇지 않으면 전혀 그러한 재래적 차제次第나 단계와는 무관한 것인지는 아직 이 경에서는 알 수 없다.

여하간 재래의, 즉 사문 구담이 당시에 타인에게서 배워 수습할 수 있는 한의 최고도의 입정入定상태인 비상비비상처는 아니었던 것은 확실하다고 할 수가 있다.

### 5) 「문아라라품問阿羅邏品」 상

이 경에는 알라라와 보살(佛)과의 대화 내용이 아주 상세하게 나와 있다.[7] 여기에서는 그 중에서 수정修定에 관한 것만을 대략 옮겨보겠다.

출가한 보살을 환궁시키려고 갔던 왕의 사신들은 결국 눈물을 흘리면서 보살을 남겨두고 돌아간다. 보살은 알라라에게로 간다. 알라라의 제자들이 보살이 오는 것을 알리면서 보살이 금기둥(金柱)처럼 잘 생겼다는 등으로 찬탄한다. 결국 알라라와 만나서 인사말을 정중하게 나누고 수도에 관한 이야기를 시작한다.

알라라가 보살을 칭찬하는 말 가운데에 이런 말이 있다. 즉 "어진 자(菩薩)는 나이가 젊은데도 다섯 가지 욕망을 받아들이지 않고, 부귀공덕을 버리고 능히 이 마음을 분별하고, 여기에 도를 구하려고 왔다. 이미 이같이 불가사의한 대 성왕聖王의 위치를 얻었다. 또한 가장 뛰어난 경계를 얻었다. 또 성년이 되어 스스로 마음의 뜻을 거두어, 어떠한 욕망에도 집착하지 않고, 해탈을 구하려는 의지로 어떠한 것에도 결박을 당하지 않고, 모든 근根의 경계에 의하여 물드는 바가 없고, 존재하는 것에는 분명 모든 갖가지 근심이 내포되어 있음을 알고, 어떠한 존재에도 얽혀 드는 바가 없다."고 칭찬한다.

보살이 이에 답하는 말 가운데 다음과 같은 말이 있다. "그대 대선인이 하는 말과 같이 나는 이 세간을 보고 있소. 그러나 정로正路를

---

7 闍那崛多 譯, 『佛本行集經』「問阿羅邏品」 第26 上(『大正藏』3, pp.751~753), 隨開皇 7~11 혹은 12, A.D.587~591 혹은 592.

찾고 있지만, 마치 광야에서 길을 잃어버린 사람처럼, 여러 가지에 마음이 미혹되어 이끌어주는 스승을 만나지 못하여 지도해 주는 자를 구하려고 이곳저곳 돌아다니면서 나는 지금 여기까지에 이르렀소."

알라라는 보살에게 다시 말한다.

"어진 자(菩薩)는 무슨 일을 구하고자 발심하였으며, 어떤 도를 알려고 하여 이곳에 왔는가?"

"존자 대사여, 내가 이 세간 중생을 보니 생로병사에 얽혀 거기에서 스스로 나오지 못함을 보고 차분히 수행하고자 하는 마음이 일어났소."

"어진 자 구담이여, 바로 지혜의 눈(慧眼) 그러한 생각이 난 것이오."

또 알라라의 제자 가운데의 한 사람이 묻기를, "어떻게 사랑하는 친지권속을 다 등지고 왔느냐?"고 하니, 보살이 답하기를 "세계에서 모이고 합하는 것은 반드시 이별이 있으니, 나는 이렇게 알고 참됨을 구하고자 떠났소."라고 하였다.

알라라는 다시 보살에게 말한다.

"어진 자(보살)는 지금 이미 해탈을 얻었다. 왜냐하면 중생들은 이 흙탕 속에서 헤어나지 못하고, 또 그 강하게 묶인 밧줄에서 풀려나지 못하는데, 어진 자는 스스로 혼자서 이 마음을 알았으니, 내가 이제부터 해탈법문에 대해서 말하겠소. 이른바 애욕의 마음을 어진 자는 멀리해야 하오. 애욕의 마음은 세간에서 마음이라는 물속에 살면서 모든 이익을 잃어버리게 하는 큰 악룡惡龍과도 같소. 오직 지혜가 있는 사람만이 애욕의 물듦을 멀리하니 모름지기 발심하여 떠오르는 생각을 끊고 무상無想을 지어야 하오."

"대선인이여, 그 말을 인정하오."

"어진 자는 무엇을 인정한다는 말이오."

이에 대해서 보살은 "세간의 부모권속 간의 양육 인연에 따르는 친애 때문에, 친하고 친하지 않거나 탐리가 생기는 것이 바로 애욕의 물듦〔愛染〕"이라고 하니, 알라라는 그렇다고 하면서 "어진 이 사문 구담은 이제 일체의 모든 지혜를 명증明證하였다."고 찬탄한다.

보살은 다시 말한다.

"모든 근根이 왜 이렇게 고요하지 못하오. 모든 근을 항복을 받으려면 어떤 방편을 써야 합니까. 나를 위해 해탈시켜 주시오"

"구담사문이여, 모든 근 자체의 상과 근의 경계를 제거하고자 한다면 모름지기 이와 같이 사량분별思量分別해야 하오. 왜냐하면, 이 모든 근과 일체의 경계는 이미 분별지分別知이기 때문에 모름지기 이룬 다음 없애 버려야 하오. 또 모든 근의 경계 안에 애욕에 물들여지게 되어서 집착하게 되고, 이렇게 집착하면 세간에 침몰하여 빠져나오지 못하는 것이오. 모든 것이 모두 경계로 말미암아 그렇게 되고 마오. 사문은 이것이 어떤 인연인가를 알아야 하오."

알라라는 이어서 다음과 같은 뜻의 게송을 읊는다.

산양은 울기 때문에 잡혀 죽게 되고,
나방은 등불 빛에 날아들어 죽게 되고,
물고기는 먹을 것을 삼키려 하니 낚시에 걸려 죽게 되고,
세인은 경계에 끌려서 죽는다.[8]

보살은 이 말을 듣고 다시 묻는다.

"존자여, 지금 설한 모든 근의 방편과 상모相貌를 조복하는 것은 모두 인연으로 생기는 것이오. 성性의 본체는 허공으로 어떤 실체가 없으며, 불길 같고 몽환 같고 초로草露와 같소. 내가 지금 심상心想으로서는 이와 같이 알고 있소."

"어진 자여, 어찌하여 모든 경계 안에 이익이 없다고 생각하는가?"

"사람들이 현실 속에 살면서 과보를 받는 것은, 마치 비를 안 맞고 바람을 피하려고 집을 짓듯이, 먹고 입고 춥지 않고 덥지 않게 잘 살려고 모든 일을 하기를 중환자가 양의良醫를 구하듯 하기 때문이오. 그러나 구하는 것은 모두 괴로움[苦]으로 몸을 핍박하는 것일 뿐이오."

"구담이여, 그 마음은 희유하오. 대덕이여, 세간사에 대하여 어떻게 그렇게 빨리 무상無常하다는 상상을 얻었는가. 능히 진실을 보았소. 그렇게 명료하게 보는 것이 진견眞見이고 그와 다른 이견異見은 의심[惑]입니다. 세상 사람들은 춥고 더움을 잠깐씩 바꾸어 가면서 즐거워할 뿐이오."

알라라는 다시 말하기를, "나는 지금까지 제자들에게 법을 말할 때에는 먼저 능히 그 제자가 법을 받아들일 수 있는가를 본 다음 비로소 법을 말하는데, 지금 인자仁者구담은 참으로 법의 다리가 될 사람이고 큰 그릇이 될 사람이니, 두고 지내볼 필요도 없이 내 논論의 진실의眞實義를 이미 그대를 위해 다 말했소."라고 하였다.

---

8 『大正藏』3, p.753b. "山羊被殺因作聲 飛蛾投燈由火色 水魚懸鉤爲吞餌 世人趣死以境牽."

이에 보살은 감사하고 즐거워하면서, 마치 어둠 속에서 빛을 얻은 것 같고, 길 잃은 자가 안내를 얻은 것 같고, 강을 건너갈 자가 사공을 얻은 것 같다고 하였다. 그러나 "당신이 알고 있다는 것에 의하여 어떻게 생로병사를 벗어날 수 있는가를 설하여 주십시오."라고 또 부탁한다.

### 6) 「문아라라품問阿羅邏品」 하

알라라는 그렇다면 자기가 결정적인 논증을 하겠다고 하면서 수도론을 이렇게 설명한다. 즉 "중생에게 두 가지 뜻이 있는데, 하나는 본성이고, 둘째는 변화요. 이 둘을 합하여 중생이라고 하오. 지·수·화·풍·공의 오대와 아 및 무상無相을 본체성本體性이라 하고 모든 근根의 경계와 수족언어의 움직임 및 심식을 변화라고 하오. 능히 모든 경계를 아는 것이 아我이며, 아를 사유하는 자가 가비라선인 같은 지혜로운 자들이오. 이런 이치를 사유하여 모든 것에 대한 무상無相을 알아야 하오. 번뇌로 인하여 무지無智하게 되고, 업으로 애착하여 생사를 해탈하지 못하게 되오. 번뇌에는 네 가지 종류가 있는데, 첫째는 믿음이 없는 것〔無信〕, 둘째는 아에 집착〔著我〕, 셋째는 의심〔疑〕, 넷째는 마음이 고요하지 못한 것〔無定〕이오. 그리고 더 말한다면 방편이 없음이고, 깊이 세간에 집착하여 타락하여 곳곳에서 생을 받소." 이 네 가지 번뇌를 다시 설명하고 나서, "결국 정견正見의 지知를 얻으려면 사선청정해탈처四禪淸淨解脫處에 이르러야 하고, 그 다음 스스로 모든 행과 행 없음을 버리고, 그렇게 해야만 무자無字라는 구명句名을 알게 되고 이와 같이 대범천이 세간의 모든 범행梵行을 말하고, 이 범행을 스스로 행하는 자는 곧 범궁梵宮에 태어나오."라고 하였다.

보살은 알라라에게 다시, "그러면 그러한 방편행은 어떤 것이고, 방편행으로서 가는 곳이 어디인가?"를 묻고, "모든 것으로부터 해탈하게 해 달라."고 한다. 그래서 알라라는 다시 더 상세한 선 수행법을 설명한다. 대략 다음과 같다.

"수행을 하려면 우선 출가하고 걸식 생활하면서 수지계행하고 의식주에 지족하면서 한가롭고 고요한 처소에 머물면서 독행독좌하고, 탐·진·치와 모든 알고 있는 알음알이를 멀리 여의어야 한다. 그러면 모든 근根을 조복하고 선정에 들어가서 최상의 쾌락을 받는다. 모든 욕망을 떠나 일체의 근심을 여의고 공적한 곳에 태어나, 분별을 떠나면서 곧 초선을 얻고, 초선을 얻고 나면 다시 돌이켜 생각하여, 점점 낙을 얻고, 이미 얻은 낙樂이 끝나면 적정寂定에 머물게 된다. 이 적정의 힘에 의하여 욕진 등을 거듭 싫어하여 여의고, 기쁜 마음으로 바뀌어 환희가 더하여 지혜로 증장되고, 곧 대범천에 태어남을 얻는다. 그곳에서 도리어 다시 이와 같은 분별사유하는 어지러운 알음알이를 다시 돌이켜서 버리고, 그렇게 버림이 끝나면 곧 제2선을 얻는다. 대 환희를 얻고 더 좋은 것을 구하여 광음천에 나고 거기에서 그 희락을 싫어하게 되고 이미 희락이 떠나면 곧 제3선을 얻고, 변정천遍淨天에 이른다. 거기에서 오로지 즐기다가 그 낙을 버리고 느끼지도 집착하지도 않고 모든 고락에서 아주 떠나버리면 제4선을 얻는다. 여기에서는 고락은 이미 떠났고 반연심攀緣心도 떠나, 일체를 다 버리는 것이 된다.

그런데 자만심을 내어 해탈상을 구하여 얻은 이러한 사선四禪의 과보 내지 하늘로부터 받아들인 과보는 알음알이의 사유로서, 삼매에서 일어난 그 색신은 허물과 근심이 있으며, 그러한 색신을 버리고 그보다 더 나은 지혜를 구하려고 발심해야 한다.

이와 같이 모든 선禪을 버리고 더 나은 곳을 구할 발심을 하고, 육신을 버리고 싫어하는 마음을 여의면, 그때에 곧 모든 형상〔色相〕 또는 형상 안에서, 또 수목 등에서 있는 바 모든 것을 분별함이 무변허공하여 이와 같은 모든 장소를 알게 된다. 명료히 분별함이 무변공하여 훌륭한 곳〔勝處〕을 증명하게 된다. 이와 같은 미묘한 대범처는 일체에 언제나 말이 없고 지혜 있는 자들은 해탈의 씨앗〔因〕이라고 말하고 이를 이름하여 열반과涅槃果라고 한다."⁹

이상과 같이 설하고 나서 알라라는 "이것이 곧 나의 해탈처解脫處이고 그 방편이니, 인자구담은 이를 따르려면 그렇게 하라."고 한다. 그리고 기사耆沙 선인 등 옛적의 선인들의 해탈법이 모두 이것이라고 덧붙여 강조한다.

보살은 알라라 선인이 가르쳐 준 범행법을 듣고 배우고 행하고 증득하고 나서¹⁰ 알라라에게 다시 말한다.

"알라라여, 존자가 스스로 증명한 법지法智는 이러한 것이며, 또

---

**9** 『大正藏』3, p.754. "如是捨離麤色身故 發厭離心 彼時卽得身中所有處空無邊分別於此一切色相 叉色相內 及樹木等 所有諸物悉皆分別 無邊虛空 得如是等 一切色處 明了分別 無邊空已卽證勝處. 如是微妙大梵處 一切上常無言 智人說彼解脫因 卽此名爲涅槃果."

**10** 위의 책. "爾時菩薩於阿羅邏說法行 皆悉證已 知見而行 然菩薩聞彼等諸法無多勤勞 須臾時頃 而盡得之 如行能說宣通顯示."

타인들에게 말하는 것이 이러한 것이라면, 이른바 무상지처無想之處를 구하는 것입니까?"

알라라는 그렇다고 확답한다. 보살은 여기서부터는 알라라의 법행法行 등에 관하여 비판적인 질문을 시작한다. 이 비판적 질문의 내용을 편의상 항목별로 추려 보기로 한다.

① 존자(알라라)의 설법대로 내가 신지행증信知行證하였는데, 만약 지혜로운 자의 지행知行의 경계가 역시 이러한 법을 버리지 않는다고 한다면, 나의 소견으로서는 이 법이 비록 묘하기는 하지만 그러나 아직 구경究竟에 이르지는 못하였다.

② 그 이유는 비록 아我가 능히 중생, 즉 본성과 변화를 관찰사유하여 아에 대한 애착을 떼고 무상無相을 체험하여 알고, 모든 업에 대한 애착도 떼어버리면 아가 청정해탈淸淨解脫을 얻는다고 한다. 그러나 인연법으로 분별하여 관한다면, 그것은 참된 해탈이 아니다. 아我라는 종자種子가 남아 있는 한, 마치 비가 내리지 않으면 싹이 트지 않지만, 비가 내리면 인연이 구족 화합하여 싹이 트는 종자처럼, 무지無知・애업愛業의 미세한 세 가지 일이 화합하여 번뇌가 생기고, 움직일 수 없는 몸〔不用處身〕으로 수명이 장구한 것을 해탈이라고 하지만, 번뇌는 여전히 있으므로 해탈이라고 할 수가 없고, 아가 있으므로 근심은 여전히 있다. 마치 불과 열이 불가분리不可分離이듯이 '아'와 '아로서의 근심'은 불가불리이다.

위와 같은 비판에 대하여 아라라가 다시 아가 있음을 설명을 한다. 즉 무릇 세간에로 개화開化하고자 하는 것이 곧 이 아我다. 오직 이름만이 있고 생도 늙음도 물러감도 돌아옴도 없고, 가변도 가운데도 앞도 뒤도 없으며, 스스로 돌고 돌지만 생사에서 머무르지도 않는다. 법이면서 비법非法이며, 신(天)이고 사람이며, 어디든지 가고, 업을 지으며, 생사변화하며, 자재하며, 세상의 주主가 되며, 일체를 섭화攝化한다.

보살은 다시 묻기를, "그렇게 된다는 것은 바로 (무엇이) 있다는 것이 아닌가?"라고 한다. 알라라는 "결국 스스로 깨달아야 한다."고 한다. 그리고 다시 그 "아我가 능히 이 세간에서 모든 것을 자재하게 화현시킨다."는 것에 대하여 보살은 다음과 같이 비판한다. 즉 만약 자재한 아가 이 세상을 화작化作한다면, 이 세상의 모든 것은 차례로 상생相生하는 것이 아니며, 번갈아 가며 일어나는 번뇌도 그러하고, 중생의 마음도 이로움을 즐거워하거나 그렇지 않는 것과는 관계없이 자연히 얻어지며, 한 중생도 환난患難을 당하지 않을 것이다. 모든 것이 다 자재한 아에 의존되어 있기 때문에 가난하고 궁한 사람들의 고와 악의 업이 그것에 달려 있다고 한다면, 세인들은 집착할 것도 구할 것도 또 지을 것도 없을 것이다. 이러한 까닭에 세인들이 자재천自在天이 있다고 생각할 수가 없다. 그러므로 자재천은 없다. 또 자재천도 고행을 하여 비로소 자재할 수가 있다면 세인들도 모두 그 고행을 해야 하는데, 그렇다면 자재천이라고 할 수도 없다., 만약 아무런 씨앗(因)도 뿌리지 않고 자재하다면, 세인도 역시 자재하지 못한 자가 없어야 한다. 결국 자재천은 자재일 수도 없고 자재 아닐 수도 없다. 그러니 자재천은 없다.

이에 대하여 알라라는 구담을 찬탄하고 심원한 지혜를 능히 잘 나타내 보여 주어서 그것을 다 받아들인다고 한다. 그리고 자신을 위하여 보배로운 진리를 더 말해 달라고 도리어 부탁한다.

그러나 구담은 사양하고 알라라만이 구담 자신을 위하여 이러한 여러 가지 의리義理들을 말해 주었으니, 알라라에게 공양을 올린다고 하였다. 그때에 알라라는 자기보다는 또 다른 선생이 있는데, 그들에게 공양을 드리는 게 좋을 것이라고 하면서 다음과 같은 것을 잘 생각해 보라고 한다. 즉 "업이 먼저냐, 몸이 먼저냐라는 문제는 큰 문제이다. 왜냐하면 업이 먼저이고 몸이 먼저가 아니라면 몸은 없었고, 몸이 없었으면 몸 없는 업은 있을 수가 없고, 또 만약 몸이 먼저고 업이 먼저가 아니라면 업은 없었고, 업이 없이 어찌 중생이란 몸이 있을 수가 있겠는가. 그러니까 그 어느 한 편에도 걸리지 않는 자재한 것이 있어야 하지 않겠는가."

구담은 자기도 역시 그런 문제를 인식하고 있으며 알고 싶다고 한다. 그러나 결국 그러한 자재자를 인정할 수 없다고 한다. 알라라는 그러한 자재자는 일정하게 언제나 존재하면서 삼계가 거기에 매여 있고, 환생의 생이 본本이라고 한다. 이것을 떠나서는 해탈의 도道가 없으니, 이것을 떠나서는 해탈을 구함은 헛된 일이라고 한다.

구담보살은 다시 말하기를, "세상 사람들이 무상락無常樂을 구하기 때문에 거기에 잘못이 있는데, 하물며 불환해탈不還解脫을 구하는 데에 있어서는 두말할 필요도 없이 잘못이 있다."고 한다.

알라라는, "불환해탈에는 거기에 가는 것도 아니고 여기에 오는 것도 아니다. 뭐라고 할 수 없는 것이다. 그것은 적정寂靜하고 무시무종無始無終하고, 한계가 있지 않으며, 처음도 나중도 없으며, 그 행이

정해져 있지 않으며, 그 형체가 다함이 없다. 그러므로 상相이 없는 도인이나 선정주의자禪定主義者가 건립하는 바가 아니다. 이것이 곧 대범천大梵天이다."라고 한다.

이에 대하여 보살은, "다시 겁이 다할 때에 제석천궁까지도 포함하여 모든 것이 태워져 없어지면 그때는 일체공덕 과보도 다 없어지는데 그때 대범천도 없어질 것 아닌가. 그러니까 대범천은 불환이 아니다."라고 반박한다.

또한 구담은 다음과 같이 불만족을 토로하고 본원本願을 밝힌다. 즉 "나는 본래 이와 같은 법을 증득하기를 원한다. '無地無水無火無風及無虛空無色無聲無香無味無觸無相無安無畏無死無病無老無生無有非無有無常非無常 非言語說 無有邊際'한 것을 증證하기를 원한다."고 하면서 게偈로서 다시 말하기를 "본래 생로병사와 지수화풍이 없고, 고요하여 삼세에 스승의 가르침이 없으며, 언제나 깨끗하여 자연히 해탈을 증득하리라."라고 한다.

이때에 알라라는 "이제 그대도 나와 동일하게 법을 증득하였으니 함께 머물면서 대중을 가르치는 선생이 되어 공양을 받자."고 권한다. 그러나 보살은 "알라라의 법은 사람들로 하여금 열반에 들게 하는 법이 못되고, 또한 모든 욕망을 멀리 여의어도 번뇌를 벗어나지도 못하고, 일체의 번뇌가 다한다고 해도 신통을 얻지 못한다."고 생각하였다. 왜냐하면 "이 법을 행하면 비상천非想天에 나서도 가지가지 업을 짓는 고로 이 법은 구경에 지극한 지혜로운 열매는 못 된다."는 것이다.

결국 보살은 알라라를 떠나 버린다. 그 다음으로 찾아간 선인이 웃따다라까〔羅摩者〕이다.

### 7) 「답라마자품答羅摩子品」

웃따라까는 왕사성 근처에서 비상비비상법을 설하고 있었다. 보살은 알라라를 떠나 알라라보다 더 뛰어나다고 소문이 난 웃따라까에게로 가서 가르침을 받고 범행梵行을 행하고 싶다고 말한다.

웃따라까는 "대덕 구담은 지혜로운 자이니까, 나의 법을 감수할 것이고, 나의 법을 따라 청정업과를 얻을 것이고, 행行의 과보를 얻을 것이다."라고 하면서 가르칠 것을 약속한다.

보살이 웃따라까에게 "그대는 어떤 경계에 이르러서 해탈을 얻는 것이오?"라고 묻자 웃따라까는 대답하기를, "무릇 상相을 취함과, 비상非相을 취함은 잘못이다. 만약 미세한 사유를 하면, 결국에 미묘한 체體를 얻으니, 이와 같이 차례로 깨달으면, 이름하여 '적정미묘최상승해탈'이라 한다. 그 해탈과解脫果로 비상비비상처에 이르게 된다. 나는 이처럼 최승묘법을 행하는데, 이 비상비비상처는 과거세에도 이보다 더 뛰어난 적정寂定이 없었고 현재에도 없고 미래에도 없다. 이 행은 최승최묘최상이다. 나는 이 행을 행한다."라고 하였다.

보살은 웃따라까에게서 그 말을 믿고 듣고 배우고 행하고 보고 알았다. 그리고 보살은 웃따라까가 행하여 얻은 바 정진·정념正念·선정·지혜를 자신도 역시 얻었다고 생각하고 웃따라까에게 물었다. "그대의 아버지 라마는 비상비비상처를 스스로 증득하고 깨달아〔知見〕 남에게 설하였소?" 웃따라까가 그렇다고 대답하니 보살은 "그러면 나는 이미 그것을 통하였다."고 하였다. 그러자 웃따라까는 자신과 함께 있으면서 대중의 선생노릇을 하자고 하였다.

그러나 보살은 말하기를 "이 법은 구경究竟의 법이 못되오. 모든 욕망에서 해탈하고 번뇌는 멸하여 적정寂定일심이 되어, 모든 번뇌[結漏]와 여러 가지 신통이 다하여 사문행沙門行을 이루어 대열반에 이른다오. 그런데 이 법은 생사로 다시 돌아오고 말 것이오. 왜냐하면 비상비비상처에 태어났다가 과보가 끝나면 번뇌로 다시 돌아올 것이기 때문이오."라고 하니, 웃따라까는 다시 생사로 돌아옴이 없다고 반박하였지만, 보살은 구경법이 아니라고 생각하고 결국 웃따라까를 떠나간다.[11]

① 문아라라품 상, ② 문아라라품 하, ③ 답라마자품 등의 세 품은 동일한 종류의 삼품으로서 그 내용은 사문 구담이 알라라와 웃따라까 두 선인을 만나서 수정修定 및 그 이론을 듣고 수습修習한 것에 관한 일련의 계속된 이야기이다.

알라라와 웃따라까에게서 사문 구담이 수정을 수습하였음을 기록한 한역경으로서 최고의 경은 아마 앞에서 취급한 『보요경普曜經』 권5의 「이학삼부품異學三部品」 제14(竺法護 譯 A.D.308년)가 아닌가 싶다.

최초 한역자로 알려져 있는 안세고의 역본으로『대정장경』에 수록되어 있는 것이 총 53경이 있는데, 필자가 조사한 바에 의하면 그 경들의 내용에는 수선修禪 내지 선정禪定에 관한 것이 적지 않게

---

11 曇無讖 譯, 『佛本行集經』 卷22, 「答羅摩子品」 第27(『大正藏』3, pp.757~758), 漢譯年代 A.D.587~591.

있는데도 불구하고, 의심스러울 정도로 실달태자의 출가 인연담이라든가, 사문 구담의 수도과정에 관한 이야기는 거의 없고, 더욱이 알라라와 웃따라까에 대한 언급도 한 마디도 발견되지 않는다.

안세고가 중국에 체류한 연대를 대략 2세기 말경으로 본다면, 축법호 역의 『보요경』「이학삼부품」은 알라라와 웃따라까에 관한 한 가장 오래된 층에 속하는 경이라고 보아도 마땅하다고 생각된다.

알라라와 웃따라까에 관한 경들은 역경 연대가 A.D.308년에서 1001년(法賢 譯, 『佛說衆許摩訶摩帝經』 第6)에까지 이르고 있으며, 그 중간층에 속하는 경이 7), 8)항에서의 『불본집경에 수록되어 있는 「알라라품」 상·하와 「답라마자품」이다.

그리고 이 세 품은 알라라와 웃따라까에 관한 한 그 내용이 가장 잘 정리되어 있고 또 자세하다.

위에서 이미 그 내용의 대략을 기술하였지만, 다시 한번 사문 구담瞿曇이 그들의 수정방법 내지 선정사상 이론에의 어떤 점을 불완전하다고 보고, 어떻게 비판하였던가 하는 데에 초점을 맞추어서 그 내용들을 간추려 보기로 하겠다.

①사문 구담은 생로병사의 결박結縛에서 벗어나려고 발심출가하여 알라라를 찾아갔다.

②알라라는 사문 구담에게 '해탈하려면 유상有相과 애심愛心을 단견원리斷見遠離하라'고 하였다.

③알라라는 사문 구담에게 '출가한 그 자체가 이미 해탈'이라고도 하였다.

④ 모든 경계가 분별지分別知이며 이를 버려야 한다.

⑤ 모든 경계 내에는 이익한 상想이 없다.

⑥ 일체의 무상無相을 알아야 한다.

⑦ 생사해탈하려면 번뇌로 인한 무지無智를 끊고 정지견正智見을 얻어야 한다.

⑧ 사선청정처四禪淸淨處에 이르러야 한다.

⑨ 제행과 무행無行을 버리고 무자구명無字句名을 알아야 한다.

⑩ 범천궁에 나는 범행梵行을 행하는 방편행은 출가・걸식・수지계행하며, 고요한 곳에서 선정에 들며, 사선四禪을 차례로 닦아 얻어야 한다. 이렇게 해서 고락을 떠나고 반연심을 떠나고 일체의 모든 것을 버릴 수가 있다.

⑪ 어떤 사람이 증상만이 있으면서도 사선四禪 과보를 벗어나 광과천에서 과보를 받아 몸으로 직접 가없는 허공과 같은 분별을 얻어, 무변허공에 이르기까지 모든 곳에서 명료히 분별하는 뛰어남을 증득하면 이를 대범처大梵處 열반이라 하지만, 이러한 해탈 및 그 방편에 대하여 사문 구담은 다음과 같이 비판한다. 즉 아무리 온갖 수행방편에 의하여 무변허공과 같은 명료한 분별과 청정해탈을 얻었다고 하여도 아我라고 하는 종자가 남아 있는 한 아에 대한 근심은 결국 재생되고, 그것은 구경해탈이 아니라는 것이다.

이에 대하여 알라라는 범천에서의 아는 자재아自在我이기 때문에 생사윤회하면서도 불생불로불환무변무중무전무후한 대자재이며, 모든 것을 섭화한다고 한다. 사문 구담은 다시 비판하기를, 그렇다면 세인들의 모든 수행은 전혀 소용이 없다. 모두가 자재천에게 달려 있기 때문이다. 또 만약 세인들의 작업에 따라 얻는 과보가 다르다면 자재천은 소용이 없다. 그러니 결국 자재천은 없다고 단언한다.

알라라는 그때에 결국 사문 구담에게 자기 자신보다 더 좋은 선생은 없다고 한다. 그리고 만약에 업을 문제 삼는다면 업이 먼저냐, 아가 먼저냐를 잘 생각해 보라고 하면서 업과 아의 관계가 난행함을 설한다. 즉 업이 먼저라면 아가 없이 있을 수가 없고, 또 만약 아가 먼저라면 업이 없이 아가 있을 수가 없다. 따라서 업에 대자재한 아가 있어야 한다고 한다.

사문 구담은 자기도 역시 그것이 문제라고 일단은 수긍하지만, 결국 다음과 같이 마지막 말을 남기고 알라라를 떠난다. 즉 한마디로 '본래무일물'이라는 것이다. 알라라의 게偈는 "본래 생로병사는 없으며 지수화풍공地水火風空 역시 그렇다. 고요하여 삼세 스승의 가르침은 없지만 언제나 맑아 자연히 해탈을 증득한다."이다.

그런데 이 마지막 게의 말은 이른바 혜능의 오도송悟道頌이라고 하여 전해지고 있는 "보리는 본래 나무가 없으며 밝은 거울 역시 대가 없네. 본래 한 물건도 없는데 어디에 티끌이 있겠는가.〔菩提本無樹 明鏡亦非台 本來無一物 何處惹塵埃〕"와 동일한 깨달음의 경지를 나타냄이라고 할 수 있을 것이고, 또 이 둘은 모두 이른바 '제불통계게諸佛通戒偈'로 알려지고 있는 『법구경』의 "선을 행하고 악함을 짓지 말라. 스스로 의식을 맑히는 것이 바로 불교〔衆善奉行 諸惡莫作 自淨其意 是諸佛敎〕"에서의 법구法句인 자정기의自淨其意와 동일한 심경을 나타내고 있다고 할 수가 있다.

이상과 같은 여러 가지 점들로 미루어 본다면, 대략 다음과 같은 결론을 내릴 수 있다. 즉 사문 구담은 당시의 수정주의자들이 그 유무를 왈가왈부하는 아我의 유무有無 문제보다도 현실적인 생·노·병·사 그 자체를 문제 삼았고, 생·노·병·사 그 자체를 극복 내지 면하려고 하였던 것이다. 따라서 선정에서도 무아의 경지보다도 생·노·병·사가 없는, 즉 생·노·병·사가 극복되는 그러한 입정삼매入定三昧를 추구하였다고 보아야 한다.

이렇게 볼 때에 사문 구담의 무아는 무사無死의 경지이다. 수정주의자들은 말하자면 소승 나한의 멸진정滅盡定같은 것이고, 사문 구담은 대승보살이 자신의 몸을 버리고 남을 이롭게 하는 삼매 같은 것이다. 전자는 형이상학적·개념적 무아논리를 바탕으로 하고, 후자는 현실적·실천적·논리적 이론을 바탕으로 한다. 사문 구담의 무사교無師敎는 바로 재래의 바라문적 선정에 의한 해탈의 부정이라는 측면에서 무사교였고, 동시에 윤리적 실천을 필연적으로 동반하는 해탈삼매였다.

이와 같이 볼 때, 사문 구담의 선정삼매에는 윤리적 측면으로는 지계수행, 즉 '순간순간 부지런히 닦아 홀연히 티끌이 없게 하라.[時時勤拂拭 忽使惹塵埃]'는 점수적 측면과, 또 본래 생로병사가 없는 본래무일물적인 돈오의 측면이 모두 양면적으로 결부되어 있었음을 알 수가 있다.

그리고 이러한 돈오점수, 점수돈오의 일체양면적 관계가 후세의 모든 소·대승 경과 논 등에서 계승되어 내려간다. 그러한 맥락을, 이하에서 계속 추구하여 이른바 중국에서의 돈오점수의 논쟁에 이르기까지 관련지어 보려고 한다.

사문 구담은 다시 웃따라까에게로 가서 비상비비상처에 나[生]는 선정에까지 이르지만 결국 인이 다하고 과가 멸하는 법[盡因滅果法]에 의하여 그 선정도 구경해탈이 아니라고 하고 그를 떠난다. 결국 비상비비상처정에서도 아我와 그 업보와의 관계는 해결되지 못한다는 뜻이 된다.

### 8)「고행품苦行品」

불佛이 여러 비구에게 말씀하셨다.[12]

왕사성 근처에 웃따라까라는 한 선인이 700제자와 함께 있으면서 항상 비상비비상처정을 설하였다. 이때에 보살은 그 선인이 총명하고 지혜로움으로 대중의 숭배를 받는 것을 보고 스스로 생각하였다.

'내가 만약 그가 있는 곳에 가서 그와 함께 고행을 하지 않으면 어떻게 그가 수행하는 바 여러 가지 선정에 과실이 있음을 능히 밝혀낼 수가 있겠는가. 나는 이제 방편으로 그가 수습하는 바가 구경이 아님을 그 스스로 알게 해 주어야겠다. 또한 나의 정혜定慧를 열어 보여 일체를 이익하게 하고 대중으로 하여금 희유심을 회생會生하게 해야겠다.'

이런 생각을 하고 선인이 있는 곳으로 가서 이와 같이 말하였다.

"그대여, 누가 그대의 스승이었소. 그대가 수행한 바는 어떤 법이었소?"

"나는 본래 스승이 없이 자연히 깨달았소."

---

**12** 地婆訶羅 譯,『方廣大莊嚴經』卷7,「苦行品」第17(『大正藏』3, p.580), 唐 永淳, A.D.683.

"나는 본래 그대가 증득한 바를 구하려고 왔소. 나를 위하여 설하여 주면, 나는 마땅히 그대로 행하겠소."

"원하는 대로 말해 주겠소."

이때 보살은 그 가르침을 받고 나서 고요한 곳에서 오로지 닦아, 본래 닦아왔던 정혜定慧의 인연으로 말미암아 곧 세간의 백 가지 삼매를 얻고, 그러한 여러 정定에 따라 여러 가지 차별이 있는 행상行相이 모두 다 눈앞에 있었다. 이때에 보살은 다시 정定에서 깨어나 선인에게 말하였다.

"이 정定을 넘어서 다시 어떠한 법이 있었소?"

"이것이 제일 좋은 것이고, 이밖의 법은 없소"

보살은 이와 같이 생각하였다.

'나는 믿음과 정진·정념·선정·지혜〔信進念定慧〕가 있다. 빠르게 능히 저 선인의 법보다 더 나은 법을 얻을 수 있다. 그가 얻은 바는 정로正路가 아니다. 염리법厭離法도 아니며 사문의 법도 아니며 보리법도 아니며 열반법도 아니다.'

불佛은 계속하여 말씀하셨다.

보살은 그 여러 선인들로 하여금 그 사도邪道를 버리게 하기 위하여 위와 같은 내용을 설하였다. 그때에 보살의 이와 같이 설함을 들은 다섯 명의 선인이 옷따라서 선인을 버리고 보살을 따랐다. 보살은 왕사성에서 나와 가야산 정상의 한 나무 아래 풀을 깔고 앉아서 이렇게 사유하였다.

'세간에서 사문이든 바라문이든 몸과 마음이 방일하고 탐욕하며 열뇌熱惱에 따르면, 비록 고행을 행하여도 도道와는 매우 멀다. 비유하건대 불을 구하는 사람이 젖은 나무를 물위에 놓고, 부싯돌로 불을 일으키려는 것과 마찬가지이다. 만약 사람이 탐욕 등에 빠져 있으면서 비록 고행을 한다고 해도 출세간의 뛰어난 지혜를 얻는 것은 불가능함이 이와 같다. 또 탐욕하지 않아도 경계 가운데서 마음이 애착함이 있으면, 비록 고행을 해도 도와는 오히려 멀다. 이는 마치 젖은 나무를 땅에 놓고 부싯돌을 쳐서 불을 붙이려는 것이나 마찬가지로 불을 얻지 못한다. 만약 사람이 탐애를 일으켜 마음이 아직 적정寂靜하지 못하면, 비록 고행을 행하여도 출세승지出世勝智를 얻지 못함이 이와 같다.

만약 사문이든 바라문이든 누구든지 몸과 마음을 잘 거두어 지키고, 탐욕을 떠나서, 여러 가지 열뇌가 제거되고 최상의 적정에서 고행을 한다면 곧 능히 출세승지를 증득한다. 비유하면 마른 나무를 마른 땅에 놓고 부싯돌을 쳐서 불을 붙이면 반드시 불을 얻는 것과 같아서, 사람이 탐욕에 처하지 않고 몸과 마음이 적정하여 부지런히 고행을 닦으면 곧 능히 출세승지를 얻음이 이와 같다.'

이 경은 7세기 후반에 번역이 되어 나왔다. 앞의 세 경의 내용과 비슷하면서도 조금 더 정리되어 있다. 즉 웃따라까의 최고의 선정이 앞의 경들에서는 비유상비무상정이나 혹은 유상무상정有想無想定이라고도 하였는데, 여기에서는 비상비비상처정非想非非想處定이라고 나온다. 이는 후세의 선정에서 정설화定說化 된 8단계의 수정修定설에서 가장 높은 하늘 꼭대기〔最高有頂天〕인 비상비비상처정과 동일한 이름의 정定이다.

그 다음에 정정만이 아니고 정혜문현定慧聞顯이라는 말이 등장하여, 정만이 아니라 혜慧를 개발해야 한다는 것이 명시되었다. 셋째로는 불법은 승법勝法이며 염리법厭離法이며, 사문법이며, 보리법이며, 열반법이라는 것이 반증적反證的으로 나타나 있다. 왜냐하면 웃따라까의 법은 그릇된 법이기 때문이다. 넷째로 웃따라까에게 그의 법이 구경究竟이 아님을 알려주기 위하여 사문 구담이 그에게 갔다는 것은 앞의 경에서와 비슷하지만, 그의 제자 다섯 명 비구는 스승을 버리고 사문 구담을 따라갔다는 것은 경이로운 사실이다. 다섯째로 탐욕과 열뇌를 떠나고 애착이 떨어지도록 섭위신심攝衛身心한 다음에, 최고의 적정에서 수행 고행해야 비로소 출세승지를 증득할 수가 있다고 하였는데, 이 점은 지계를 강조한 것임에 틀림없다.

이상과 같은 점들로 미루어 보면 이 경에서는 수도상에서 수정修定을 한다고 하지만, 수정만이 아니라 계·정·혜 삼학을 함께 닦아야 한다는 점이 두드러지게 시사되어 있다고 할 수가 있다.

## 2. 사문 구담의 선정

1) 『잡아함경』
-네 가지 선[四禪]의 점진적 과정과 돈점頓漸-[13]
한때에 기수급고독祇樹給孤獨동산에서 불佛이 모든 비구에게 이르시기를 "내가 정각을 이루지 못하였었던 때에 이런 일이 있었음이

---

**13** 求那跋陀羅 譯, 『雜阿含經』285(『大正藏』2, p.79), 劉宋 元嘉12~20, A.D.435~443.

생각난다. 홀로 고요한 곳에 있으면서, 선에 깊이 잠겨 있을 때에〔專精禪思〕 이런 생각이 일어났었다. 생과 노와 병과 사의 연(緣; 조건)이 있어서 이는 마치 장작불 타는 데의 장작 같고, 등불에서 심지에 대한 기름 같아서, 이것이 없이는 그것이 있을 수가 없다. 그러므로 조건이라는 것이 없으면 태어남이 없고, 태어남이 없으면 노병사우비고뇌老病死憂悲苦惱가 없어진다. 이와 같이 괴로움 응어리가 없어지는 바른 사유〔正思惟〕를 하였다. 이와 같이 집착하고 있는 현상의 존재가 무상無常함을 관찰하고 생멸을 여의고 모든 것이 다 버려진 다음, 마음에는 돌이켜지는 생각마저 없어지고 얽히고 집착하는 것이 없으며, 애욕이 없어지고 취함이 없어져 결국 괴로움의 덩어리가 멸하였다."고 하였다.[14]

이상의 설에 의하면 정각을 이루기 전에 오로지 깊은 선〔禪思〕에서 연기법을 정사유하고 관찰하고 여실지如實知를 얻은 것으로 되어 있다. 그런데 정사유로 관찰하여 얻은 출세간의 도로서의 여실지를 얻은 데에서, 정사유 다음에 무간등기지(無間等起知; 틈이 없이 고른 데서 지혜가 생김)로, 연(緣; 조건)이 있어서 생生이 있게 된다는 식으로 사유思惟와 무간등기지를 구분하여 사용하고 있는 점을 주목할 필요가 있다. 즉 '무엇 때문에 이 같은 노사가 있는가'에 대해, '생이 있으니까 노사가 있다'라는 것이 여실히 무간등기지에서 얻어졌다는 식으로, 12인연에서 하나하나의 가지〔支〕가 그 앞의 가지에 지어져

---

14 『雜阿含經』286, 187, "爾時世尊告諸比丘 我憶宿命未成正覺時 獨一靜處 專精禪思."

『雜阿含經』565, 569, 570 등에도 이와 같은 내용이 소록되어 있다.

생겼다는 것을 여실하게 아는 바로 그것이 무간등기지이고, 그렇게 여실하게 일어나기 전에 심사유尋思惟의 단계는 반드시 있다. 다시 말하여 깨닫기 전의 사유는 심尋의 단계이고, 심사유의 단계에서 여실지를 얻는 순간은 무간등기지이다. 심사유는 점漸의 단계이고, 무간등기지는 돈頓이라고 보아야 할 것이다.

또 비구가 착한 법이 아닌 욕망과 악을 여의고, 다음에는 깨달아 관하여 기쁘고 즐거운 것을 여의고 나중에 제4선에 이른다면 정근定根에 있는 것이며, 오근五根 가운데서 정근은 사선四禪을 뜻하며, 사선은 두말할 것도 없이 점차로 제1선정에서 제4선정까지 옮아간 것이다.[15]

그런데 위와 같이 수선의 단계적 과정을 살펴본다면 전 단계의 선정에로 들어갈 때에는 앞의 정定과 나중의 정定 사이에는 무간등기지無間等起知의 작용이 있는데, 무간등無間等으로 일어나는 지知는 앞의 정에서 나중의 정에로 들어가는 바로 그 나중의 정을 뜻할 뿐이며, 그때에 전정前定에서 후정後定으로 넘어서 들어가는 바로 그것을 말하여 돈頓이라고 하였을 뿐, 돈이라는 별다른 지知가 있는 것은 아니라고 할 수 있을 것이다.

그러니까 돈頓이란, 일반적으로 전념前念과 후념後念이 서로 다르다는 뜻에서 전념과 후념이 교차될 때에 그 둘 사이에 아무런 다른 생각이 끼어들 수가 없이 그야말로 몰록 뛰어넘어 비약적으로 전후가 교차된다는 그런 뜻이지, 돈頓이라는 어떤 염念이나 정定이나 혜慧가

---

15 『雜阿含經』 권제26, (『大正藏』2, p.182c) 642, 643, 645, 646, 647 등에 이 내용이 게재되어 있음. "何等爲定根 若比丘 離欲惡不善法 有覺有觀 離生喜樂 乃至第四禪具足住."

있다는 말은 아니라고도 할 수 있을 것이다.

그러므로 돈오頓悟라는 뜻은, 돈오라는 어떤 하나의 별다른 오悟가 있는 것이 아니고 다만 수선修禪의 과정에서, 특히 그 향상단계에서 하단에서 상단으로 옮겨갈 때마다 하단과 상단을 구분 짓기 위한 그러한 개념일 뿐, 어떤 특수한 정定이나 지智를 뜻하는 것이 아니라고 할 수 있다. 그것은 마치 계란과 닭이 본질적으로 다르다고 해서, 계란과 닭 사이에 계란도 닭도 아닌 제3의 것이 있다는 말과도 같이, 맞지 않는 것이다.

### 2) 『오분율五分律』
- 양변을 버리고 바로 중도를 얻다 -

세존이 성도 직후 바라나에서 초전법륜 때에 교진여 등 다섯 명에게 다음과 같이 설하였다. 즉 "무상정각無上正覺을 이루려면 먼저 양변에 치우치지 말아야 하는데 그 하나는 탐착애욕이고 둘은 사견邪見인데, 이 양변을 버려야 비로소 중도를 얻을 수 있고, 중도는 곧 팔정도이다."[16]

여기서 보면, 탐착을 떠나고 사견을 버림은 곧 점수漸修라고 할 수 있고 그런 연후에 비로소 중도, 즉 팔정도를 얻게 되고, 비로소 팔정도 중의 하나인 정정正定도 얻게 된다. 이런 순서를 보면 정정은 점수에서 비로소 이루어진다고 보아야 할 것이다. 또 이와 맥락을 같이하는 설법은 '팔정도 중에서도 정견正見에서 정정正定이 일어나고 사견에서 삿된 정定이 일어난다'는 것이다. 즉, 『잡아함경』 권28에,

---

16 佛陀什共, 竺道生, 等譯 彌沙塞部和醯 卷15(『大正藏』22, p.104), 劉宋 景平元12, A.D.423~424.

무명으로 인하여 사견邪見 생기고, 삿된 견해에서 잘못된 의지[邪志]·사어邪語·사업邪業·사명邪命·사방편邪方便·사념邪念·사정邪定이 생기고, 그것과는 달리 밝음[明]으로 인하여 정견이 생기고, 정견에서 비로소 올바른 의지[正志]·정어正語·정업正業·정명正命·정방편正方便·정념正念·정정正定이 생긴다. 이렇게 차례로 생기生起하여 마침내 올바른 해탈[正解脫]을 얻었다고 불佛이 여러 비구에게 설하였다[17]

위와 같은 설법들에서 보면 올바른 명상[正定]은 정견이 선 다음에 얻어지며, 정정이 얻어진 다음에 올바른 해탈이 주어진다고 보아야 할 것이다. 정견이 먼저이고 정정은 훨씬 뒤이고 보면, 팔정도에도 선후가 있고 점진적 수행과정이 있으며, 그 점진적 수행과정의 마지막 단계가 정정正定임을 나타내 보이고 있다.

### 3) 『근본비나야잡사根本毘奈耶雜事』

- 세존이 알라라보다 더 깊은 입정入定 -

한때에 세존에게 원만圓滿이라는 장사壯士 대신이 와서, 자기는 가라마(迦羅摩, 알라라)의 바라문법을 사문법보다 더 좋아한다고 하였다. 세존이 그 까닭을 물었더니 다음과 같이 대답한다.

즉 "알라라가 한때에 큰길가의 나무 아래에서 입정하였을 때 바로 그 앞으로 500대의 소 수레가 지나갔는데도 그 소리를 듣지 못하였을

---

[17] 『雜阿含經』749(『大正藏』2. p.198b). "次第而起 正定起己 聖弟子 得正解脫貪慾瞋恚愚痴 如是聖弟子得正解脫己 得正知見, 我生己盡 梵行己立 所作己作 自知不受後有."

정도로 깊게 입정하였기 때문"이라고 하였다. 세존이 반문하기를 "벼락이 떨어지는 소리와 500대의 소 수레가 지나가는 소리 중 어느 것이 더 크냐?"고 물었다. 원만은 두말할 필요도 없이 벼락소리가 더 크다고 하였다.

그때에 세존은 다음과 같은 일이 있었음을 원만에게 이야기한다. 즉 "내가 한 때에 어느 마을의 큰집〔重閣〕에서 명좌(冥坐, 入定)하고 있을 때에 벼락이 떨어져서 소 4마리와 두 농부가 그 벼락을 맞고 또 그 소리에 놀라서 모두 죽어버렸고 마을 사람들이 모두 그 소리에 놀라서 야단법석이 났다. 이때에 나는 경행하고 있었는데 한 사람이 나에게 와서 벼락 떨어지는 소리를 못 들었느냐고 물었지만 나는 그 소리를 못 들었기 때문에 못 들었다고 대답하였다." 이 말을 듣고 원만 장사 대신은 세존에게 귀의하였다.[18]

이와 같은 내용에서, 깊고 얕은 것으로 말한다면 알라라의 선정보다 훨씬 더 깊게 또는 그와는 질적으로 다른 더 깊은 선정에 입정하는 선정을 닦았음을 알 수가 있고, 또 그렇지만 그러한 선정에 만족하지 않았던 것도 알 수 있다. 알라라를 떠난 이유는 알라라의 그와 같은 입정에서는 아무리 깊게 입정하여도 결국 미세하지만 아我가 남아 있어서 연緣만 만나면 역시 아我의 고락이 재기하기 때문이었다.

---

**18** 義淨 譯, 『根本說一切有部』 卷37(『大正藏』24, p.391a~b), 唐 景龍 A.D.710.

## 3. 아비달마불교에서의 정혜쌍수定慧雙修와 돈점불이頓漸不二

### 1) 유부계有部系의 점수관漸修觀[19]

아비달마에서 보특가라(補特伽羅, pudgala)는 부파불교시대에 널리 문제가 되었던 것일 뿐만이 아니라 모든 불교교리 역사상에서 무아설과 윤회 전생설에서의 업의 주체 문제, 또는 수행과정에서의 주체 문제 등에서 시종일관 왈가왈부해 온 문제라고 할 수 있다.

아비달마불교 내지 부파불교시대에 보특가라설을 주장한 대표적인 부파인 유부계의 독자부犢子部의 설에 대하여, 김동화 박사는 다음과 같이 요약하여 말한다.

"이상 여러 문헌의 설을 종합하여 보면, 비즉비리온非卽非離蘊의 승의아勝義我가 만약 없다면 윤회전생의 주체가 없을 것이오. 우리들은 이 비유위비무위非有爲非無爲의 아我라는 체體가 있음으로 해서 현재의 생명을 지속하고 또 미래에 계속할 수가 있는 것이다. 그리고 이 아는 성불할 때까지도 불멸하여 존속한다는 것이다. 또한『아비달마대비바사론』에서 전하는 설로서 보면, 보특가라는 제법을 인식[能了]하고, 또 능히 기억[憶念]을 잃지 않으며, 우리들의 모든 선악은 이 아의 체에 영납領納되며, 수면번뇌隨眠煩惱의 소유자로서 수면이 수증隨增하여 미계迷界에 침륜沈淪할지라도 또한 능히 그 전박纏縛을 해탈하여 수면이 없는 세계에 이를 수도

---

[19]『阿毘達磨大毘婆沙論』卷54(『大正藏』27, p.278a). 五補特伽羅와 慧解脫과 俱解脫.

있다는 것이다."²⁰

그런데, 그러한 보특가라에 다섯 가지 종류가 있고 그 종류에 따라서 차례로 혜해탈慧解脫과 구해탈俱解脫을 얻는 수행방법과 또한 크게는 다섯 가지 내지 작게는 무수한 차이가 있을 수 있다는 설이 『아비달마대비바사론』 권54에 나타나 있다.

그러한 소설所說 가운데서 정定과 혜慧와 또 정과 혜의 수행 차례에서의 관계 내지 정혜쌍수定慧雙修에 대한 몇 가지를 간추려 보기로 한다.²¹

보특가라補特伽羅에 종류의 차별이 있음은 중생의 근기根機의 이둔利鈍에 따르는 것이며, 그러한 차별은 거의 무수하게 있을 수 있다.²²

그러한 무량종차無量種差를 크게 다섯 가지, 즉 수신행隨信行, 수법행隨法行, 신승해信勝解, 견지見至, 신증身證으로 나눌 수 있다. 이 가운데서 수신행입성도隨信行入聖道와 수법행입성도隨法行入聖道의 차별을 여러 가지로 설명하면서 지止와 관觀, 즉 정과 혜에 대한 차별로서 다음과 같은 설명이 있다.

"지행止行에 의한 입성도入聖道와 관행觀行에 의한 입성도가 있는데, 전자는 수신행종보특가라隨信行種補特伽羅이고 후자는 수법행

---

20　金東華, 『佛敎敎理發達史』(三榮出版社, 1983), pp.153~154
21　『大正藏』27, p.278a
22　위의 책, p.280c. "若以根種性道離染所依二合三合四合五合, 其數增長如理應思, 若以在身刹那分析應 說無量."

종보특가라隨法行種補特伽羅이며, 또 낙사마타樂奢摩他에 의한 입성도와 낙비발사나樂毘鉢舍那에 의한 입성도가 있는데 전자는 수신행隨信行이고 후자는 수법행隨法行이다. 또 지위선止爲先의 입성도와 관위선觀爲先의 입성도가 있는데, 전자는 수신행이고 후자는 수법행이다. 또 사마타증奢摩他增과 비발사나증毘鉢舍那增이 있는데 전자는 수신행이고 후자는 수법행이다. 또 지止로서 심心을 훈습하고 관觀에 의하여 해탈을 얻는 자는 수신행이고, 관觀으로서 심心을 훈습하고 지止에 의하여 해탈解脫을 득得하는 자는 수법행이라고 한다. 또 둔근자鈍根者는 수신행이고 이근자利根者는 수법행이다."[23]

이상에서 지와 관 내지 사마타奢摩他와 비발사나毘鉢舍那는 근根의 둔리鈍利에 따라 수행과정에서 선후와 경중이 상호 교체될 수가 있음을 설명하여 주고 있음을 알 수 있다.

지와 사마타는 정定이고 돈頓쪽이라 하면, 관과 비발사나는 혜慧고 점漸쪽이라고 해야 할 것이다. 그러므로 정혜쌍수定慧雙修, 돈점불이頓漸不二는 여기에서도 드러나고 있다고 해야 할 것이다.

2) 『구사론』에서의 선정
『구사론俱舍論』 권28, 분별정품分別定品 제8의 1에,[24] 정정淨定과 무루

---

23 『大正藏』27, p.279c. "復次或由止行而入聖道 或由觀行而入聖道. … 復次或由止熏心依觀得解脫 或由觀熏心依止得解脫. 若由止熏心依觀得解脫者名隨信行 若由觀熏心依止得解脫者名隨法行. 復次或有鈍根或有利根."

정無漏定에서는 어떤 한 가지 정에서든지 수정자修定者가 초등지超等持를 닦으면 능히 그 정을 초월하여 다른 정으로 입정入定할 수 있다고 한다.

이것은 차례로 일사일득一捨一得하는 점사점득漸捨漸得의 점수정漸修定이 아니고, 말하자면 이사일득二捨一得하는 돈사돈득頓捨頓得의 돈수정頓修定이라고 할 수 있다.[25] 요지는 다음과 같다.

"팔등지八等持에 유루有漏와 무루無漏의 두 종류가 있다. 상위로 올라감은 순順이라 하고 하위로 내려감을 역逆이라 한다. 동류정同類定 사이에서 상호관계된 유루정有漏定들의 관계라든가, 무루정無漏定들 사이에서의 상호관계는 균均이라 하고, 이류정異類定들 사이에서의 상호관계, 즉 어떤 유루정과 어떤 무루정과의 사이에서의 상호관계는 간間이라 한다. 또 어떤 정정과 다른 정이 서로 상린相隣하여 있을 경우의 상호관계는 차次라고 하고, 그러한 상린되는 연속관계에서 중간의 일정一定을 뛰어 넘고, 제3의 정정에 이를 때를 초超라고 한다. 그런데 관행자觀行者가 초정超定을 닦으려면 다음과 같은 수행과정을 밟아야 한다.

먼저 유루팔지등지有漏八地等持의 순역균차현전順逆均次現前을 많이 익혀야 한다. 즉 유루팔지등지有漏八地等持를 초지初地에서부터 향상向上하면서 차례차례로 익히고 또 향하向下하면서 순順과 역逆으로 그와 같이 자재하도록 차례차례로 익혀야 한다.

---

24 『大正藏』29, pp.148c~149a.
25 위의 책, p.148c. "淨及無漏皆能上下超至第三"

그 다음에는 유루무루순역간차현전有漏無漏順逆間次現前을 수많이 익혀야 한다. 즉 예컨대 유루초지정有漏初地定에서 무루초지정無漏初地定으로 이른 다음, 다시 유루이지정有漏二地定으로 이르고, 다시 무루이지정無漏二地定으로 이르고, 다시 유루삼지정有漏三地定으로 이르는 식으로, 차례차례로 향상向上 순순하기도 하고, 또 그런 식으로 향하向下 역순하기도 하면서, 그런 식으로 자재하게 되도록 수정修定해야 한다. 그 다음에 비로소 유루순역균초현전有漏順逆均超現前을 수습修習해야 한다. 즉 유루초지선有漏初地禪에서 향상하면서 순순으로 제삼지第三地를 뛰어 넘어서, 제삼지선第三地禪으로 이르고 다시 제사지第四地를 뛰어 넘고, 무색계 공변처空邊處에 이르는 식으로 제8지에 이르면 향하하면서 역으로 제7지는 뛰어 넘어서 제6지에 이르고 그런 식으로 다시 초지初地에 이른다.

그렇게 순과 역으로 자재하게 된 다음에는 무루상지無漏上地를 또한 순과 역으로 일정一定식을 초월하면서 자재하도록 익힌다. 이만큼 자재하게 되는 수정修定을 이름하여 '수습초가행만修習超加行滿'이라고 한다. 말하자면 돈초頓超의 정정定을 닦는 데에서 아직도 완성은 아니고 그 준비 단계만이 만족할 만큼 되었다는 말이다. 이와 같은 준비단계가 만족스럽게 된 다음에라야 비로소 초정超定, 즉 돈초정頓超定이 완성되는 마지막 단계가 있게 된다. 즉 유루有漏, 무루無漏, 등지等持, 순역간초順逆間超가 가능하게 된다. 즉 다시 말해서, 유루의 초지선初地禪에서 향상向上하면서 무루 제3지선第三地禪에 이르고, 다시 유루의 무색계無色界의 공무변처空無邊

處에 이르고, 다시 무루의 무소유처無所有處에 이르는 식으로 자재롭게 된 다음에는 유루의 제8지地에서 하향下向하면서 역으로 사이를 초월하면서 무루의 제6지, 즉 식무변처識無邊處에 이르고, 다시 유루의 제4지선에 이르는 식으로 자재롭게 되어야 한다. 그런데 아무리 초정超定이 완성되어도 능히 하나의 정定을 초월할 수가 있을 뿐이지 두 개의 정을 초월하여 제4의 정에 이를 수는 없다. 그 사이가 너무 멀기 때문이다.[26] 그리고 이러한 초정은 불시해탈아라한不時解脫阿羅漢만이 가능하다. 불시해탈아라한은 정定이 자재하고 번뇌가 없기 때문이라고 하며, 시해탈아라한時解脫阿羅漢은 번뇌는 없어도 정에 자재하지 못하기 때문에 초정超定의 수행이 불가능하고, 또 견지자見至者도 정定에는 자재하나 번뇌가 남아 있기 때문에 초정수超定修가 불가능하다고 한다."[27]

이상에서도 역시 수정修定에 점漸과 돈頓이 공존함을 역력히 알 수가 있다.

---

[26] 『大正藏』29, p.149a. "此中超者 唯能超一遠故無能超入第四."
[27] 위의 책. "不時解脫阿羅漢 定自在故無煩惱故. 時解脫者雖無煩惱定不自在. 諸見至者雖定自在有餘煩惱. 故皆不能修超等至."

참고 圖表

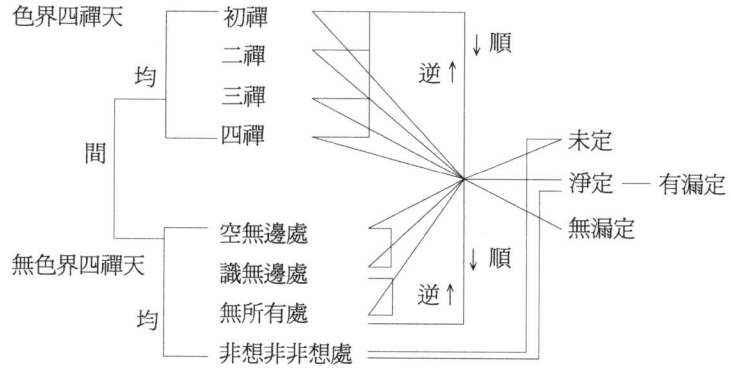

### 3) 대중부계의 돈수관頓修觀[28] 및 기타 돈점론

『이부종륜론異部宗輪論』에서의 대중부大衆部[29] 및 『아비달마비바사론』 권제158, 169, 170[30]에 의하면 대중부大衆部, 일설부一說部, 설출세부說出世部, 계윤부雞胤部의 본종동의本宗同義로서 사부동설四部同說로서 주장하는 교의를 열거하는 가운데에서, 특히 정定과 수修와 혜慧, 그리고 돈頓과 점漸 등에 직접적으로 관련되어 있는 것은 다음과 같은 것들이 있다. 즉,

① 여래답문불대사유如來答問不待思惟
② 불일체불설명등佛一切不說名等 상재정고常在定故 연제유정然諸

---

28 김동화, 『俱舍學』(文朝社, 1971), p.309. 『佛敎敎理發達史』(三榮出版社, 1983) pp.91~92, p.96.
29 『大正藏』49, pp.15~179(돈점론에 대한 내용이 수록)
30 『대비바사론』 권제158(『大正藏』27, pp.800~805), 169(『大正藏』27, pp.851~853), 170(『大正藏』27, pp.855~859)에 돈점론에 대한 내용 게재.

有情 위설명등謂說名等 환희용약歡喜踊躍

　③ 일찰나심료일체법一刹那心了一切法

　④ 일찰나심상응반야지일체법一刹那心相應般若智一切法

　⑤ 이일찰현관변지以一刹現觀邊智 변지사제제상차별遍知四諦諸相差別

　⑥ 안등오식신유염유이염眼等五識身有染有離染

　⑦ 유아라한위여소유有阿羅漢爲餘所誘

　⑧ 유유무지猶有無知

　⑨ 역유유예亦有猶豫

　⑩ 타금오입도인성기他今悟入道因聲起

　⑪ 고능인도苦能引道 고언능조苦言能助

　⑫ 혜위가행慧爲加行 능멸중고能滅衆苦 역능인락亦能引樂

　⑬ 일체법처一切法處 비소지非所知 비소식량非所識量 비소통달非所通達 등이다.

　이들 가운데서 ①~⑤나 ⑬은 여래는 항시 입정入定상태이며 그 지知는 이른바 시비분별계도是非思量分別計度를 허락하지 않는 찰나에 모든 것을 아는 자임을 주장하고 있다. 그러나 그 외의 것들은 이른바 아라한의 수행상에서는 고苦에서부터 시작하여 낙樂으로 가며, 무지無知와 유예猶豫로부터 유지有知로 가는 등의 점수의 과정에 있음이 확실하다. 그리고 아라한은 여래보다 하위下位에 두고 있음도 확실하다.

　이상에서 보면 대중부계에서는, 이른바 성불 과정에서는 성불된 단계를 여래와 그 이전의 수행단계, 즉 아라한 등과의 사이에 엄연한 차별을 두고 성불에 이르는 수행 내지 가행위加行位의 어느 최종적 단계에서 여래를 이루는 일찰나는 돈오적임을 보여 주고 있다. 그 돈오적 순간이 곧 ⑤의 주장이라고 할 수 있는 것이며, 찰나에 현관변지現觀邊智로서 변지사제제상차별遍知四諦諸相差別한다는 것이다.

결국 대중부계에서는 점수한 연후에 돈오가 있음을 인정하였다고 보아야 한다. 이러한 문제들에 관하여 김동화는 다음과 같이 결론적으로 말하였다.

즉[31] "그 다음에 사제四諦를 관觀하는 데 대하여, 발인發軔 중 29右에 '以一剎那現觀邊知로 遍知四諦의 諸相差別'이라는 말이 있는바, 이것도 유부설有部說에 대립되는 (대중부의) 설이다. 수행자가 견도見道의 위치에 들어서 무루지無漏智로써 욕계欲界의 사제四諦와 상계上界의 사제, 즉 상하 팔제八諦를 여실히 관찰해서 견혹(見惑, 견해와 의혹)을 끊는 바 이것을 '성제현관聖諦現觀'이라 한다. 이 현관現觀을 하는 법에 돈·점 두 설이 있다.… 이 문장-以一剎那現觀邊知…-은 돈현관頓現觀의 뜻을 말한 것이다. 일찰나一剎那란 돈頓이라는 의미요, 현관변지現觀邊知라는 것은 견도후변見道後邊에 다시 따로 일어나는 것을 의미한다. 이 지智로써 사제四諦를 대할 때, 몰록 의심과 의혹이 없는 까닭에 '돈현관頓現觀'이라 한다는 것이다."

이상으로 미루어 보면, 아비담불교에서도 정혜돈점의 문제는 불가불리의 문제로서 부파 간에 대립논쟁이 있었고, 그러한 논쟁은 불교의 수도과정에서의 본질적 문제였음을 알 수 있다.

---

**31** 金東華, 『佛敎敎理發達史』(三榮出版社, 1983), p.96

그러므로 정혜쌍수 돈점불이의 문제는 불교수행 과정에서의 차의 두 바퀴이며, 모든 것의 양면적인 문제이며, 두 개 중 하나를 택해야 한다는 주장은 마치 단상이견斷常二見의 일변만을 주장하는 것과 같아서 중도에서 어긋나는 것이라고 하겠다.

또『아비달마대비바사론』(이하『대비바사론』)에서,[32] "현재의 고법지인苦法智忍은 과거의 무량한 고법지인苦法智忍을 닦은 그 결과이며, 그래서 과거의 닦음의 원인(因)이 현재의 결과(果)가 있게 되었다고 할 수가 있지 않는가?"라는 질문을 하고, 이에 대한 답으로서 "그것은 반드시 그렇지 않는 것도 있다."고 한다. 즉 "고법지인苦法智忍의 현재 찰나는 결국 일찰나도 현재하지는 않기 때문에, 앞에서 닦음이 원인일 수도 없고, 현재 고법지인이 결과일 수도 없다."는 것이다.

이와 똑같은 문제가 방편도方便道의 사선四禪 내 범부의 마지막 자리인 세제일법위世第一法位에서 성위聖位의 초위初位인 예류향견도위預流向見道位의 고법지인제일찰나苦法智忍第一刹那와의 사이에도 있는데, 이는 점수와 돈오 사이의 관계로 집약될 수 있다고 생각한다.

세제일법까지의 방편도는 분명히 점수의 길이다. 그리고 세제일법위까지의 수행의 법과法果를 견도위見道位로 끌어들인다고 보아야 함이 마땅하지만, 그렇게 볼 수 없다는 설이 이른바 '유부설有部說'의 주장이다. 즉 "보다 수승한 도(道; 見道)는 보다 열등한 도(道; 方便道)를 원인으로 하여 생기는 것은 아니라는 말"이다.

---

[32]『대비바사론』권158(『大正藏』27, p.802b)

그리고 고법지인과 세제일법의 최종위最終位, 즉 제십육찰나와의 사이는 이른바 무간도無間道로서의 인忍인데, 성제현관聖諦現觀 제십육찰나를 돈관頓觀으로 볼 때에는 그 인忍은 일찰나라는 말에도 해당되지 않는다. 그러므로 무간無間이다. 세제일법의 최종위인 제십육찰나와 성위제일위聖位第一位인 예류과(預流向; 見道位) 사이에는 일찰나의 간격도 없고, 그와 마찬가지로 성제현관 십육찰나를 돈관으로 볼 때는 결국 성제현관사성제 삼십이행상三十二行相은 말을 하자니 일찰나라고 할 뿐이지, 실은 일찰나도 안 된다고 보아야 한다.

이러한 주장이 결국 대중부와 화지부계化地部系의 설인데,[33] 이 설에 의하면, 세속의 일곱 방편이 더한 수행〔七方便加行位修行〕이 완료되어서, 성위聖位로 끌어들일 때는 무간이라는 시간적이면서도 탈시간적인 술어가 사용되는데, 이 무간이라는 말은 '돈頓'이라는 말과 같은 뜻으로 사용되고 있음을 짐작할 수 있다.

무간이라든가 돈이라는 말이 사용되는 그러한 상황들로 미루어 본다면 무간이나 돈은 다만 세속위와 성위 사이에 본질적으로 어떤 차이가 있다는 것을 뜻할 뿐이지, 무간이나 돈이라는 말이 세속위에서의 점수적인 가행加行 과정을 무시하는 말도 아닐 뿐만 아니라, 성위에서의 수도적인 관행觀行을 무시하는 말도 아니다.

돈이라든가 무간이라는 말은 마치 문을 열고 닫을 때, 그 개개開와 폐閉의 개념적 의미가 서로 완전하게 모순적으로 상반 대립하지만, 그러나 그 어느 하나가 없이는 다른 하나의 의미가 성립될 수 없는

---

[33] 金東華,『俱舍學』, p.309. "頓觀은 자재무애한 까닭에 일시에 四諦를 관한다는 것이니, 이것은 대중부와 化地部說이요 前說(漸觀)의 有部의 설이다."

것이나 마찬가지로, 세속위와 성위와의 사이가 마치 개와 폐와의 사이가 그렇게 다르듯이, 다르다는 것을 나타낼 뿐이지 실재하지 않는 토끼 뿔〔兎角〕이나 거북이 털〔龜毛〕같은 공개념空概念이다. 마치 문은 열려 있지 않으면 닫혀 있을 뿐이지 열리지도 닫히지도 않는 문은 실재하지는 않는다. 무간이라든가 돈이라는 말은 개와 폐와의 사이에 개도 폐도 아닌 다른 것이 있을 수 없음을 나타내는 그런 의미의 말일 뿐이지 그 이상도 그 이하도 아니다. 다시 말하면 속과 성은 개와 폐처럼 모순적으로 상반 대립된다고 할 수는 있어도, 돈과 점은 그러한 모순적 상반 대립은 될 수 없다는 말이다.

　수행과정에서 하위에서 상위로 향상 진행할 수 있음을 인정하지 않을 수 없다. 그것은 마치 사다리의 하단에서 상단으로 올라가듯이 또는 상에서 하로 내려가듯이 점점 위로 혹은 점점 아래로라는 말을 쓰는 것처럼 수도과정에서 그렇게 쓰는 말이다.

　그러나 사다리의 상단과 하단은 상과 하가 서로 모순적으로 상반 대립된다. 즉 상향할 때는 하가 인위因位이고 상이 과위果位이며, 하향할 때는 상이 인위이고 하가 과위인 것이다. 이와 마찬가지로, 인因과 과果 사이에도 모순적 상반대립이 있다. 인과관계는 전변轉變의 개념에 내포되고 상·하의 개념은 점진의 개념 속에 내포되는데 그때에 인과 과 또는 상과 하가 서로 개념적으로 다르다는 것을 뜻하는 과라는 개념이 인과전변 또는 인연생기因緣生起의 과정을 성립시킬지언정 전변과 생기生起를 부정하는 개념일 수 없는 것이다. 또한 향상이나 향하를 성립시킬지언정 부정하는 개념일 수 없는 것과 마찬가지다. 속과 성이 다르다는 것을 뜻하는 돈은 속俗에서

성聖으로, 중생衆生에서 불佛로 전변하여 성불하는 전미개오轉迷開悟의 과정적 전변, 즉 점수의 과정을 성립시킬 수 있지만 부정하는 것은 아니다.

이異 또는 이숙異熟이 없이 인연생기 또는 인과관계가 있을 수 없듯이 돈이 없이는 탈속성성脫俗成聖하는 전미개오의 점진적 과정이 있을 수 없다.

그러므로 돈과 점은 상보개념이지 상대개념이 아니다. 역시 돈·점은 수도과정상에서의 단斷과 증證처럼, 모든 것의 양면적 불가분리의 개념이라고 해야 할 것이다. 돈만도 점만도 선 수행상에서는 있을 수 없다.

『대비바사론』에서의 이러한 문제들 가운데서 수정修定에 관한 것 중 돈·점 문제를 직접 시사하여 주는 예로서, 『대비바사론』에 여덟 가지 선정 상호간의 진퇴 문제에 관련하여 돈점의 문제가 상세히 설명되어 있는데, 돈은 구시득俱時得 혹은 구시사俱時捨이고, 점은 선후차제에 따라서 선사후득先捨後得이거나 선득후사先得後捨이다. 즉 일득일사一得一捨 내지 일사일득一捨一得의 순서에 따르는 득得과 사捨라는 점이다. 점에서는 비약적 월지越地가 없다. 그러나 돈에는 비약적 월지가 가능하다. 즉 무색계나 색계에서 속계世로 하락할 때에는 돈퇴頓退 또는 돈생頓生이 가능하고, 또는 아라한과를 얻을 때만은 삼무색三無色을 돈득頓得할 수 있다고 하였다.[34]

---

[34] 『大正藏』27, pp.859~860b(『대비바사론』 권171, 定蘊第七中攝納息 第三之六의 初頭). "問何故復作此論 答前雖明得捨 而未分別漸頓 … 超地時於三有漸捨 頗有無漏 三無色頓得耶 答有 謂得阿羅漢果時"

결국 경우에 따라서 돈과 점은 가능하기도 하고, 불가능하기도 한 것으로 되어 있다. 선정에서의 향상 내지 퇴전退轉은 돈·점 어느 하나만일 수 없다는 것이 분명하게 설해져 있다.

### 4) 『성실론』에서의 선정

『성실론成實論』 권제12, 「삼매품」 제161에 입출정入出定에서의 초월에 관하여 다음과 같은 문답이 있다.[35]

> 문_ 순입順入, 역입逆入, 역순입逆順入, 순초順超, 역초逆超, 역순초逆順超의 여섯 가지 종류의 입정이 있다고 하는 사람이 있는데 어떤 것인가?
> 답_그런 것이 있다. 수행자가 멸진정滅盡定에 들고자 할 때 차례로 모든 선禪으로 입출入出한다. 그러므로 순順으로, 처음부터 점차로 입출하면서 멸진정에 이르는 이외의 나머지 다섯 가지 종류의 입출은 옳지 못한 것이다. 위에 이른 자가 다시 아래로 내려갈 필요가 없다. 마치 어른이 어린애들 놀이를 즐거워하지 않는 것이나 마찬가지다. 그리고 초월한다고 하는데, 경에는 다만 순서대로 차례로 입출의 모든 선정하는 것만이 설해져 있을 뿐이고, 초월은 설하지 않는다.
> 또 초월하는데 제일지第一地를 초월하여 제삼지에만 갈 수 있다고 하지만 이것도 그렇지 않다. 능력 여하에 따라서 제4, 제5지에도 초월하여 갈 수 있다. 마치 사다리를 오르는 사람이 일단一段도

---

35 『大正藏』32, p.338b.

이단도 초월할 수도 있는 것과 마찬가지이기 때문이다. 경에 비록 불佛이 열반[泥洹]에 들 때 역순초월逆順超越하여 선정에 들었다고 되어 있으나 그 경의 정의는 그렇지가 않다. 왜냐하면 수행자가 멸진정에 들려고 하면 모름지기 순입順入으로서 해야 하기 때문이다. 수행자가 순서를 거치지 않고 멸진정에 바로 들어가려고 하면 안 된다.

그러나 만약 선정 중에 자기가 능히 자재하여 불퇴할 수 있는가를 스스로 시험하여 보고자 할 때는 역순입초월逆順入超越을 해도 괜찮다. 그것은 마치 말을 타고 전진할 때는 후퇴가 필요 없지만 연습 때는 전진·후퇴·승마·하마를 거듭 연습해도 괜찮은 것과 마찬가지다. 또 노인이 아이들과 같이 놀아주기 위하여 온종일 어린아이 놀이를 해 주는 것과 마찬가지다. 그러므로 성인이 천인天人 및 모든 신선들에게 선 중의 자재력을 보여주기 위해서는 역순입초월을 해 보인다. 또 불이 열반에 들 때도 사리불에게 깊고 오묘한 정정을 훈수勳修시키기 위하여 역순입초월을 자재하게 해 보였다. 만약에 그렇지 않고, 불이 단번에 무여니원(無餘泥洹; 완전한 涅槃)에 들어 버린다면 사람들이 그것을 보고 일체의 모든 유위법을 싫어하게 되는 것이기 때문에, 불은 역순입초월을 해 보인 것이다. 그러므로 경의 말과 그 본뜻이 어긋나는 것은 아니다. 또 보살 중에는 심력心力이 큰 자는 초지初地에서 멸진정滅盡定으로 뛰어넘어 들어갈 수도 있고, 또 그 역도 가능하다고 되어 있다. 그러므로 초지에서 제사지로 뛰어넘어 들어갈 수 없다는 말도 맞지 않는 말이다.

이상에 의하면 『구사론』에서보다 이론적으로 더 자재해진 것이라고 할 수 있다.

## 4. 대승경전에서의 선정

### 1) 반야부계에서의 선정
- 선정과 선바라밀 -

『대반야바라밀다경』 권372, 「초분변학도품初分遍學道品」 제64의 7에 다음과 같은 요점의 교설이 있다.[36]

"또 다시 선현善現이여, 보살마하살이 초발심하여 정려반야바라밀다靜慮般若波羅蜜多를 수행할 때는 마땅히 사정려四靜慮·사무량四無量·사무색정四無色定에 들어야 하며, 뿐만 아니라 타인에게 권해야 한다. 또 입사정려入四靜慮·입사무색정入四無色定하는 공덕을 찬탄해야 한다. 이렇게 함으로써 비로소 보살마하살은 사정려·사무량·사무색정四無色定에 안주할 수 있고, 그렇게 해야 능히 재시財施를 모든 유정有情에게 만족스럽게 할 수 있고, 따라서 계戒·인忍·정진精進에 안주할 수 있다. 또한 정온定蘊·혜온慧蘊·해탈온解脫蘊·해탈지견온解脫知見蘊에 안주할 수 있고, 나아가서 계·정·혜·해탈·해탈지견온이 청정하여 모든 성문 및 독각지地를 초월하여 보살정성이생菩薩正性離生에 취입趣入한다. 그리고 보살정성이생의 위위位에 들면 곧 불토가 엄정嚴淨하고 유정

---

[36] 『大正藏』6, p.921b.

이 성숙하여, 이렇게 엄정불토하고 성숙유정하여 원만을 얻은 다음이라야 곧 능히 무상정등보리를 증득한다. 무상정등보리를 증득하고 나면 곧 능히 정법륜正法輪을 굴리게 되며, 정법륜을 굴림으로 말미암아서 유정을 삼승법三乘法에 안립安立시킨다. 유정이 삼승법에 안주하면 그때에 비로소 생사를 해탈하고 열반을 증득한다. 이 모두 보살마하살이 정려에 말미암기 때문이다. 그러나 비록 이와 같이 점차 업을 짓고 점차 업을 닦고 점차 행을 행할지라도, 그러면서도 일체 불가득임을 관한다. 왜냐하면 일체 법의 자성이 무이기 때문이다."

이상에서 돈점과의 관련에서 본다면 보살마하살이 보시·지계·인욕·정진·사정려 등을 점차로 실수實修하면 결국 무상정등보리를 증득하여 성문·연각을 초월할 수 있다. 또 그러면서도 유정을 삼승에 안입安入시키기도 한다. 그리고 그런 모든 수행과 증득이 있으면서도 모든 것은 불가득이다.

이러한 설은 결국 『성실론』까지에서의 돈점분별의 시비에서 일약 돈점일여의 방향으로 비약하는 느낌이 든다. 반야공관불교의 입장에서는 역시 돈점개공이 아니면 돈점일여일 수밖에 없다고 생각된다.

또 『대지도론』「석초품釋初品」중 선바라밀 제28에 다음과 같은 요지의 논이 있다.

문_ "어떤 방편을 행해야 선바라밀을 얻는가?"
답_ "다섯 가지 일[五事＝五塵]을 버리고, 다섯 가지 법[五法＝五

蘊]을 제거하고, 다섯 가지 행을 행해야 한다. 색·성·향·미·촉에 걸려 욕심을 내어 악행을 하는 대신 선행을 해야 한다."[37]

결국 오욕을 제거하고 오개五蓋를 버리고 다섯 가지 법을 행해야 초선에 이른다.[38] 이 문답은 역시 점수를 교시敎示하고 있다.

그런데 선바라밀과 모든 종류의 정定과 무엇이 다른가에 대하여 다음과 같은 문답이 있다.

문_ "팔배사八背捨, 팔승처八勝處, 십이처입(十一處入, 十處), 사무량심四無量心의 모든 정삼매定三昧 등의 가지가지 정定은 바라밀이라 이름하지 않고 선바라밀만을 바라밀이라고 하는 이유는 무엇인가?"

답_ "그러한 모든 정定의 공덕은 무릇 사유수思惟修이다. 선이라는 말은 진秦나라 말로 사유수라는 뜻이다. 선바라밀은 모든 것을 깨닫게 한다는 것이다. 선이 최대이며 왕이다. 여타의 정은 일체를 섭하지 못한다. 사선四禪에서는 지다智多거나 지소智少거나, 또 무색계정無色界定에서는 정다定多이나 지소智少하거나 하여, 마치 차의 양 바퀴가 같지 못하여 불안정한 것과 같다. 그러나 선바라밀에는 사등심四等心, 오신통 배사승처五神通 背捨勝處, 일체처무쟁삼매一切處無諍三昧, 원지정례願智頂禪, 자재정련선自在定練禪, 백십사변화심반선주百十四變化心般舟, 모든 보살삼매 수능엄적菩薩

---

[37] 『大正藏』25, p.181a. "問曰 行何方便得禪波羅蜜. 答曰 却五事除五法行五行."
[38] 『大正藏』25, p.185b. "呵五欲除五蓋行五法得至初禪."

三昧首楞嚴寂 등, 간략히 설하면 백이십百二十 제불삼매부동등諸佛三昧不動等, 또한 팔백八百 및 불득도사수佛得道捨壽 등, 이와 같은 여러 가지 공덕 묘정妙定이 모두 선바라밀 중에 있기 때문에 선바라밀을 다른 정定들과는 달리 최고라고 한다."[39]

이 문답은 선바라밀이 여타의 여러 정定을 모두 그 안에 내포하면서도 그 이상의 것임을 논하고 있다. 이것도 또한 반야공관불교에서의 수정관의 돈점일여적인 측면이라고 할 수 있다.

또 『대반야바라밀다경』권599 제16 반야바라밀다의 7에 다음과 같은 요지의 설이 있다.[40]

"모든 보살이 어떠한 곳이든 의지하는 바가 없다. 여러 가지 짓는 바도 역시 의지하는 바가 없다. 왜냐하면 만약에 의지하는 바가 있으면 이전移轉이 있고 이전하는 바가 있으면 동요動搖가 있고, 동요가 있으면 희론이 있다. 만약에 유정이 의지하는 바가 있고, 전동요희론轉動搖戱論이 있으면 마력魔力을 따라 가서 마경魔境에서 벗어나지를 못한다. 유정이 만약 유정천有頂天에 태어난다고 해도, 의지하는 바가 있으면 의지하는 바에 계속繫屬되어 의지하는 곳에 의하여 그는 반드시 마경계로 다시 돌아온다. 악마의 망에 걸려서 악마의 밧줄에 항상 끌려 다닌다. 마치 맹희자猛熹子 및

---

39 위의 책, "問曰 八背捨八勝處十一切入四無量心諸定三昧 … 略說則八百. 及佛得道捨壽. 如是等種種功德妙定皆在禪中. 以是故禪名波羅蜜餘定不名波羅蜜."
40 『大正藏』7, p.1102b.

알라라와 웃따라까 및 기타 모든 선인, 외도들이 모두 무색계에 계소繫所되어 소의로 삼고 소의처에 의한 것과 마찬가지다. 모든 보살이 행심반야바라밀다 하고 수심修深반야바라밀다 하고 회심會深반야바라밀다 할 때는 일체처에 의지하는 바가 없고 짓는 바도 역시 의지하는 바가 없다."

위와 같은 논설은 반야부계에서 선바라밀로서의 수정修定이 알라라와 웃따라까 등의 모든 외도들의 수정과 분명하게 다른 점을 논하고 있다. 특히 알라라와 웃따라까의 수정은 결국 최상천에 이르렀다가도 그것이 소의가 있기 때문에 결국 아래로 다시 돌아온다는 말은, 불타가 출가 직후 그 두 선인 수정자에게 가서 그들의 수정과정을 완수하여도 거기에 만족하지 않고 그들을 버리고 떠난 이유를 명시한 것이라고 본다. 즉 진인화과盡因火果라는 원리적 깨달음에 의하여 불타가 보살시절, 생천生天을 목적으로 위로 향함을 기뻐하고 아래로는 싫어하는 외도들의 수정과 불타의 선정이 서로 다른 점이 여기에 명시되었다고 생각한다. 이 역시 수이불수修而不修요 득이부득得而不得이라는 반야공관적 수정관에서 역시 돈점일여가 아니면 돈점개공을 말하여 준다고 해야 할 것이다.

### 2) 『법화경』에서의 선정

『법화경』에서는 석가모니불만이 아니고 무량무수의 제불보살이 모두 무량무수의 선정과 삼매에 출입하고 있다. 그리고 『법화경』에서의 제불보살은 이미 불보살이기 때문에 수정修定과정으로서의 입출정入

出定이 아니라, 중생교화를 위한 방편으로서 하는 것이기 때문에, 필요한 때에는 즉각 안좌정처安坐靜處하고 결가부좌하여 입정 내지 입삼매하였다가 필요하면 그 삼매 내지 입정에서 나온다. 모든 법은 출정出定시에 설한다. 그리고 입정 내지 입삼매하는 시간도 그야말로 자유자재하여 수억만 무량겁을 일찰나와 동일하게 입정한다.

경에 직접 나타난 문구들을 열거하면 다음과 같은 것들이다.

①說量經己 卽於大衆中 結跏趺坐 入於無量我處三昧 …… 適從三昧起(序品1)

②說此經己 卽入靜室 住於禪定 八万四千劫 …… 彼佛說經己 靜室入禪定 一心一處坐 八万四千劫(藥草喩品 第5)

③菩薩有時 入於靜室 以正憶念 隨義觀法 從禪定起(安樂行品 第14)

④其有衆生 聞佛壽命長遠如是 乃至能生一念信解 所得功德無有限量 若有善男子善女人 爲阿耨多羅三藐三菩提故 於八十万那由他劫 行五波羅檀蜜波羅蜜 尸羅波羅蜜 羼提波羅波羅蜜, 毘利耶波羅蜜 禪波羅蜜 諸般若波羅蜜 以是功德 比前功德 百分千分百千萬億分不及其一 及至算數譬喩 所不能知(同上)

⑤況復有人能持是經 兼行布施持戒忍辱精進一心智慧(同上)

⑥乃至於梵世 入禪出禪者聞香悉能知 …… 或在林樹下 專精而坐禪(同上)

⑦得如是等 百千萬億恒河沙等諸大三昧(妙音菩薩品 第24)

그런데 『법화경』과 선정과의 관련에서 독특한 것은 『법화경』을 수지독송 또는 타인을 위하여 설하는 공덕이 선바라밀의 공덕보다도 무한하다고 강조한 점이라는 것이다(위의 예문 ④ 참조).

또 하나는 육바라밀 가운데서 선정을 일심이라고 호칭한 것(예문 ⑤ 참조)도 특이한 것으로, 여기에서 선정 즉 일심이라는 동의어同義語적 용법이 분명하게 나타나 있다고 할 수 있다. 이것은 선의 개념의 역사적 변화과정에서 하나의 획기적인 변화라고 할 수도 있을 것이다.

이른바 중국적인 "이 마음이 바로 부처이며 필경 다르지 않다. 이것에 의지하여 닦는 것을 최상승선이라 하며 역시 여래청정선이라고 한다."는 선禪 개념이 대두되는 원인이라고 생각한다.[41]

### 3)『지장경』에서의 선정

이 경에서는 수정修定자가 만약 다음의 20종 가운데에 한 가지만이라도 해당되면 선을 완수할 수 없다고 설하였다.[42] 특히 주목해야 할 것은 천장대범천天藏大梵天이 세존에게 묻기를 "이혜수정자利慧修定者가 그 마음을 깨끗하게 하고 수정복덕업修定福德業하려면 어떻게 해야 합니까?"라고 질문한 것에 대한 답이다. 그리고 이 20종 가운데 한 가지만이라도 해당되면 선도 완수하지 못할 뿐만 아니라 욕계의 선근도 이루지 못하고, 이루었던 것도 도리어 퇴실退失하며, 색계와 무색계의 정定을 이루지 못하고 삼승원만三乘圓滿을 이룰 수도 없고, 그 어느 일승도 이루지 못한다고 한 점이다.[43] 그리고 그 어느 하나만이

---

41 鎌田茂雄,『禪源諸詮集都序』(『禪の語錄』9, 東京: 筑摩書房, 1971), p.23. "此心卽佛 畢竟無異 依此而修者 是最上乘禪 亦名如來淸淨禪"

42 『大乘大集地藏十輪經』 권3「無依行品」제3의 1(『大正藏』13, p.735a)

라도 해당되면, 결국 삼악취에 빠지거나 무간지옥에 빠지는데, 웃따라까와 알라라가 그러했다고 한 점도 주목해야 할 점이다.[44]

그 20종은 무의행법無依行法이라 이름하여 다음과 같다.[45]

첫째 열 가지:

① 乏資緣(아란야에서 修定하는 비구는 최상의 房舍와 최상의 臥具와 최상의 飮食을 공급 받아야 하고 一切僧事에서 皆應放逸되어야 한다. 만약 그렇지 못하면 乏資緣이다)

② 犯尸羅行諸惡行(계행을 범하는 악행)

③ 顚倒見妄執 吉凶身心剛强(사견과 독단, 고집불통)

④ 心掉動不順賢聖諸根經躁(이른바 경거망동)

⑤ 離間語 破亂彼此(사이를 갈라놓는 이간하는 말)

⑥ 麤惡語 毁罵賢聖(현성을 헐뜯는 말)

⑦ 雜穢語 及虛誑語(잡된 말, 허풍떠는 말)

⑧ 懷貪嫉於他所得利養恭敬(공경받는 것에 대해 탐심과 질투를 품는 것)

⑨ 懷瞋念於諸有情(모든 유정에게 화를 품는 것)

⑩ 懷邪見撥無因果(삿된 견해로 인과가 없다고 반발하는 것)

---

43 『大正藏』13, p.735b "若修定者 隨有一行 尙不能成 欲界善根 設使先成尋還退失 況當能成 色無色 定乃至三乘 隨成一乘."

44 『大正藏』13, p.735c. "若修定者 隨有一行終不能成諸三摩地……或成重病長時受苦 或痴命終於三惡趣 隨生一所 乃至 無間地獄 如嗢達洛迦阿邏茶底沙."

45 『大正藏』13, p.735b.

둘째 열 가지는 ① 낙착樂著사업, ② 담론, ③ 수면, ④ 영구營求, ⑤ 풍색豊色, ⑥ 묘성妙聲, ⑦ 방향芳香, ⑧ 미미美味, ⑨ 세촉細觸, ⑩ 심사尋伺이다.[46]

이 경의 수정에서 특히 주목해야 할 것은 교의 삼승과 욕계의 수선과 색계와 무색계의 수정이 통합적으로 설해진 점이며, 이 점에서 선과 교가 일맥상통하는 수행성을 보여준 점이라고 할 수 있다. 그리고 이 경의 이름에 특히 '대승'이라고 첨가되어 있다는 점 또한 주목해야 할 점이다.

이러한 맥락에서 본다면 수선修禪 방법은 사문 구담으로 우다라까와 아라라 곁에서 수정할 때에는 다만 해탈 내지 성도 방법의 하나로서의 수정이었던 것이, 그가 그때까지의 재래적 수정에 만족하지 못하고 거기에서 더 나아가 독자적인 수정방법을 새로 발견 실천하여 마침내 성도하였다고 본다. 그러한 불타의 무사자각자증자득無師自覺自證自得한 수정 방법이 결국 선禪으로 발전되었다고 생각할 수도 있다.

그러므로 다만 하나의 수도 방법으로서의 원시적인 입정이 결국 심정心定이 되고, 심정이 결국 지혜가 되고, 이리하여 결국 "선이 마음이고 마음이 선, 부처가 바로 지혜이고 지혜가 그대로 삼승, 즉 중생이다."가 된 것이다. 이렇게 하여 '심불급중생 시삼무차별心佛及衆生 是三無差別'로 발전되고 결국 '심정당작불心定當作佛'이라든

---

[46] 『大正藏』23, p.735c.

가,⁴⁷ 또는 "삼승학인三乘學人이 성도를 구하고자 한다면 반드시 수선하여 이 무문無門을 여의고 이 무로無路를 여의어야 한다."라는 원돈적圓頓的 중국적 선 내지 선교일치·정혜쌍수·돈점일치 등의 사상으로 낙착되었다고 생각한다.

### 4) 『대반열반경』에서의 선정

『대반열반경』에서는 '모든 중생은 동일한 불성을 구족하며 차별이 없다.'라는 대전제 하에서(권10, 「여래성품」 제4의 7)⁴⁸ 수정修定 내지 선은 아뇩다라삼먁삼보리를 얻고 견성성불 하는 여러 갈래의 길 가운데 하나에 불과하며, 팔정도를 비롯한 여러 종류의 도道는 하나이지 둘이 아니다. 마치 목화木火·초화草火·강화糠火·우마분화牛馬糞火 등이 모두 다 불인 것처럼, 또 대상이 눈에 보이는 것은 현상〔色〕이요, 귀로 듣는 것은 소리〔聲〕요, 내지 몸으로 느끼는 것은 느낌〔觸〕이듯이, 도는 역시 하나이지 둘이 아니다.⁴⁹ 선정으로 아뇩다라삼먁삼보리를 얻고 견성성불 하는 하나의 도道도 역시 염불삼매 등 수십 종의 도道와 모두 둘이 아니다.

그런데, 실달태자가 출가 직후 알라라와 웃따라까에게서 수습修習한 식처識處 및 비유상비무상처非有想非無想處는 무아無我지 않는 까닭에 떠나 버렸다고 보는 것은, 대열반미묘경전大涅槃微妙經典을 얻어 듣지 못한 잘못된 견해이다. 만약 보살마하살이『대반열반경』을

---

47 宗密 述,『大方廣圓覺經大疏』(『卍續藏經』, 14~109左)
48 『大般涅槃經』(『大正藏』12, p.423a)
49 위의 책, p.442a(권13,「聖行品」제7의 3).

듣고 능히 사경·독송하고 더구나 다른 이들에게 연설해서 그 뜻을 사유하게 하고 『대열반경』대로 수행한다면, 잘못된 견해를 끊어 불佛이 무량겁래에 도솔천에서 모태한 일, 내지 구시라성에서 열반에 드는 일도 없으며, 알라라와 웃따다라까에게서 수정修定한 일도, 버리고 떠난 일도 없을 것이다. 이렇게 보아야 비로소 보살마하살의 '정직의 견해(正直之見)'라고 말할 수가 있다고 한다.[50]

이렇게 볼 때는 수정修定 내지 선정삼매에 있어서도 그야말로 '출出도 불출不出도, 입入도 불입不入도 아닌 것'이며,[51] 이어서 결국 언어도단이요, 심행처멸心行處滅이라고 할 수밖에 없어진다. 여기에서 이른바 육조혜능의 오도송이라고 전해지는 '보리본무수菩提本無樹…하처약진에何處惹塵埃'라는 말이 나오지 않을 수 없을 것이다.

그런데 실달태자가 알라라에게서 무상정無想定을 배우고 성취하였지만 그것이 옳지 못하다고 하고, 또 웃따라까에게서 비유상비무상정非有想非無想定을 배워 성취하였지만 그것은 열반이 아니고 생사법이라고 말하고 떠나가 버렸다고 한다.[52]

이 말은, 사자후獅子吼보살이 세존에게 묻기를 "일체중생이 여래심상如來心相을 능히 얻어 알려면 마땅히 어떻게 관해야 합니까?"라고

---

50 『대반열반경』12, p.488b "諦知菩薩 無量劫來不從兜率降神母胎 乃至 拘尸那城 入般涅槃 是名菩薩摩訶薩正直之見 能知如來深蜜義者, 所謂卽是大般涅槃 一切衆生悉有佛性."
51 『대반열반경』21, p.487a, 「光明遍照高貴德王菩薩品」제10의 1.
52 『대반열반경』27, p.528b, 「獅子喉菩薩品」제11의 1. "悉達太子……從阿羅邏五通仙人受無想定 旣體就已後說其非 從鬱陀伽仙受非有想無想定 旣成就己說非涅槃是生死法."

한 것에 대해서 답하기를, "일체중생이 만약 여래심상을 알고자 하면 두 가지 인연이 있는데, 하나는 안견眼見이요, 둘째는 문견聞見이다." 라고 하고, 안견과 문견의 실례를 들어 설하면서 실달태자는 그와 같은 출가 수도과정을 거쳐서 성도하였다는 설명에서 나오는 말이다.

　결론적으로는 성도 후 불佛이, "모든 중생은 언제나 번뇌가 덮혀 있는 까닭으로 나의 (증득한) 정법의 말을 중생들은 못 알아들었을 것"이라고 하였을 때[53] 범천왕이 권청하기를 "모든 중생은 세 종류가 있으니 이른바 이근利根, 중근中根, 둔근鈍根입니다. 이근은 알아들을 수 있사오니 원컨대 말씀하시길 바랍니다."라고 하였다. 즉 이근은 정법을 능히 알아들을 수 있다고 할 때, 불佛은 일체중생을 위하여 감로문을 열겠다고 답하고, 바라나국에서 정법륜을 굴리면서 중도를 설하였는데, 중도는 다름이 아닌 "모든 중생은 진리를 파破할 수도 없고 파해지지도 않는 것이기에 중도中道"라고 한다. 그리고 이것이 곧 여래심상을 체득得知하는 두 가지 인연 중의 하나인 문견聞見이라고 한다.

　여기에서는 알라라와 웃따라까의 수정이 일단은 비非이고 생사법이지만 그러나 결국은 여래의 심상心相을 득지得知하고 보면 알라라와 웃따라까도 중생이기 때문에 그들의 수정이 비비非非이며 비非이고, 생사법이면서 생사법이 아니다. 결국 어떠한 수정도 비수정非修定이어야만 비로소 수정이라고 할 수밖에 없게 된다. 이런 것이 『대반열반경』에서의 수정관이라고 보아야 하며, 이런 선정관이 결국 중국식

---

[53] 『대반열반경』27, p.528b, 「獅子吼菩薩品」제11의 1. "一切衆生 常爲煩惱之所障覆 不能受我正法之言."

수정관에 일장일단을 상호보완하면서 남돈북점설 등이 전개되는 데에 이르렀다고 생각한다.

### 5) 『화엄경』에서의 선정

『화엄경』에서는 소의所依로 하는 총체적인 정定이 이른바 대해인삼매大海印三昧이다. 즉 "모든 것이 남김없이 나타나 보이는 것은 해인삼매의 힘 때문이다."라는 내용으로서[54] 칠처팔회七處八會의 매회마다 별도의 정定이 있다. 가령 제1회에는 여래삼매如來三昧, 제8회에는 사자분신삼매獅子奮迅三昧 등이다. 그러한 별도의 정들이 소의로 하는 총체적인 정이 해인삼매다.

그런데 세존이 처음 정각을 이룰 때 찰나에 모든 부처의 삼매〔諸佛三昧〕에 들어갔다고도 한다.[55] 또 모든 보살들이 보현의 이름을 듣고 즉시로 불가사의무량삼매를 얻었다고도 한다.[56] 그리고 또 보현의 십대삼매가 설해져 있는데 보살마하살이 보현보살이 머무는 바에 들어가려면 또 그러한 십대삼매에 항시 들어 있어야 한다.[57]

따라서 여러 경전에서 대·소승을 막론하고 다 동일한 법이 있는데, 즉 불佛이 제법을 설하기 전에는 반드시 입정하여 청중의 근기를

---

54 『大正藏』9, p.434c. "一切示現無有餘 海印三昧勢力故."(舊, 권6「賢首菩薩品」제8의 1)

55 『大正藏』10, p.211a. "爾時世尊……始成正覺 於普光明殿 入刹那際諸佛三昧"(新, 권40 十定品 제27의 1)

56 위의 책, p.211c. "爾時會中 諸菩薩衆 聞普賢名 卽時獲得不可思議無量三昧"(新, 권40, 十定品 제27의 1)

57 위의 책, p.228a. "入如是等諸大三昧 修菩薩行"(新, 권43 十定品 제27의 4)

살피고 그에 맞는 법의法義를 사유하고 난 다음에 비로소 그 삼매 내지 입정에서 나와 설법을 시작하는 것이다. 예컨대 법화를 설할 때에는 무량의처삼매無量義處三昧에 들었고, 반야를 설할 때에는 등지삼매等持三昧에 들었고, 열반을 설할 때에는 부동삼매不動三昧에 드는 등이다. 이런 점으로 미루어 볼 때, 이른바 불이 성불하기 이전에 성불하기 위한 수도 과정으로서의 수정修定과, 성불 이후에 중생을 교화하기 위한 입정과는 전혀 질적으로 다르다고 해야 할 것이다. 성불 후에는 무량하고 무한한 삼매에 출입이 자재하지만 그렇게 되기까지의 수습修習을 위한 수정단계에서는 그렇게 모든 종류의 삼매에 출입이 자재할 수는 없다. 그보다도 열반경계나 화엄경계 또는 법화경계의 선정 또는 입정에서는 출입이 자재한 정定이라기보다는 입정이 출정出定이요, 출정이 입정이라는 이른바 정산(定散; 고요하고 흩어짐)이 일여一如하고 출입이 일여한 그러한 정이라고 해야 할 것이다.

가령 "모든 법을 알고 능히 연설하면 이를 일체지(一切智; 佛)라고 말하지만, 능히 일체 제법이 연출하여도 하나하나의 법을 선교善巧 사유하고 지식止息함이 없으면 이를 보살이라 말한다."[58]고 한 것도 역시 이런 선정관禪定觀을 시사하여 준다고 볼 수 있다. 한 마디로 『화엄경』에서의 대강령이 '마음과 부처와 중생, 이 셋은 차별이 없다.' 라고 한다면, '정과 비정은 하나도 아니고 둘도 아니며, 입정과 출정은 하나도 아니고 둘도 아니다.'라고 해야 할 것이다.

---

58 『大正藏』10, p.228c.(新, 권43, 十定品 제27의 4. 末尾)

## 6) 『입능가경』에서의 선정

『입능가경』권7(「入楞伽經入道品」 제9)에 멸진정滅盡定에 드는 차례의 모습에 대하여 대혜大慧보살과 세존과의 문답이 있는데 그 요지는 다음과 같다.

먼저 대혜보살이 모든 성문·벽지불이 멸진정에 드는 차례의 상상相을 잘 알게 되면 대혜보살을 비롯한 일체 모든 보살 등은 '삼매三昧, 삼마발제三摩跋提, 멸진정락滅盡定樂'에 떨어지지 않을 것이고, 또 성문·벽지불·외도 등 미혹의 법에도 떨어지지 않을 것이라고 토로한 것에 대하여, 세존은 이에 대해 그 차례의 상을 설한다. 즉 보살도, 성문·벽지불도 모두 초지初地 내지 육지六地로부터 멸진정에 들어갈 수 있다. 그런데 칠지七地 중에서 모든 보살마하살은 염념念念이 멸진정에 들어 모든 현상의 모습과 무상無想을 멀리 하는데, 성문·벽지불은 염념이 멸진정에 들지 못하고 유위행有爲行을 인연으로 비로소 멸진정에 들며, 가취능취加取能取의 경계에 따라 있다. 그래서 성문·벽지불은 염념이 멸진정에 들 수 없다는 것이다. 그리고 성문·벽지불은 제법의 무이상無異相에 떨어질 것을 두려워하면서 제법의 가지가지의 이상異相과 유법有法과 무법無法과 선법善法과 불선법不善法과 동상同相과 이상異相을 분별하면서 멸진정에 들기 때문에, 바로 그 때문에 성문·벽지불이고 또 그래서 염념이 멸진정에 들지도 못한다. 다시 말하자면 보살마하살의 염념 멸진정은 그러한 분별〔覺〕을 떠나고, 일체제법의 유상무상을 아주 떠나버린 것이다.

그 다음 팔지八地 중에서도 모든 보살·성문·벽지불이 다 함께 열반상에 들지만, 모든 보살마하살은 자심삼매불력을 이어서 삼매락의 문에 들지도 않고 열반에 따르지 않으며 머무는데, 이는 여래지如來地에 만족하지 않기 때문이다. 만약에 보살이 삼매에 주한다면 일체중생을 도탈度脫함을 휴식하고 여래의 종자를 끊고 여래의 집을 멸하게 된다. 하지만 보살은 여래의 불가사의한 모든 경계를 나타내 보이고자 열반에 들지 않는다. 그러나 성문·벽지불은 삼매과문법三昧果門法에 떨어지고 열반상을 낸다.

보살마하살은 처음 단계[初地]에서부터 일곱 번째 단계[七地]에 이르기까지 선교방편善巧方便을 갖추어서 심·의·의식의 상想을 관찰하고, 나[我]와 나의 것[我所]의 취상取相의 법을 멀리하고 아공我空·법공法空을 관찰하고, 동상同相·이상異相을 관찰하여 무애교無礙巧 방편의 뜻을 잘 이해하여 차례대로 자재하여 모든 보리분법菩提分法에 들어간다. 계속하여 세존은 다음과 같이 설한다.

만약 모든 보살마하살이 동상同相·이상법異相法을 설하지 않는다면 모든 보살이 모든 단계의 차례를 여실히 알지 못할 것이며, 외도·사견 등의 법에 떨어질까 염려되므로 모든 단계의 상의 차례를 설한다. 만약에 세존이 설하는 모든 단계의 차례대로 모든 단계에 든다면 여타 외도에는 떨어지지 않을 것이다. 세존이 설하는 차례의 상이란 것은 오직 자심自心이 보는 모든 단계의 차례이며, 삼계의 가지가지 행상行相인데, 모든 범부들은 이것을 깨치지 못하고 알지 못한다. 그러므로 세존과 제불이 모든 단계의 차례대로의 상을 설하고, 또 삼계의 가지가지 행상을 건립한다. 성문·벽지불은 여덟 번째 보살지菩薩地 중에서 적멸삼매과문寂滅三昧果門에 낙착樂著하고 취하는 까닭으로 오직 자심自心이 보는 것임을 쉽게 알지 못하고, 자상동상훈습장애自

相同相薰習障碍에 떨어지는 까닭으로 인무아법무아人無我法無我의 견見의 도에 떨어져, 분별심을 열반이라고 이름하면서도 제법적정을 쉽게 알지 못한다. 그런데 모든 보살마하살은 적정삼매과문을 보고 모든 중생을 도탈하려는 본원대자비심을 억념하고 심무진여실행지心無盡如實行智를 알고, 그렇기 때문에 열반에 부즉불입不卽不入한다.

세존은 계속하여 설한다. 모든 보살마하살이 허망분별의 마음을 멀리하고 능취가취能取可取의 경계를 멀리함을 열반이라고 한다. 여실지如實智로서 일체제법이 오직 자심임을 알기 때문에 분별의 마음이 일어나지 않는다.

그러므로 보살은 심·의·의식을 취하지 않고, 현상계의 상에 집착하지 않고 불법수행을 한다. 근본지智에 의하여 전전展轉 수행한다. 또한 자신에게서 불여래증지지佛如來證地智를 구한다. 비유하면 꿈에 큰 바다에 빠져서 헤엄쳐 건너려고 애쓰다가 다 건너지 못하고 도중에 꿈이 깨어 생각하기를, '그 꿈이 실제다, 거짓이다, 또는 실제도 아니고 거짓도 아니다'라는 등으로 생각하면, 그 모든 생각은 실제가 아닌 경계에 대한 허망분별이며 훈습이기 때문에, 가지가지 형상〔色〕을 보고 유무를 멀리하지 않고 의식훈습을 꿈속에서 보는 것이다. 이와 마찬가지로 보살마하살은 여덟 째 단계 중에서 분별심을 보고, 초지나 칠지나 모두 현상이 같은 모습이므로 꿈 같고 환幻 같아서 평등하여 차별이 없고, 모든 공용功用의 가취능취可取能取의 분별의 마음이 없어지고, 마음마음의 가지가지의 법을 보고, 아직 깨치지 못한 불법을 수행자로 하여금 체득하게 하려고 하기 때문에 보살이 훌륭한 법〔勝法〕을 수행함을 이름하여 '열반'이라고 한다.

모든 현상이 사라짐을 열반이라고 하지는 않는다.
 세존은 결론적으로 설한다. 즉 보살마하살은 심·의·의식·분별상을 멀리하는 까닭에 무생법인을 얻는다. 그리고 "제일의第一義 중에서는 또한 차례가 없고, 차례의 행이 없고, 제법적정諸法寂靜하여 허공과 같다."고 한다. 끝으로 대혜보살이 다시 세존에게 묻는다.

 대혜가 묻기를, "세존이 설하기를 성문·벽지불은 제8보살지의 적멸락문寂滅樂門에 들어간다고 하였고, 또 그러면서도 성문·벽지불은 이 모든 것이 자심분별自心分別인 줄을 모른다고도 하였고, 또 성문·벽지불은 인무아人無我는 얻었어도 법무아는 얻지 못하였다고도 하였는데, 만약에 그렇다면 성문·벽지불은 첫 번째 단계의 법도 아직 능히 체득〔證〕하지 못한 것이 아닙니까. 어찌 여덟 번째 적멸락문을 얻었다고 할 수 있겠습니까?"
 불佛이 대혜에게 말씀하시길, "성문에는 세 종류가 있다. 그들이 여덟 번째 적멸문에 들어간다고 하는 것은, 즉 첫째는 먼저 보살행을 닦는 자, 둘째는 먼저 보살행을 닦다가 성문으로 떨어졌다가 본심으로 다시 돌아가서 보살행을 닦는 자, 셋째로 증상만增上慢 적멸성문인데, 이 셋이 모두 여덟 번째 적멸문에 들어간다. 그러나 증상만성문만은 보살행에 들어가지 못하고, 삼계유심을 깨닫지도 못하고, 보살제법을 수행하지도 못하고, 보살의 모든 바라밀인 열 단계의 행을 닦지도 못하므로, 그는 결정적멸성문이며 보살소행적멸락문을 능히 증득하지 못한다."

이상으로 미루어 보면 『입능가경』에서의 수정修定의 특징은 그야말로 교와 선의 불가분리의 관계를 보여주고 있다. 이른바 십지十地의 모든 보살의 교와 증證과 행行과 선정에서의 최고 정定에 해당되는 멸진정과의 관계를 자세하게 불가분리적으로 연결시켜서 설명하고 있다.

『입능가경』은 『해심밀경』과 더불어 역시 대승경교로 자부하는 법상종계의 소의경전으로서 교와 선을, 또 정과 혜를 쌍수쌍조雙修雙照하는 입장을 완전하게 취하고 있다고 할 수가 있다.

이런 입장에서 볼 때, 이른바 중국선에서의 남돈북점을 상반된다고 보는 것은 잘못이고, 오히려 상호 보강하여 중국선을 완결시키는 자동차의 두 바퀴라고 보는 것이 옳다고 하겠다.

### 7) 『해심밀경』에서의 선정

『해심밀경』에서의 선정禪定설은 권3 「분별유가품」 제6에 있다. 선이나 정이라는 이름으로 설해진 곳은 없고, 사마타奢摩他와 위파사나毘鉢舍那라는 이름으로 아주 자세한 설명이 나타나 있다. 이 품에서 사마타와 위파사나의 자세한 장광설이 있고 난 다음, 이 설교를 '원만최극청정묘유가圓滿最極淸淨妙瑜伽) 도'라고도 하였고, 또 세존은 이 설교를 '유가요의瑜伽了義의 가르침'이라고 이름하여 받들어 가지라고도 하였다. 사마타는 지止이며 정定에 해당되고, 위파사나는 관觀인데 혜慧에 해당될 수 있음은 물론이다. 유가는 물론 정려靜慮 · 선 · 정 등과 동의어일 수 있다. 이 사마타와 위파사나라는 이름은, 법상종계가 소의로 하는 경인 『해심밀경』이기 때문에, 이른바 법체法體보다도 법상法相을 위주로 하여 삼계를 보므로 타종들에서의 선이나 정, 지智나 혜慧를 그냥 그대로 정과 혜로 받아들이지 않고, 이른바 유식학에서는 심식분석학적인 방법으로 설명하다 보니, 그러한 이름을 그대로 대용한 듯하다.

권3은 전부가 자씨보살과 세존과의 문답이다. 보살의 첫째 물음은 보살대승이 어떻게 의지하고 어떻게 살면서 사마타와 위파사나를 닦아야 하는가인데, 이에 대하여 불은 '보살법가안립菩薩法假安立'이며, '아뇩다라삼먁삼보리의 원을 버리지 않음'이라 하고, 대승에 의지하여 머물러 사마타와 위파사나를 닦는다고 답한다. 또 사마타를 구하고 위파사나를 잘할 수 있는가에 대해서는 다음과 같이 답한다. 즉 "말은 잘 두루 이롭게 하고, 의식은 잘 살펴 생각하고[尋思], 보는 것은 잘 통달하여 법(현상, 사물)을 잘 사유하며, 텅 빈 공간에 홀로 있으면서 의식이 있는 사유[作意思惟]이되, 능히 마음을 사유하고 마음은 계속해서 사유하는데, 이와 같이 정행正行하여 아주 편안하게 머무는 까닭에 몸과 마음이 가볍고 편안하여 이를 사마타라고 이름한다. 또 이와 같이 능히 사마타를 구하여 신심의 경안經安을 얻었으므로 법을 잘 사유하여 안으로 삼마타행 영상影像을 관찰하고 승해勝解하여 심상心相을 여의고, 이와 같은 삼마타 영상 소지의所知義 중에서 최극最極의 사택思擇을 능히 정사택正思擇이라 하며, 인忍이든 낙樂이든 혜慧든 견見이든 모든 것을 두루 심사尋思하고 사찰伺察함이 곧 위파사나라고 한다. 즉 먼저 사마타를 수행하여 거기에 의하여 몸과 마음이 가벼이 편안함을 얻었기 때문에 곧 법法을 잘 사유思惟하고 거기에 따라서 사택思擇을 바르게 할 수 있고 이것이 위파사나라는 것이다. 여기서 사마타, 즉 정과 위파사나, 즉 혜가 불가불리임이 여실하게 설명되어 있다."

또 "사마타와 위파사나가 다름이 있습니까, 없습니까?"라는 물음에 대하여, 세존은 "다름이 있지도 않고 다름이 없다고도 할 수 없다. 왜냐하면 사마타는 위파사나를 조건으로 하는 경계의 마음을 인연으로 삼았기 때문이며, 그러나 분별이 있는 영상影像으로 조건을 삼지는 않았기 때문이다."라고 한다. 여기서 지止와 관觀 내지 정정과 혜慧가 불일불이不一不二함을 명백히 알 수 있다. 또 "삼마타소행영상三摩他所行影像과 이 마음이 다른가, 다르지 않는가?"에 대해서도 "다르지 않다."고 답한다. 왜냐하면 그 영상은 오직 식識이기 때문이라고 한다. 여기에서 지止 내지 정정에서는 바깥 경계, 즉 삼마타행 영상(위파사나, 즉 혜)과 사마타, 즉 지 내지 정이 하나임을 알 수가 있다.

이와 같이 사마타와 위파사나가 무간심사유無間心思惟에 의하여 화합구전和合俱轉함을 심일경성心一境性이라 한다고 세존은 설하였다. 그리고 삼마타소연영연심三摩他所緣影緣心과 그 영연影緣의 사이가 무간심無間心이요 심일경성心一境性이라고 하였다. 그것은 마치 거울과 거울에 비친 영상의 사이와 같다고 하였다. 이것은 모두 지관일여止觀一如, 정혜일여定慧一如를 설한 것이라고 해야 할 것이다.

또 사마타·위파사나를 닦는 모든 보살은 어떤 뜻을 지어야 하며, 또 모든 상相들을 어떻게 제거해 내느냐에 대하여, 진실 그대로의 의식으로 현상의 모습[法相]과 이미지의 상[意相]을 제거한다고 한다. 이름과 이름의 자성에서 무소득할 때는 그 의지하는 바의 상도 관하지 않는다. 이와 같이 제거하여 버리되 이름에서처럼 구절에서도 또 문장에서도 또 모든 뜻에서 이와 같이 제거해 버리면서 계界와 계자성界自性에서 무소연無所緣할 때는 그 소의所依의 상相도 무시하게 된다. 이처럼 제거함이 진실 그대로의 의식에 의한 제거인데, 이렇게 하여 진여의 뜻을 깨달아 알게 된 가운데서는 모든 상도 없으며 얻을 바도 없다고 한다. 그러나 진여의 뜻을 깨달아 알게 되었을 때 모든 법의 상이 감추어질 뿐[所伏] 그 요달了達된 마음에는 제거되지도 감추어지지도 않는다. 그 모든 법의 뜻의 상相을 능히 제거하고 감추는 그 능복能伏이 곧 마음이라는 것이 암시된다. 이때에 자씨보살은 다음과 같이 물었고, 그에 대하여 세존은 수심修心하는 절차에 관하여 설하는데, 여기서 수정修定에서의 점수관漸修觀을 살펴볼 수 있다.

자씨보살이 묻기를, "만약에 물이 탁하면 자신의 얼굴 그림자를 거기에서 볼 수 없고, 물이 맑아야만 비로소 볼 수 있는데, 그것처럼 마음을 잘 닦아야만[善修心] 비로소 진여眞如를 여실하게 관찰할 수 있고, 잘못 닦으면 그렇지 못한 것인데, 세존이 설하는, 능히 진여를 관찰하는 그 마음은 어떤 마음이며, 그 진여는 어떤 것입니까?"

이에 대하여 세존은 "세 가지 종류의 관찰하는 마음이 있는데, 즉 들어서 관찰하는 마음[聞所成能觀察心]과 생각하여 관찰하는 마음[思所成能觀察心]과 닦아서 관찰하는 마음[修所成能觀察心]이 있다."고 한다. 또 잘 닦는 마음에 의한 사마타와 위파사나에 무량한 성문보살과 여래의 무량한 종류의 수승한 삼마타三摩他) 섭해지는데, 이 사마타와 위파사나의 인因은 청정시라(淸淨尸羅, 즉 淸淨戒)와 청정하게 듣고 생각하여 정견을 이룬 것이며, 그 결과를 청정・청정심・선청정혜선청정慧善淸定라고 한다. 그리고 일체성문 및 여래 등의 세간과 출세간의 일체의 선법이 모두 사마타와 위파사나의 소행과所行果이며, 사마타와 위파사나는 결국 서로 얽혀 능히 해탈함을 업으로 삼는다. 그리하여 이 사마타와 위파사나가 첫 번째 단계에서 열 번째 단계까지에 이르면서 각 단계에서 대치하는바 업장을 분별하여 자세히 설한다. 마침내 제십지十地 중에서 원만법을 증득하지 못하게 하는 장애를 이 사마타와 위파사나로서 대치하고, 여래지如來地에서 극히 미세하고 가장 미세한 번뇌장煩惱障 및 소지장所知障도 대치하고, 구경에 무착무애無着無碍하여 모든 지견知見을 증득하고 소작所作과 소연所緣이 성만成滿하여 최극最極의 청정법신을 건립하게 된다고 한다.

이상과 같이 건립된 법 중에서, 수승한 정심定心으로 말미암아 선심정善審定 · 선사량善思量 · 선안립善安立 · 진여성眞如成 가운데서 정사유하게 되며, 그 진여에서 정사유하는 까닭에 마음에서 일체의 미세한 상과 그 현행現行이 버려지게 되고, 상相은 말할 것도 없다. 이렇게 되었을 때 모든 얽매임과 덮힘과 흩어짐과 움직임이 잘 닦여지고 다스려진 마음이 되고 일곱 종류의 진여에서[59] 일곱 종류의 각별한 자내소증自內所證의 통달한 지知가 생기고 이를 견도見道라 이름한다. 이 도를 얻었으므로 보살은 정성正性으로 이생離生에 들어가고, 여래상如來相이 생기고 초지初地를 증득하고, 능히 이 단계의 수승한 덕을 수용하게 된다. 이 모두 사마타와 위파사나를 닦은 것이 원인이 된다. 이미 유분별 영상소연有分別 影像所緣과 무분별

---

[59] 『解深密經』 卷3, 「分別瑜伽品」 제6(『大正藏』16, p.699c).

영상소연을 얻었기 때문에 견도見道 때에는 다시 사변제소연事邊際所緣을 증득하여[60] 그 뒤부터는 "모든 단계 가운데서 점진적으로 수도하여, 마치 작은 쐐기[木契]로 큰 쐐기를 밀어내듯이 하여 안으로의 상相을 쐐기로 들어내 모든 잡염분상雜染分相을 순서에 따라 차례로 제거하고 버려. 그 첫 번째 단계를 지나 나중 단계에서는, 마치 연금법煉金法처럼 점차로 그 마음을 단련하여 마침내 아뇩다라삼먁삼보리를 얻는다. 이렇게 하여 보살이 안으로 지관을 바르게 수행하는 까닭으로 아뇩다라삼먁삼보리를 얻으며, 이러한 수행은 보살이 처한 곳에서 능히 대위덕을 이끌어내는데, 먼저 선지심善知心이 생기고, 다음에 선지심에 머물고, 세 번째는 선지심에서 나오고, 네 번째는 선지심을 증득하고, 다섯 번째는 선지심이 사라지고, 여섯 번째는 선지방편한다. 그런데 선지심이 생김이란 열여섯 가지 행의 마음[十六行心]이 일어나 차별을 여실하게 아는 것"이라는 내용에서,[61] 그 첫째와 둘째에서 이른바 식식에 돈돈이 있음을 나타내 보이는 설명이 나온다. 즉 먼저 그 원문을 보고 설명해 보기로 한다.

"첫째는 가히 깨달아 알 수 없는 견주기(堅住器: 굳게 머물러 있는 기관)의 식이 생하는 것이니, 아타나식이라고 한다. 둘째는 가지가지의 행상으로 반연한 바의 식이 생하는 것이니, 즉 일체의 색 등의 경계를 단박에 취하여 분별하는 의식과 또 단번에 내외의

---

60 위의 책, p.697c. "一是奢摩他所緣境事 謂有分別影像 二是俱所緣境事 謂事分別影像 謂事邊際所作成 辨."
61 『解深密經』16, p.702b.

경계를 취하여 깨달아 감수하는 것을 말하며, 혹은 단박 한 생각 순식간에 많은 선정을 나타내어 그 가운데 들어가서 많은 불국토를 보고 많은 여래를 친견하여 분별하는 의식을 말한다."[62]

원측圓測의 『해심밀경소解深密經疏』에 의하면, 제8식의 능연행상能緣行相을 불가각지不可覺知하니 그 까닭은 제8식은 언제나 상속하면서 기세간器世間에 견주집지堅住執持하는 아타나성阿陀那性을 가지고 있기 때문으로 그야말로 각지覺知할 수 없는 돈적頓的인 식識 그 자체이다. 즉 체성體性 그 자체이고, 유루식有漏識으로서의 의식意識은 색 등 육경六境을 일시에 몰록 취하기도 하고 나아가서는 십이처경十二處境을 일시에 내외 돈취頓取하기 때문이다. 또 무루의식無漏意識은 제불보살의 신력神力으로 염념의 일념에 가지가지 정定에 들어갈 때의 무루의식으로서, 일시 일념에 많은 종류의 정에 들기도 하고 다양한 종류의 불토를 보기도 한다는 것이다. 왜냐하면 수행과정에서 전후·상하·고저·심천 등의 위차位次를 구별할 때는 앞에서 뒤로, 내지 얕은 곳에서 깊은 곳으로 옮겨갈 때, 그 전후 내지 심천이 서로 질적으로 다르다고 보면 그 옮겨감은 점漸이 아니고 돈頓이라고 할 수 있기 때문이다.

또 여섯 번째 선지방편이란, 여실지如實知·팔해탈八解脫·팔승처八勝處·십통처十通處에서의 여여히 닦고 있음에 이 삼배의 공덕이

---

[62] 『大正藏』16, p.702b. "一者不可覺地堅住器識生 謂阿陀那識, 二者種種行相所緣識生, 謂頓取一切色等境界分別意識 及頓取內外境界覺受 或頓於一念瞬息須臾 現入多定見多佛土 見多如來分別意識."

능히 그 삼배의 장애를 제거하여 버릴 때 이 방편으로 말미암아 신통 및 무쟁 등 가지가지 공덕을 발기함을 말한다고 한다. 이는 사마타와 위파사나, 즉 지관 내지 정혜에서의 가지가지 방편이 있음을 설하여 주는 것으로서, 수정修定의 점수성을 여실하게 설해 보여 주는 것이라고 해야 할 것이다.

한 마디로 『해심밀경』에서의 선정관은 점수관이라 하여도 과언이 아닐 것이며, 그러나 그것이 처음 설하였듯이 보살법의 가안립假安立이라는 점에서는 또한 무소득의 돈적인 것임도 간과할 수 없을 것이다.

### 8) 밀교계 경에서의 선정

밀교계 경에서의 선정에 관한 교설은 돈점일여의 총결이라고 보아야 할 것이다. 왜냐하면 돈으로 말하자면 한마디로 '자심본불생自心本不生'을 선언하였기 때문이다. 즉 『대일경』 권1에서 집금강비밀주보살執金剛秘密主菩薩이 비로자나불에게 묻기를, "여래는 어떻게 하여 일체의 종지種智를 얻었으며, 그 원인과 근根과 구경이 무엇입니까?"라고 한 것에 대하여 불은 답하기를, "보리심이 원인이요, 비悲가 근본이요, 방편이 구경"이라고 한다. 그리고 보리심이란 자심自心을 여실하게 앎이며, 자심을 살펴 구함이 곧 보리이고 일체지一切智인데, 마음의 본성이 청정하여 "마음은 안에 있지도 밖에 있지도 않으며 또한 중간에 있지도 않아 알 수 없다."라고 하였다. 그리고 결국 '마음은 스스로 깨어 있으며 생기는 것이 아니다'라고 선언한다. 이는 '마음과 부처와 중생은 차별이 없다'라는 『화엄경』의 심관心觀이나 해인삼매와도 전적으로 다르고, 예부터 본래 부처〔久遠本佛〕인

법신불法身佛 위주의 『법화경』계의 '일념이 바로 무량겁'이라든가, '일념이 바로 삼천대천세계'라는 성기설性起說과도 다르다. 반야부계의 반야바라밀과도 다르고 열반계의 열반과도 다르다. 왜냐하면 그들에서 모두 '마음은 일어나는 것, 번뇌는 생기는 것, 마음은 사라지는 것, 번뇌는 끊어지는 것'을 주장하지만 밀교계에서는 '마음은 본래 생기는 것이 아니며 번뇌도 본래 생기는 것이 아님'을 주장하기 때문이다. 그런데 밀교계에서의 점漸으로 말하자면 심상心相에 백육십 가지의 마음이 넘는다고 했다.[63] 그러나 그 모든 심상이 아무리 세간, 출세간에 걸쳐서 변화무쌍하여도 결국 그 심성은 본불생本不生이요 불가득不可得이라고 한다. 본불생 본부득의 측면은 돈頓이라 할 수 있고, 마음이 계속적으로 일어나는[心續生] 상相의 측면을 점漸이라 할 수 있다. 심속생은 무한히 있음이고, 마음이 본래 일어나지 않는 것[心本不生]은 돈무頓無라고 할 수 있을 것이다. 물론 본불생 본불득도 역시 생生이요 득得이라고 한다면 결국 유마의 '일묵一默'밖에 없을 것이다.

이러한 무한유無限有, 즉 점과 돈무즉돈頓無卽頓이 진언문수보살행眞言門修菩薩行하는 모든 보살로서는 마치 환술·주술과도 같아서 전전상생展轉相生 왕래시방往來十方하면서도 가지 않고 가지 않는 것도 아니며[非去非不去], 본불생이면서 진언을 지송하여 성취하고 모든 것이 일어나도 불일불이不一不二하다.[64]

---

63 『大日經』 권1, 「入眞言門住心品」 제1(『大正藏』18, p.2a) "超百六十心 生廣大功德."

64 『大正藏』18, p.3c. "如是眞言幻 持誦成就能生一切."

그런데 밀교계에서의 삼매는 진언을 지송하는 자, 자신이 현신現身이라는 점이다. 『대일경』권6 「설본종삼매품說本尊三昧品」제28에 집금강비밀주가 세존에게 원하기를 "세존이 색상위의가 현전하여 진언문수보살행하는 제보살로 하여금 본존형을 관하게 하고 곧 본존신本尊身으로서 자신自身이 되게 하여, 의혹이 없게 하여 모든 단계를 얻게〔得悉地〕하소서." 하였고, 「설무상삼매품說無想三昧品」제29에서는 진언문수보살행하는 제보살이 무상삼매無相三昧를 증득하면 삼상삼매三相三昧로 말미암아 여래가 설하는 바 진어眞語가 그 사람에게 친히 대면해서 현전한다고 한다.[65]

또 『금강정경金剛頂經』권상 「금강계대만다라광대의궤품金剛界大曼茶羅廣大儀軌品」 1에서[66] 일체여래금강가지수승삼매지一切如來金剛加持殊勝三昧智를 성취한 금강삼마타金剛三摩他는 일체여래심인데, 일체여래심은 곧 자심에서 나온다는 것을 일관되게 설한다. 즉 일체의성취보살一切義成就菩薩이 일체여래一切如來에게 묻기를 "어떻게 수행하며 어떤 것이 진실입니까?"라고 하였을 때, 모든 여래는 이구동성으로 "선남자야, 마땅히 스스로의 삼마타三摩他를 관찰하라."고 하면서 자성성취진언을 가르친다.[67]

또 『금강봉누각일체유가유기경金剛峯樓閣一切瑜伽瑜祇經』권상 「유가사행섭법품瑜伽四行攝法品」에서는 이승二乘의 마음을 부수는 진언을 지송하고 어느 때나 관찰 자심하면 모든 집착이 깨진다고 한다.

---

[65] 위의 책, p.44b. "由住無相三昧故 如來所說眞語 親對其人 常現在前"
[66] 『金剛頂一切如來眞實攝大乘現證大敎王經』(『大正藏』18, p.207a)
[67] 위의 책, p.207c.

특히 같은 책 「일체여래대승금강심유가성취품」 제7에는 "산란한 마음의 장애는 모든 중생이 본래 가지고 있는 장애이며, 시작도 없고 알지 못하는 가운데 홀연히 나오지만 이 장애는 또한 홀연히 현신現身하여 금강살타형金剛薩埵形을 나투고 마음에 금강의 바퀴를 나투고 온몸으로 방광한다."고 한다. 이 방광의 몸은 "금강체견동신金剛體堅同身이고 이를 미세정微細定"이라고 이름한다. 그런데 이 미세정은 자심 중에서 항상 일자一字의 소리를 관할 때 얻어진다고 한다.[68]

이상과 같은 설들로 미루어 보아 밀교계의 수정 및 돈점 등에 관한 직접 내지 간접적인 주장을 한 마디로 말한다면, 무수이수無修而修이고 무오이오無悟而悟로 비밀한 가운데 무돈무점無頓無漸이어서 항상 성취만이 있을 뿐이다. 모든 여래의 마음은 본래 성취이며, 본래 돈頓이며 번뇌이며 열반이며 중생이며 불이다.

돈오점수와 입정과 지혜는 이렇게 하여 밀교의 현신성불교설에서 그 대단원의 절정을 이루었다고 보아야 할 것이다.

이상과 같이 본 장의 목적은 본래 중국에서의 수정의 돈점논쟁의 역사적·경전적 연원을 밝혀 보는 것에 있었다. 그러기 위해서 먼저 불타 이전 내지 불타 당시의 인도에서 불타 자신이 그 영향을 받았고, 또 그것을 수습하기도 하고 또한 비판하기도 하였으리라고 생각되는 인도 고대의 수정을 원시경전이라고 할 수 있는 아함부의 여러 경에서 고찰하여 보았다.

그 다음에 일반적으로 인정받고 있는 불교경전 성립 내지 번역사적

---

[68] 위의 책, p.258a. "常於自心中 觀一字聲"

순서에 따라서 대표적인 소승논서, 대승시교적 경전, 대승종교적 여러 경전들을 참조하였다. 그렇게 조사 고찰하여 본 결과로서 특히 돈점의 문제와 관련하여 다음의 몇 가지로 요약해 볼 수가 있다.

첫째 : 불타 이전 특히 실달태자 출가 이전에 이미 수정주의자들이 있었다.

둘째 : 사문 구담은 당시의 대표적 유명한 수정주의자 두 사람, 즉 알라라와 웃따라까에게서, 출가 즉시 모든 수행에 앞서서 그 두 사람의 수정과정을 이수履修 완성하였다.

셋째 : 사문 구담은 알라라에게서 그의 최고 정定인 무상정無想定을 성취하였으나, 그 무상정에서도 미세한 아我가 남아 있는 한 생사에 다시 던져질 수밖에 없다고 비판하고 그들을 떠났다. 이것은 사문 구담이 원하였던 수정은 완전 무아에서 다시는 생사에 떨어지지 않는 정이었음을 시사하여 주는 것이며, 사문 구담이 보리수 밑에서 성취한 독자적인 선정은 완전 무아의 입정이며, 생사에 떨어지지 않는 것이었음을 또한 시사하고 있다.

넷째 : 사문 구담은 웃따라까에게서 그의 최고정인 비유상비무상정을 완수하였지만 그 인因이 다하면 역시 다시 하늘 아래 땅 아래로 전락하게 됨을 비판하고 그를 떠났는데, 이도 역시 알라라에게서와 마찬가지로 사문 구담이 독자적으로 개발하여 성불한 그 보리수 아래에서의 수정이 어떠한 것이었는지를 시사하여 주고 있다.

다섯째 : 사문 구담이 독자적으로 개발하여 그것에 의하여 성불한 수정은 결국 결과적으로 그것을 완수하면 다시는 생사에 전락하지 않는 것이었음에 틀림없다. 이른바 생사일여, 정산일여定散一如의

수정이었다.

여섯째 : 사문 구담의 아무리 독자적으로 개발한 수정이라고는 하지만 그러나 그 수정도 재래의 수정방법을 과정적으로 이수한 다음이라야 비로소 얻어진 것이며, 재래의 수정은 점진적·점수적인 것이었다. 즉 초선에서 제8선정까지에 이르는 점점 깊고 점점 높은 수정이었는데, 그러한 점수 과정과 불가분리의 관계에 있는 것이 사문 구담이 성불한 수정, 즉 불교의 선정이었다.

일곱째 : 불타 이외의 재래의 정은 혜를 동반하지 못한 이른바 멸진무기정滅盡無記定이었지만, 불타의 선禪은 그 완성에서는 일체지一切智를 얻는 이른바 생사일여·정산일여·돈점일여하여, 중생교화를 위한 무량무수방편지가 거기에서 일어나는 계·정·혜 삼학 일체의 선정이었다.

이상의 일곱 가지의 결론은 본 장 1, 2, 3에 근거하여 말할 수 있다. 특히 일곱째의 계·정·혜 삼학 일체의 선정, 그리고 정산일여·생사일여·돈점일여·정혜일여의 선정은 대승으로 발전되면서 역력하게 그 본래 면목을 드러낸다. 불타의 선정이 본래 그러한 것이었음을 '대승경전에서의 선정' 항목에서 확실하게 알아볼 수 있었다. 따라서 불교 선정의 그러한 연원에서 비로소 중국선의 종파적 선론禪論 등이 전개될 수 있었던 것이라고 생각된다. 그러나 본서의 제Ⅳ에서 설명되듯이, 그런 논쟁은 다만 분파적 논쟁일 뿐이고 양면성을 가지고 있으며, 그러한 점에서 돈頓만을 주장하는 남종선보다는 오히려 점수에 돈오를 겸하는 북종선이 보다 더 정통성을 지니고 있다는 마지막 결론이 가능하게도 된다.

# Ⅲ. 대통신수 이전의 중국 선사상

## 1. 보리달마선 성립 전후의 선관禪觀의 역사

중국의 선 수입기는 선에 관한 문헌이 중국에 번역되는 시기를 말하는 것으로 대개 서기 148~470년, 즉 320여 년 간을 말한다. 후한 명제 영평10년(A.D.67) 후 10대 70여 년간의 역경 내지 불교의 내용은 알 수 없고, 기록상으로 알 수 있는 것은 이른바 A.D.147~176년 동안에 재위하였던 환제桓帝 때 안세고・지루가참・축삭불 등이 앞 다투어 중국에 와서 역출한 다수의 경전인데, 그들 중에서 안세고만이 『안반수의경』・『선행법상경』・『불설선행삼십칠품경』 등 직접적으로 선에 대한 역경이 있을 뿐, 뒤 두 사람은 그런 역경이 없다. 그리고 대략 그들 시대에 역출된 것으로 보이는 『선요경』은 특히 주목할 만하다.

이른바 중국의 선 수입기 후기에 속하는 대표적인 선경으로서 대선사 불타밀다 찬佛陀蜜多 撰 담마밀다 역曇摩蜜多 譯『오문선경요용법五門禪經要用法』과 불타발타라 역佛陀跋陀羅 譯『달마다라선경達摩多羅禪經』등이 있다. 그 다음 그들보다 조금 뒤늦게 역출된 것으로 축법호의『법관경法觀經』, 구마라집鳩摩羅什의『좌선삼매경坐禪三昧經』, 혜사혜사의『법화경안락행의法華經安樂行義』, 그리고 천태지의의 저술인『마하지관摩訶止觀』등이 있다. 이와 같은 모든 경들 가운데서 돈오점수에 관련되는 대표적인 구절을 하나씩만 인용하여 수선修禪에는 중국선 초기, 즉 수입기부터 이미 인도에서나 마찬가지로 돈오와 점수가 행해졌음을 밝혀보기로 한다.

   아래에 인용할 여러 경의 번역 연대는『대정장』권 총목록에 의하면 다음과 같다.

안세고安世高 譯,『안반수의경』(後漢建和2~建寧3, A.D.148~170)

                 ,『불설선행삼십칠품경佛說禪行三十七品經』(後漢建和2~建寧3, A.D.148~170)

                 ,『선행법상경禪行法想經』(後漢建和2~建寧3, A.D. 148~170)

기타 失 譯,『선요경禪要經』(後漢, A.D.22)

축법호竺法護 譯,『법관경法觀經』(西晉太始2~建興1, A.D.266)

불타발타라佛陀跋陀羅 譯,『달마다라선경達摩多羅禪經』(東晉隆安2~永初2, A.D.298~421)

구마라집鳩摩羅什 譯,『좌선삼매경坐禪三昧經』(姚秦弘始4, A.D.402)

불타밀다佛陀蜜多 撰, 담마밀다曇摩蜜多 譯,『오문선경요용법五門禪

經要用法』(劉宋元嘉1~18, A.D.424~441)
혜사慧思 譯, 『법화경안락행의法華經安樂行義』(陣染天監14~大建9, A.D.515~577)
지의智顗 著, 『마하지관摩訶止觀』(隋開皇14, A.D.597)

## 1) 『안반수의경』

안반安般 혹은 안나반나安那般那 또는 아나파나(阿那(阿)波那, Anāpāna)는 어원적으로 수선에서의 조식調息 내지 수식법을 뜻하며 수선 방법 중 하나이다. 경에

"부처님이 한때에 90일간 안반수의安般守意하며 앉아 계셨다. 90일 동안 온 세계의 모든 살아 있는 중생들을 제도하실 방법을 여러 가지로 생각하셨다. 다시 말해서 부처님이 안반수의하여 자념慈念이 자재하게 된 후 안반수의를 그치셨다. 뜻意을 거두고 염念을 행하였다. 안安은 신身을 위하고 반般은 식息을 위한다. 수의는 도를 위함이다. 수守는 금계禁戒를 범하지 않음이요, 금禁은 호護를 위함인데, 호는 두루 일체계를 범하지 않음이다."[1]

라고 하였다. 안은 신을 위함이고, 반은 식을 위함이라 함은 바로 좌선을 뜻함이고 좌선으로서 불범계, 즉 지계가 강조되었음을 분명하

---

[1] 『大正藏』15, p.163c. "佛在越祇國舍羈瘦國 亦說一名遮匿迦羅國 時佛坐行安般守意九十日 … 安爲身 般爲息 守意爲道 守者爲禁亦謂不犯戒 禁者亦爲護 護者遍護一切無所犯"

게 알 수 있다.

### 2) 『불설선행삼십칠품경佛說禪行三十七品經』
이 경에는 전반적으로 사념처 및 삼십칠조도품이 설명되어 있다.

> "만약에 손가락을 튕기는 사이라도 신근信根에 의하여 사무량심이 나타나면 즉 불법승佛法僧과 계를 떠나지 않는 것이다. 이는 곧 행선行禪으로서 정진함이요, 부처님의 가르침에 따르는 것이다. 어리석은 자는 사람들의 시식施食을 받는 것이 아닌데 어찌 하물며 잡다한 행을 한 자이랴."[2]

가 결론이다. 여기에서 손가락을 튕기는 사이는 돈을 뜻한다고 할 수도 있고, 불·법·승 및 계에 떠나지 않는다고 함은 역시 점수를 뜻한다고 하여도 무방하다고 생각한다.

### 3) 『선행법상경禪行法想經』
이 경은 죽음을 사유하는 행선行禪을 설한다.

> "만약 손가락을 튕기는 사이라도 죽음을 사유하며, 몸은 모두 죽는다는 것을 사유하면 이는 행선을 정진함이며, 바로 불교를 행함이다. 어리석은 자라도 사람들이 베푸는 것을 먹지 않는데,

---

2 위의 책, p.181a. "若彈指間 惟行信根 以見四喜之事 不離不亦法興衆及戒 是爲精進行禪 爲如佛敎 不是愚癡食人施 何況多行者"

어찌 하물며 많이 행하는 자이랴."³

라는 대의이다. 탄지지간(彈指之間)이라는 말은 돈오를 뜻한다고 할 수 있고, 사유사상(思惟死想)은 점漸)을 뜻한다고 할 수가 있는 것이다.

### 4) 『선요경禪要經』

이 경은 선법을 닦는 데는 반드시 부정관(不淨觀)이 필요함을 설한다.

"행자가 도를 구하기 위해 정을 닦을 때에는 법사는 행자의 근기에 따라서 사섭으로서 정신계(淨信戒)를 가르쳐 지도해야 하며, 정신계를 지킨 후에 차례로 색욕·형용욕·위의욕·언성욕·세골욕(細骨欲)·인상욕(人相欲) 등을 제하는 것인데, 앞의 오욕은 부정의 상을 관하여 얻는 것이며, 인상욕은 인골(人骨)의 마디마디 분단된 상을 관해야 얻게 된다."⁴

수정자의 근기에 따라 법사가 지도해야 한다고 함은 분명히 점수를 뜻한다고 해야 할 것이다.

---

3 『大正藏』15, p.181b. "若以彈指間 思惟死想 念有身皆死 是爲精進行禪 爲如佛敎 不是愚癡食人施也 何況多行者"
4 『大正藏』15, p.237c. "行者求道欲修定時 爾時法師應隨根相行四攝道 示敎利喜 廣淨信戒 淨信戒已次除六欲 所謂色欲 威儀欲 言聲欲 細骨欲 人相欲 着上五欲 令觀可得不淨之相 着人相欲 令觀骨人分分斷相"

### 5) 『법관경法觀經』

이 경은 여러 종류의 선관에 대해서 설하고 있다.

"부처님이 말씀하시기를 좌선에는 신정身定・구정口定・의정意定 등 세 가지 정이 있다. 신정은 아프고 가려움 따위의 느낌이 그침이며, 성지聲止는 구정이며, 의정은 의념意念이 그쳐짐을 말한다. 염지念止는 언제나 염도念道를 행함이고, 성지는 네 가지 악을 끊는 것이며, 통양지痛痒止는 탐의貪意가 그쳐진 것이며, 결국 신・구・의 삼정은 계를 가지며 일체 범함이 없음이다."[5]

라는 것이 결론인데, 이는 결국 수선의 점수 측면을 강조한 것이라고 하지 않을 수 없다. 반면 다음 내용은 수선의 돈오 측면이라고 할 수 있다.

"세 가지 정定은 입으로 아는 바 없음이 구정口定이고, 몸으로 아는 바가 없음이 신정身定이고, 뜻으로 아는 바가 없음이 의정意定이다."[6]

---

[5] 『大正藏』15, p.240c. "佛言 坐禪當三定 何等爲三定 一者身定 二者口定 三者意定 痛痒止爲身定 聲止爲口定 意念止爲意定 念止者 爲受行常念道 聲止者 斷四惡 痛痒止者 爲不墮貪意在止已 身定口定意定 當立戒身持持者爲一切無所犯"
[6] 위의 책, p.242a. "三定者 口無所知爲口定 身無所知爲身定 意無所復念爲意定"

### 6) 『달마다라선경達摩多羅禪經』

이 경은 선의 지법자持法者, 달마다라 존자의 선을 설한 것으로, 안반념安般念을 주로 하고 부정관不淨觀과 십이인연에 대해 차례로 해설하고 있다.

"삼업을 일으키는 데는 선지禪智가 종宗이 되며, 비록 정추精麤 등의 분계分階가 있고 방편에 의지함이 있지만 방법을 기르는 묘물妙物이 선지이다. 모든 것을 운동시키지만 결국 하나인데, 그 하나는 있음은 아니지만 상像으로 확대되고, 형체도 아니지만 없지도 않고, 사思도 없고 함爲도 없지만 함이 없는 것도 아니고, … 때문에 쫓아서 온 곳도 없지만 나生지 않는 바도 없고 나면서도 나지 않는 것, 그러한 선지를 역출해 내는 바, 달마다라와 불대선(佛大先, Buddhasena), 불선佛禪, 불타사나佛陀斯那는 서역의 훌륭한 학자로서 선교의 종宗이 되는 승려인데 (그들의 가르침에 의하면 선은)… 선이 비록 왕복이 무한하지만 결국 여여하여 출이出離하지 않으며, 때문에 색色은 여如를 떠나지 않고, 여는 색을 떠나지 않고 색이 곧 여이고 여가 곧 색이다. 불대선은 그 원류를 흐림이 없이 맑게 끌어 왔는데 물론 점〔固宜有漸〕이다.
그러므로 두 가지 도로서 감로문을 열고, 네 가지 뜻으로 해석하여 미혹한 자를 깨닫게 하고, 본래의 도로 회귀하게 하였다. 이룬 두 가지 도는 방편도와 승도勝道이다. … 내가 들은 바에 의하면 수도하는 데는 방편과 승구경勝究竟이 있는데 모두 점수에서 생성된다. 선법善法을 점수하는 데는 먼저 퇴감退減, 머묾, 승진升進,

결정의 네 가지 단계가 있음을 알아야 한다. 수행이 감퇴될 때에는 법이 주할 수 없게 되고 또한 승진도 불능하다. … 시라(尸羅; 戒)가 청정해야만 그 가운데에서 삼매가 생길 수가 있다."[7]

라는 결론인데, 여기에서 수선에 있어서 방편도는 점수이고 승도구경은 점수에 의한 돈오임이 분명하다. 또 '고의유점固宜有漸'이라는 구는 분명히 점수가 있다는 정언적定言的 표현이라고 할 수 있다. 그러나 '색은 여를 떠나지 않고 여는 색을 떠나지 않는다'는 등의 구는 바로 돈오의 경지라고 하지 않을 수 없다.

### 7) 『좌선삼매경坐禪三昧經』

이 경은 상·하 두 권으로 구성되었으며, 상권에는 다섯 가지 종류의 법문을 설하고, 하권에는 사선四禪 등을 설하여 보살의 선법禪法을 설명한다. 경 권상上에,

"선을 처음으로 닦으려고 하는 학인에 대해서는, 그 스승은 먼저 계를 청정하게 지키는가를 묻고 그 지계의 정도에 따라 가르쳐야 한다."[8]

---

7 『大正藏』15, pp.300c~301c. "夫三業之興以禪智爲宗 雖精麤異分而階籍有方 … 尸羅旣淸淨 三昧於中起"

8 『大正藏』15, pp.270c~271a. "學禪之人初至師所 師應問言 汝持戒淨不 非重罪惡邪不 若言五衆戒淨無 衆罪惡邪 次敎道法"

라고 하는데, 이는 선수禪修의 점수漸修의 측면이다. 반면

"원증怨憎이 친밀親密과 동등하게 느껴지며 시방十方 일체가 동등하지 아니할 수 없는 심경이 목전에 요요了了하게 나타나는데, 이때에 이고득낙離苦得樂이며 자심삼매慈心三昧가 이루어진다."[9]

라는 부분은 바로 돈오의 측면이라고 본다. 역시,

"행자가 수정修定으로 도를 구하려고 할 때에는 먼저 때와 방편을 관찰해야 하는데, 때를 못 얻고 방편이 없으면 이는 선을 할 수 없음이며 불리하다."[10]

라고 하는데, 이는 분명히 선수禪修에 방편이 있음을 나타내 보이고 있다.

### 8) 『오문선경요용법五門禪經要用法』

오문선요법五門禪要法 또는 선경요용법禪經要用法이라고 약칭한다. 좌선의 요법에 오문이 있고, 그 중 염불에 있어서는 관불觀佛의 방법을 설하고 있다.

---

[9] 『大正藏』15, p.272b. "願怨憎得 得與親同 同得一心 心大淸淨 … 在心目前了了見之受得快樂 是時卽得慈心三昧"

[10] 『大正藏』14, p.285c "行者定心求道時 常當觀察時方便 若不得無方便 是應爲失 不爲利."

"좌선에 필요한 중요한 방법으로 다섯 가지가 있다. 안반(安般; 調息), 부정관不淨觀, 자심관慈心觀, 관연법觀緣法, 염불법念佛法이다. 조식과 부정관과 관연법은 내외경계에 다 통하고 염불과 자심은 외경계에 통한다. 다섯 가지 방법은 수선하려는 중생들이 걸린 병에 따르는 대치방편인데 마음이 산란한 자는 안반으로, 식욕과 애욕이 심한 자는 부정관으로, 화냄이 심한 자는 자심으로, 아집이 심한 자는 인연으로, 마음이 침울한 자는 염불로 각각 가르쳐야 한다."[11]

라는 것이 대의인데, 이 경에서는 이러한 다섯 가지 방법의 점수와 사선四禪으로 오경悟境과의 상호관계를 상세히 설한다. 이러한 수선상의 오문법은 4조 도신道信의 오문과도 대체적으로 상통한다. 더구나 이러한 점에서 수선 내지 선정의 정종正宗은 바로 신수神秀 북선北禪이라고 하여도 과언이 아닐 것이며, 신수가 표방하는 점수적 방편선과 밀접한 사상적 관계를 맺고 있다고 본다.

### 9) 『법화경』 안락행의安樂行義

이 경의 대의大意는, 첫머리에

"『법화경』은 대승돈각頓覺을 설하는데 스승 없이 스스로 깨달아 속히 불도를 이루려는 처음 배우는 보살〔新學菩薩〕은 모름지기

---

11 『大正藏』15, p.325c "坐禪之要法有五門 一者安般 二不淨 三慈心 四觀緣 五念佛 安般不淨二門觀緣 … 若着我多者敎以因緣 若心沒者敎以念佛"

지계·인욕·정진을 닦고 수정修定하되 특히 법화삼매를 배워야
한다."¹²

는 것인데, 법화삼매도 역시 돈頓인 동시에 점수지계의 측면이 있음을
첫머리에서 강조한 셈이다.

### 10)『마하지관摩訶止觀』

결국 이상과 같이 중국선의 수입시대로부터 중국선 성립 전후시대에
이르기까지 중국선 나름대로의 성립을 알려주는 대표적 저서가 지의
智顗의『마하지관』이라고 할 수 있을 것이다. 여기서는 그 내용을
상세하게 설명할 것이 아니기 때문에 그 첫머리에 설한 대의大意에
의하여 그 돈점의 관계를 예증하여 본다면 ① 발심發心, ② 수대행修大
行, ③ 혹대과惑大果, ④ 열대강列大綱, ⑤ 귀대처歸大處라는 순서로
그 지관수행의 절차가 설해져 있다. 발심과 수행은 점수의 입문이라
고 할 수 있고 혹대과에서 귀대처는 돈오의 심경을 설함이라고 할
수 있을 것이다.¹³

이상과 같이 달마선 성립 전후의 선관을 사적史的으로 개관해
보았다. 중국선 수입기의 최초기나 그 말기나 수선방편에서는 초기불
교에서와 마찬가지로 돈오와 점수의 관계는 불가불리이고 모든 것이

---

12『大正藏』46, p.697c "法華經者大乘頓覺 無師自悟疾成佛道 一切世間難信法
   門…須持戒忍辱精進勤修禪定 專心勤學法華三昧"
13『大正藏』46, p.1.

양면적인 것임을 간파할 수 있다. 이상과 같은 맥락에서 비로소 달마선의 계승이 이루어진다.

## 2. 보리달마선의 계승

달마의 선법을 전하는 문헌으로서 『능가사자기楞伽師資記』, 『이입사행론二入四行論』이 있다. 이에 의하면 달마의 선지禪旨)는 대승에 뜻을 두고, 입도하기 위한 요문要門은 사행四行으로 설명된다.[14] '입入'은 적멸의 진리에 눈뜨는 것, 즉 자성청정을 깨닫는 것으로 돈오[入]라고 할 수 있을 것이다. 달마는 교의에 의해 종宗을 깨닫는 것이며, 그 종지는 바로 '함생범성 동일진성含生凡聖 同一眞性'을 깊게 믿는 것', 그것을 이理라고 하고 이 이理에 드는 것[入], 깨닫는[悟] 것을 이입理入이라 하였다.[15]

여기에서 교는 바로 대승경전이며, '함생동일진성', 즉 진성은 여래장불성을 말하는 것이고, 절대 믿음[信], 이때의 신의 의미는 본각본증의 신이며, 이 신은 바로 돈오라고 생각한다.

이 이입에 대해, 행입行入은 실수實修의 입장으로서, 그 이유는 '다만 객진으로 덮혀져 있어서 드러나지 못하기 때문'이라는 것이다.[16] 그래서 이 행입은 사행으로 명시되며, 이는 육바라밀이 바탕이 되고 있다.

---

14 『능가사자기』(『大正藏』85, p.1284c)
15 『大正藏』85, p.1285a.
16 『大正藏』85, p.1285a.

이러한 사상은 오조 홍인(602~675)의 『수심요론』에도 근거가 되고 있으며,[17] 나중에 설명하겠지만 신수의 『관심론觀心論』에도 이 사행四行은 바탕이 되고 있다. 이러한 원리는 대체로 북종선의 전반적인 기조基調를 이루고 있으며,[18] 이는 대승선에 근거한 중국선종의 근본 사상이다. 이조 혜가의 선에서도 달마의 이입사행의 사상이 더욱 철저히 규명되어져 '무명無明과 지혜가 다르지 않고 만법萬法이 바로 모두 그러함을 안다'라고 했다. 즉 무명과 지혜가 같음은 바로 중생과 불佛이 차별이 없음을 시사하는 것이다.

또 『속고승전續高僧傳』에도,

소리를 치면서 메아리를 그치게 하려는 것은
소리의 성질과 메아리의 효과를 알지 못한 것이다.
번뇌를 없애고 열반을 구하는 것은 마치 모습을 떠나 그림자를 찾는 것과 같다.
중생을 여의고 부처를 구하는 것은 소리 없이 메아리를 찾는 것과 같다.
때문에 미혹과 깨달음의 한 생각이 어리석음과 지혜와 다른 것이 아니다.

---

17 慧諫 譯, 『蘄州忍和上導凡趣聖悟解脫宗修心要論』(운주사, 2000), p.190. "十地經云 衆生身中有金剛佛性 猶如日輪 体明圓滿 廣大無邊 … 只爲攀緣妄念諸見重復所"
18 慧諫 譯, 『觀心論』(운주사, 2000) "故知一切諸善以覺爲根 因其覺根 遂顯現諸功德樹 涅槃之果 因此而成"

라고 하였다.[19] 이도 역시 달마의 '범성동일진성凡聖同一眞性'을 강조하고 있는 것이다. 따라서 모든 중생이 청정성을 가졌지만, 다만 반연攀緣된 망념으로 성도聖道가 덮혀 능히 나타나지 못함을 주장하면서, 그 수행으로서 묵연정좌默然淨坐하여 망념이 일어나지 않으면 자연 명정明淨한다고 하였다.[20] 혜가의 돈오점수적 입장을 바로 여기에서 볼 수 있다.

또한 승찬(?~606)의 선도 마찬가지의 선지禪旨를 전하고 있다. 그의 선사상의 대강大綱을 설명해 놓은 『신심명信心銘』은 달마의 『이입사행론』과 함께 일반적으로 잘 알려져 있다. 이 『신심명』이 승찬의 저술인가에 대해서는 분명하지 않지만, 『능가사자기』(728), 『전법보기傳法寶記』(734), 『보림전寶林傳』(801) 권8 등에 나타난 내용으로 미루어 그의 저서로 판단된다. 그의 선지의 대요大要는 '둘은 하나에 의해 있으나 그 하나에 또한 얽매이지 않는 것〔二由一有 一亦莫守〕', '신심불이 불이신심信心不二 不二信心'에 있다고 보겠다. 이때의 심은 중생실유불성을 가리키는 것으로 몸과 마음을 포괄한 일심을 믿는 것, 즉 오悟인데, 신심불이信心不二의 상태가 바로 신수의 '심불기心不起', 즉 '이념離念'이며, 혜능의 '견성'이라고 본다.

혜가와 신회(神會, 670~762)시대는 북주 무제의 법난을 겪는 때이므로 당시의 선가는 심산유곡에 도회韜晦한다.[21] 따라서 그들 선수禪

---

**19** 『속고승전』(『大正藏』50, p.552b) "揚聲止響 不識聲是響根 除煩惱而求涅槃者 喩去形而覓影 離 衆生而求佛喩默聲而尋響 故迷一途愚知非別"

**20** 『大正藏』85, p.1285c.

**21** 宇井伯壽, 『禪宗史硏究』(東京: 岩波書店, 1935), p.63.

修에 대한 내용은 발전된 새로운 사상의 창출이 아니라 달마선에 입각한 행도에 지나지 않았다고 볼 수 있다. 사조 도신(道信, 580~651)에 이르러 선은 처음으로 사회성을 띄게 되며, 당시의 시대적 배경의 영향으로 선가는 대중을 이루며, 그 결과 선수행의 실제를 가르치는 많은 좌선의가 저술되고 중국선은 이렇게 해서 선학시대로 접어든다.

도신은 선의 근본 교의와 더불어 실수實修를 강하게 강조했다. 이러한 선수禪修의 중요성은, 『능가사자기』에 그 어느 누구보다도 도신의 선지禪旨에 대해 더 많이 할당되어 구체적으로 그의 본지를 드러낸 것으로도 짐작할 수 있을 것이다. 이러한 사실은 홍인으로 이어지면서 신수에 이르러서는 교의에 근거한 선수의 중요성이 구조적으로 자세하게 설명된다. 육조를 혜능(638~713)으로 추대한 신회가 북종이 말하는 자성은 본래 청정하며 자성인 불성에 번뇌가 덮인 것을 깨달아 번뇌를 닦아내는 선수가 절대적으로 중요하다는 설명에서, 자성이 본래 청정함을 돈오하는 사실을 빼고 북종은 점수만에 치우친 것이라 하여 '북점北漸'이라고 주장하게 된 탓도 여기에 있다.[22]

대총림을 이룬 도신문하는 동산법문으로 당시에 널리 알려지고, 그의 선지는 '수일불이守一不移'하는 선수에 중요성을 두었으며, 선종사에서 처음으로 근기의 차를 두고 제접하게 된다. 그동안 소수 인원이 선행禪行을 하며 일문일답식으로 정진하던 것이 대중을 이룬 선문으로 불가능해진 탓으로, 도신은 본령本領을 '수일불이 좌선간심 守一不移 坐禪看心'으로 하지만 이를 전제로 하여 오문五門의 선요禪要

---

22 胡適, 『神會和尙遺集』(胡適紀念館, 民國59年), p.27.

를 보이면서,²³ 근기를 행行·해解·증證의 유무에 관련하여 네 가지로 나누어 설명해 보인다.²⁴ 도신의 이러한 선지는 홍인도 마찬가지였다. 그의 『수심요론』에는 특히 초심자를 위한 선수禪修 방법이 적절히 나타나 있으며,²⁵ 신수에 이르러서는 더욱 확대되어 '방편법문'이 그의 중심사상으로 확립된다.

---

**23** 『大正藏』85, p.1288a.
**24** 『大正藏』85, p.1287c. "學者有四種人 有行有解有證 上上人 無行有解有證 中上人 … 臨時作若爲觀行"
**25** 慧諶 譯, 『修心要論』(운주사, 2000), p.193. "若初心學坐禪者 依無量壽觀經 端坐正身 閉目合口 心前平視 隨意近遠 作一日想守之"

# Ⅳ. 대통신수의 선사상

**1. 신수의 생애**

불교는 중국에 들어와 도교와 유교에 크게 영향을 미치며 전통사상으로까지 발전한다. 그리고 선종의 사상은 중국불교의 결정체가 된다. 중국불교는 초기의 번역시대를 거쳐 선종의 황금기인 수당隋唐시대에 이르면, 선종은 남종南宗과 북종北宗으로 크게 나누어진다. 이 시기의 선사들은 대부분 출가 이전 뛰어난 지식인들로 넓고 깊고 정치한 학문의 기초를 갖춘 사람들이었다. 승조僧肇의 경우처럼 노장학老莊學에 정통하거나 신수神秀처럼 유교의 경전에 크게 밝았던 사람들이 그들이다.

 학문과 지성을 겸비한 사류士流 출신의 선승들은 필연적으로 문치주의文治主義를 표방한 역대 왕조들과 빈번한 교류를 형성했고, 그들의 귀의를 통해 불교의 제도화와 토착화를 촉진시켰다.

경전사학자經典史學者 도선道宣은 이 시기의 승려들을 대략 열 가지로 나누었다. 석경釋經, 해의解義, 습선習禪, 명율明律, 호법護法, 감통感通, 유신遺信, 독송讀誦, 흥복興福, 잡과雜科 등이다. 신수의 경우는 습선에 해당하지만 해의·명율·호법을 구족한 대선지식大善知識이라 할 수 있다. 북종선은 이러한 신수에 의해 성립된 초기 선종시대의 한 종파宗派이다.

신수의 전기는 「형주옥천사대통선사비명병서荊州玉泉寺大通禪師碑銘屛序」(張說,『全唐文』권231)과 『능가사자기』, 『전법보기』 그리고 『송고승전』과 『전등록』 등에 수록되어 있다.

승전僧傳과 사서史書에 나타난 그의 출생은 간단명료하다. 비교적 자세히 출신성분을 자유롭게 얘기하고 있는 혜능과 달리 신수는 자신의 출신성분에 관해 말하는 것을 엄격히 자제하고 있음을 알 수 있다.

장열張說의 「대통신수선사비명병서」에는 다음과 같이 그의 생애를 기록하고 있다.

"신장이 팔척이오, 눈썹이 길고 귀가 컸다. 왕백王伯의 기상이 있었고 성현의 도량이 넘쳐 흘렀으며, 또한 노장학의 깊은 뜻을 꿰뚫었고, 서전·시전·주역의 대의大義에 통달했다. 삼승三乘의 경론과 사분율에 훈訓을 붙여 설통說通했다."

대개의 선사들이 그랬던 것처럼 처음엔 신수도 경·율·론 삼장을 깊이 연구한 다음 실참實參을 위해 제방의 선지식을 찾아 자참資參을 구했다.

　나이 46세에 이르러 홍매현의 쌍봉산(東山이라고도 함) 홍인선사를 만나 오랜 편력의 운수행각을 쉬고 안심입명처를 얻게 된다. 선사의 문하에서 부지런히 수행하기 6년, 주야를 가리지 않고 수행修行에 몰두하는 그를 두고 홍인선사는 "동산의 법法이 모두 신수에게 있다."고 하였다. 그러나 그는 스승과 작별하고 몸을 숨겨 흰옷을 입고 십여 년을 숨어 지내며 오로지 벽관과 지관止觀의 수행을 계속한다. 이 시기가 장열이 밝힌 대로 식상息想에 전심전력하고, 적극적인 섭심攝心의 시기이다. 이로써 그의 수행修行은 깊을 대로 깊어져 범성凡聖이 끊어진 세계, 전후前後가 없는 경지에 이르게 되었다.

　당조唐朝는 도선불후道先佛後의 입장을 취하고 있었다. 그러나 측천무후則天武后에 이르러 선불후도先佛後道로 바꾸어진다. 이 시기에 불교의 깊은 수행과 청정한 계율정신, 그리고 학덕學德을 겸비한 신수의 감화는 조야朝野를 막론하고 깊은 영향을 미친다.

　황제가 대궐로 그를 불렀을 때, 그는 이미 90이 넘은 고령의 나이였음에도 불구하고 황제가 있는 전각까지 가마를 타고 올랐고, 황후가 있는 곳에서도 황제와 자리를 먼저 나누어 앉을 만큼 수행자로서 당당하고 위의가 흐트러짐이 없었다. 그의 법력은 황제 이하 만조백관의 귀의를 얻어 양경법주兩京法主요, 삼제국사三帝國師로서의 광채가 빛난 것이다. 이는 그의 비문이 밝힌 대로 안주무외安住無畏, 응주무방應住無方이었다. 이는 부처님의 광명이 중국에 빛나고 경사스런 우담발화가 다시 꽃핌이었다.

"서기 606년에 태어나 세상의 나이 101살, 법랍 80세, 법의 힘에도 어쩔 수 없이 육신의 죽음은 찾아 들었다. 낙양의 천궁사, 이수(伊水; 낙양에 있는 강 이름)에 조용조용 봄빛이 찾아드는 2월 28일, 달도 없는 그믐에 가부좌한 채 단정히 앉아 시적示寂했다(706).

조정은 조詔를 발표, 제후나 왕공에게도 조의를 표하게 하고 3월 2일에 대통선사大通禪師의 호를 내렸다. 조정에서는 5일 동안 조회를 폐하고 황제는 친히 오교烏橋까지 나가 장례행렬을 전송했다. 왕공들은 슬피 울며 이수伊水까지 따랐다. 태장경太掌卿은 북을 치며 인도하고 호감護監들은 상장喪葬하니 황제 역시 용문까지 친히 나와 등성에 올라 눈앞에서 보이지 않을 때까지 전송했다.

이수에서 강구江口까지 번개幡蓋가 가득 차고 향운香雲이 천리에 드리웠다. 조정에서는 장례비용으로 백만금을 지출했다. 용화사龍華寺에서 백일 동안 졸곡卒哭하고 법회를 여니 대중이 8천 명이었다."

장열은 명銘을 지어 스승의 덕을 이렇게 찬탄한다.

"선승禪僧이시여
천하에 독립하시도다.

공은 여래의 비밀하심을 거두시고
드디어 해탈을 얻으셨도다.

나아가도 얻을 것 없음이여

해탈이라 모든 것 버리심이라.

달이 허공에 빛나듯
깨달음을 나투시니
한량없는 선한 중생
어버이 되고 스승이 되셨도다."

이상의 약전略傳에서 신수의 사상과 그 시대에 그의 명성이 어떠했는지 짐작할 수 있다.

## 2. 신수의 돈오점수頓悟漸修

남북조시대南北朝時代 때 보리달마菩提達摩에 의해 전해진 선종은 당대唐代에 이르러 발전하면서 중국불교를 대표하게 된다. 중국의 초기 선종을 확립시킨 남북양종시대南北兩宗時代는 남돈북점南頓北漸·남능북수南能北秀라는 식으로 불러지듯이, 양종兩宗의 선禪은 학문적·사상적·논리적으로 여러 가지 형태를 취하면서, 선이 선만으로 그치는 초기 중국선의 형태에서 교의教義를 근거로 하는 선으로 발전한다. 따라서 그런 과정에서 남종의 혜능선은 돈오선頓悟禪이고 북종의 신수선은 점수선漸修禪이라는 대립적인 지칭도 나오게 되어 마침내 초기 중국선종은 분립의 시대를 맞이한다.

그런데 '남종'이라고 하는 것은 원래 남인도에서 전래된 보리달마 계통을 이르는 말임이 돈황출토 문헌에 의해 밝혀졌다. 그러한 사실史

實은 정각(淨覺, 683~750)의 『주반야바라밀다심경注般若波羅蜜多心經』의 이지비李知非의 「약소略疏」에 나타나 있으며,[1] 또 도선(道宣, 596~667)의 『속고승전續高僧傳』 권25(645~667) 「법충전法沖傳」에도 기록되어 있다.[2] 그래서 혜능과 신수의 양종이 분리되기 이전에는 선종이 바로 남종이었음도 추정할 수 있는 것이다. 그러나 이러한 의미로서의 남종이 혜능 계통의 선종을 일컫게 된 것은 신회에서부터 임은 이미 다 알려진 사실이다.

당唐 개원開元 20년(732) 활대滑台 대운사大雲寺에서 열린 무차대회無遮大會의 자리에서 하택신회는 북종비판과 아울러 신수선이 선종의 방계임을 밝히고 혜능사師야말로 정계임을 주장한 것이다.[3] 이로부터 중국 선종은 오조五祖 이후 남능북수南能北秀의 의미로 나누어지게 된다. 그러나 이렇게 시작된 남돈북점南頓北漸은 초기 본래의 선사상은 아니며, 그 초기 선에는 도리어 돈점頓漸・정혜定慧 사상이 내포되어 있었다고도 볼 수가 있다.

이렇게 볼 때 남돈북점南頓北漸의 남돈南頓은 남종의 교세를 확장하는 동시에 북종을 비판하기 위한 하나의 방편에 지나지 않았을 수도 있으며, 한편 북종에도 역시 점수만이 아닌 돈오설頓悟說이 있었음을 살필 수 있다.

따라서, 이러한 역사적 배경을 두고 북종 신수에 관계되는 문헌 및 자료들을 통하여[4] 북종 신수선에서의 돈오점수頓悟漸修와 정혜일

---

1 柳田聖山, 『初期禪宗史書の硏究』(京都: 法藏館, 1967), p.596.
2 『續高僧傳』(『大正藏』50, p.666b)
3 胡適, 『神會和上遺集』(胡適紀念館, 民國 59年), p.261.

치적定慧一致的 사상을 밝혀 보고, 아울러 남종선과의 사상을 비교하여 고찰해 보도록 하겠다.

### 1) 『대승무생방편문』의 중심 내용

신수의 돈오설에 대해서는 이미 여러 학자들의 연구에 의해 밝혀져 있다.

일본의 불교학자 宇井伯壽는, 『대승무생방편문大乘無生方便門』에서의 "불자여, 제불여래는 도에 드는 방편으로 일념정심一念淨心으로써 몰록 부처에 오른다."를 인용하여 "신수선神秀禪이 돈오頓悟를 알지 못한 것도 아니고, 또 돈오頓悟가 없었다고도 할 수 없다."라고 하였으며,[5] 柳田聖山도 또한 돈황출토의 『선문경禪門經』 소개를 겸한 논문 「禪門經について」에서, 『선문경』의 대승돈오설大乘頓悟說을 북종돈오설北宗頓悟說의 일환으로 보면서 "이른바 북종선 성립 배후에는 단지 달마계통의 전통만이 아니라 능가楞伽 · 금강삼매金剛三昧 등의 여래장如來藏사상이나, 유마維摩 · 금강金剛 등의 공空사상, 영락瓔珞 · 범망梵網 등의 대승돈오사상의 동향이 크게 좌우하고 있는 것을 살필 수 있고, 『선문경』의 대승돈오사상등도 또한 그 일환을

---

4 『大乘無生方便門』(『大正藏』85, p.1273) 등의 북종문헌 자료는, 주로 宇井伯壽의 『禪宗史硏究』(東京: 岩波書店 1982)를 참조함. 이는 돈황자료 출현 이후 문헌의 교열과 주요 내용에 대한 방점 등이 있어 내용을 이해하는 데 도움이 되기 때문이다.
  『觀心論』(『大正藏』85, p.1270)의 문헌자료에 대해서는, 필자가 중국 초기 선종의 논서를 모아 번역 출판한 『선가어록』(운주사, 2000)에 수록된 것을 참조하였다.
5 宇井伯壽, 『禪宗史硏究』(東京: 岩波書店, 1982), p.220.

이룬다고 생각한다."고 설명하고 있다.[6]

이와 같이 북종돈오설의 출현으로 이미 학계에서 종래의 남돈북점南頓北漸의 대립이라는 견해를 크게 정정하고, 나아가 이러한 새로운 견해로부터 북종선 내지는 초기 선종 사상사의 재검토까지 요구하기도 한다.

북종의 돈오설은, 그동안 남종계 문헌인 『육조단경六祖壇經』이나 신회어록인 『보리달마남종정시비론菩提達摩南宗定是非論』(이하 『정시비론』)이나 『현종기顯宗記』 등을 근거로 하여 부정되거나, 또는 남종계에만 돈오설이 있음을 강조하는 견해로 일관되다가 북종에 관한 돈황자료 발견에 의해 북종 신수의 선사상에서 돈頓·점漸의 상호관계를 재조명하게 되었던 것이다.

이에 대해 필자는 북종 신수의 선문헌을 근거로 해서 선禪의 원류原流와 그 역사를 통한 보리달마의 정통성正統性을 고찰하고, 신수가 어떻게 선을 계승하였는지 그 방향성을 살펴보도록 하겠다.

신수의 문헌 중 돈오의 자내증自內證을 명료히 밝히고 있는 것 중에서 우선 『대승무생방편문大乘無生方便門』(이하 『무생방편문』)을 중심으로 그의 돈오관을 살펴보겠다.

『무생방편문』에는 자성에 대한 미혹함을 닦는 노력으로 점수漸修만을 인정하는 것이 아니라, 도리어 육근육진六根六塵을 버리지도 떨치지도 않고 그 모두를 오경悟境의 대상으로 하고 있음을 살펴볼 수 있다. 신수는 각 방편方便마다 육진을 버리고는 보리菩提를 얻을

---

[6] 柳田聖山, 「禪門經について」(『塚本博士頌壽紀念佛教史學論集』(東京: 同書刊行會, 1961), p.230.

수 없음을 반복 나열하며, 육근에 입각하여 불사佛事를 이룰 것을 거듭 주장한다. 이러한 돈오설의 문구로서 '일물불견一物不見, 활활간간豁豁看看, 간부주담담무변看不住湛湛無邊, 제불염즉시보리로際不染卽是菩提路', '청정무일물淸淨無一物 시명법신불是名法身佛 각료분명 시보신불覺了分明是報身佛 지견자재시화신불知見自在是化身佛 삼신동일체일이구불구三身同一體一異俱不俱', '보살지육근본래부동菩薩知六根本來不動, 내조분명 외용자재 시대승 진상부동內照分明 外用自在 是大乘 眞常不動' 등을 볼 수 있다. 『대승무생방편문』에,

"불심청정하여 유도 무도 벗어나 있으며, 몸과 마음은 언제나 잘 지켜져 어지러움이 없으며, 진심은 몰沒이며, 진여이며, 심불기이며, 심진여이며, 색불기이며, 색진여이며, 심진여이므로 심해탈이며, 색진여이므로 색해탈이며, 마음과 현상이 함께 벗어나 있어서 바로 이것이 무일물無一物이며 이것이 대보리수이다."[7]

라고 하여, 돈오頓悟의 의미가 나타나 있다. 이 문헌과 유사한 또 하나의 북종 문헌으로서 『대승오방편大乘五方便』이 있다. 이 두 문헌은 북종문헌 성립의 연대상에서 선후를 가릴 수 없을 정도이며, 내용과 그 구성이 또한 거의 유사하여, 宇井伯壽는 "이 두 문헌은 원래 북종선에서 설한 바를 묶은 동일한 것이었는데 이를 어떤 사람이

---

7 『大乘無生方便門』(『大正藏』85, p.1273c). "佛心淸淨離有離無 身心不起常守 眞心 是沒是眞如 心不起心眞如 色不起色眞如 心眞如故心解脫 色眞如故色解脫 心色 俱離卽無一物 是大菩提樹"

필사筆寫하여 전하는 사이에 보완하거나 또는 개찬改竄하는 등으로 해서 두 개로 되었을 것이다."라고 추측하기도 하였다.[8] 여하간 두 문헌은 '무생'의 의미와 이를 체득하기 위한 수심修心에 대해 대승경론을 근거로 다섯 개의 문으로 나누어 규명해 놓고 있다.

『대승오방편』의 구성에 따르면, 제1 총장總章, 불佛의 체이며 역시 이념문離念門이라고 한다. 제2 지혜가 열림, 이를 부동문不動門이라 한다. 제3 부사의가 드러나다〔顯不思議門〕. 제4 제법의 정성을 밝히다〔明諸法正性門〕. 제5 다름이 없음을 깨치다〔了無異門〕 등으로 전개되어,[9] 전체의 내용이 그대로 돈오설頓悟說을 밝히고 있음을 볼 수 있다. 각 문門의 구체적인 내용에 대해서는 나중에 설명하겠지만, 특히 제1문에서 불체佛體를 각覺, 즉 이념離念으로 정의한 후, 제4문에서 심식불기心識不起로서 무상청정無相淸淨함이 제법諸法의 정성正性임을 밝힌다.『무생방편문』에는 제5의 문이 누락되어 있지만『대승오방편』의 제5문에서 중중무진重重無盡의 이리理에 의해 자연히 무애의 법문에 들어, 한 티끌 가운데 무량삼매를 나타내고 무량삼매 가운데 일미진삼매一微塵三昧를 나타내며 진진법법무애盡盡法法無碍인 것을 깨달아야 한다고 되어 있다.[10]

돈황 출토본으로서 신수의 저술이라고 보는『관심론觀心論』에,

"다만 능히 섭심攝心 내조內照하면 각관覺觀은 늘 밝으며, 삼독이

---

**8** 宇井伯壽『禪宗史研究』(東京: 岩波書店, 1982), p.426.

**9** 위의 책, pp.509~510.

**10** 위의 책, p.468.

끊어져 영원히 소멸된다."¹¹

라고 하였다. 이는 달마의 벽관에 해당하는『금강삼매경金剛三昧經』
의 각관의 의미와 상통한다고 볼 수 있다.¹² 역시 북종선계의 문헌으로
간주하는『선문경』에서도,

"만약 밖으로부터 상相을 구求한다면 비록 여러 겁劫을 지나더라도
결국 얻을 수 없다. 안으로 각관覺觀하면 한 생각에 바로 아뇩다라
삼먁삼보리를 얻는다."

고 하여, 달마의 각관覺觀의 행도行道를 빌어 돈오를 여실히 보이고
있다.¹³

또한 북종 문헌으로서『돈오진종금강반야수행달피안법문요결頓
悟眞宗金剛般若修行達彼岸法門要訣』(이하『요결』)도 그 제명題名이 '돈
오진종頓悟眞宗'이라고 한 점에서 문헌 내용이 돈오를 나타내는 것이
라고 생각되며,¹⁴ 내용 중『금강경』의 '응무소주 이생기심應無所住

---

11 慧諒 譯,『선가어록』(운주사, 2000), p.111. "但能攝心內照 覺觀常明 絶三毒永使
消亡"
12 元曉 述,『金剛三昧經論』卷中(『韓國佛敎全書』第1冊, 東國大學校出版部, 1979),
p.629. "本覺利品 論曰 一切有情 無始已來 入無明長夜 作妄想大夢 菩薩修觀
獲無生時 通達衆生 本來寂靜 直是本覺"
13 柳田聖山, 앞의 책, p.869. "若外相求 雖經劫數, 終不能得 於內覺觀 如一念頃
卽得阿耨多羅三藐菩提"
14 上山大峻,「チベットチベット譯 '頓悟眞宗要決'の研究」,『禪文化研究記要』第8
號(京都: 花園大學, 1976)

而生其心'에 대한 물음에 '불출의념不出意念 도어피안到於彼岸'이라 하였는데, 이는 바로 심부동心不動이고 무심無心을 뜻하는 것이며, 이를 『요결』에서 "일체심무一切心無를 바로 무소심이라고 하며 다시 불기심不起心"이라고 하였다.[15] 이 '불기심'이 『금강경』에서 설하는 응무소주이며 『요결』에서의 '무소처간無所處看'이다. 이 무소처간은 이 문헌의 중심사상이다.

그래서 이 무소처간無所處看의 의의에 대하여, 일체제불一切諸佛은 이 뜻에 따라 여래법신주처如來法身住處를 설하고 "그대가 (이렇게) 간간할 때 그대는 보게 된다〔得見〕."라고 하였다. 즉 '간看'함에 따라 자연히 '견(見, 깨침)'이 된다고 하여 '간'의 의미가 바로 '견'임을 확실히 한다.[16] 간간과 견견은 시간적 차이를 둔 것이 아니라 간간이 바로 견견이라는 것을 알 수 있다.

따라서 '견견'은 견성성불見性成佛의 견견이지만 이것은 간간에 의하여 성취되는 것이므로 어디까지나 간간으로써 소위 피안彼岸에 이르는 길〔道〕임을 북종계는 명료히 한 것이다. 이러한 의미는 『관심론』에서 의미하는 관심觀心과 다를 바가 없다고 본다. 거의 같은 제명題名으로서, 『대승개심현성돈오진종론大乘開心顯性頓悟眞宗論』(이하『진종론』)도 북종계 문헌으로 간주되는데, 그 내용 중 제69

---

15 上山大樓, 앞의 책, p.96. "一切心無是名無所心 更不起心"
16 위의 책, p.97. "問曰,『金剛般若經』云, 菩薩摩訶薩, 不應住色生心 不應住聲香味觸法生心, 應無所住而生其心, 其義云何. 答曰, 善哉善哉, 解間此義, 觀汝所問, 根機純熟, 爲汝直說法要, 不出意念, 到於彼岸, 汝諦聽, 此菩薩修心行, 到彼岸處, 欲得學不, 琰曰, 顧問要妙, 信受奉行."

문답에

"묻기를, 금강반야바라밀다경 이 뜻은 무엇인가? 답하기를, 금강이란 이 마음이며 바라는 피안이며 밀은 도달함이다."[17]

는 귀절이 있다. 『금강경』을 사상적 배경으로 한 돈오의 의미를 알 수 있다. 역시 『진종론』에, 진성眞性에 대한 의미를 '불기심상무상청정不起心常無相淸淨'이라 하였으며, 이 '불기심(不起心; 心不起)'이 바로 자성을 여의는 것이라고 했다.[18] 이러한 심불기心不起사상은 그대로 『대승오방편』의 이념離念의 의미와 마찬가지이며, 또한 각관覺觀이기도 하며, 이는 돈오의 행도行道를 말하는 것이라고 생각한다.

신수선의 돈오점수頓悟漸修・정혜쌍수定慧雙修의 입장을 보이는 것이 이 『오방편문』으로, 이 『대승오방편』은 대체로 대승경론을 소의로 하여 달마의 '이입사행'설, 구나발타라의 '심불기'설이 바탕이 되어 선禪의 개념을 설하고 있음을 알 수 있다.

『대승오방편』에서 신수가 강조하는 선禪의 입장을 살펴보면, 제1방편문에는 불佛의 체體를 밝히는 것부터 시작한다. 불佛이란 각覺의 의미로서 "망념妄念을 깨닫는 것이 시각始覺이고, 몸과 마음이 통하는

---

17 『大乘開心顯性頓悟眞宗論』(『大正藏』85, p.1281a). "問曰 金剛般若波羅蜜多經者 此義如何 答曰 金剛者是色心 般若者淸淨也 波羅者彼岸也 蜜者到也"
18 앞의 책(『大正藏』85, p.1278b). "問曰. 云何眞性, 答曰, 不起心常無相淸淨 問曰, 云何自性 答曰, 見聞覺知四大及 一切法等各有自性 問曰, 自性從何而生 答曰, 從妄心生 又問曰 云何離自性 答曰 心不起卽離"

것이 본각本覺이며, 시각이 바로 불도佛道이고, 본각이 바로 불체佛體"라고 하였다.

또한 각覺은 신심이념身心離念이라 하였으며, 이념離念을 곧 도道라고 한다. 그래서 "이념離念의 상은 등허공계等虛空界에 두루하지 않는 바가 없으며, 법계일상法界一相 바로 이것은 여래평등법신如來平等法身"으로서 이념離念의 체體는 법계일상이며 여래의 평등법신임을 밝힌다.[19]

이와 같이 보면 역으로 망념妄念도 오경悟境상에서 보면 본래청정공本來淸淨空이고 사리상융事理相融의 법계일상法界一相이다. 『무생방편문無生方便門』에도 이념離念은 불佛의 본질이라 했다. 그래서 다음과 같이 설명한다.

"불심은 청정하여 유와 무를 떠나고 몸과 마음은 고요하여〔不起〕 언제나 진심을 지킨다."[20]

이라 하여 진심眞心이 즉 진여眞如라고 밝히고 다시 진여眞如에 대한 설명으로,

"마음이 고요하니〔心不起〕 이는 심진여心眞如이고, 몸〔色〕이 편안하니〔不起〕 이는 색진여色眞如이며, 심진여이므로 심해탈心解脫이고, 색진여이므로 색해탈色解脫이다."[21]

---

**19** 宇井伯壽, 『禪宗史硏究』(東京: 岩波書店, 1982), p.469.
**20** 佛心淸淨離有離無 身心不起 常守眞心

라고 하였다.

한 마디로 심불기心不起는 무심無心이며 심진여心眞如라는 의미가 될 것이다. 따라서 제1방편문에서 신수는, 『기신론起信論』의 각覺의 이론을 근거로 하여 중생심衆生心, 즉 여래장이 본래 부동하고 청정무일물淸淨無一物한 불佛의 체體임을 인식시키며, 이것이야말로 신수선이 주장하는 선행도禪行道의 본질을 밝히는 중요한 의미가 된다. 소위 돈오頓悟의 당체當體라고 할 수 있는 깨달음[悟]의 이입理入을 설명하는 북종선의 중핵사상이 된다.

이러한 심불기사상心不起思想은 북종계 사상의 요지가 되며, 이를 적절히 집약한 문헌이 돈황자료인 『사자칠조방변오문師資七祖方便五門』이다.

"묻기를, 어떻게 해서 일체법一切法이 정正이며 사邪인가? 답하기를, 무심無心법이 정이고 기심起心의 일체법은 사이다. 망념이 일어나지 않음이 보살이요, 일체상一切相을 떠난 것이 불佛이며, 의식[意]이 생각[念]과 다르지 않는 것이 진여眞如이며, 마음이 속한 바가 없음이 여래如來이고, 공空을 알아 물物에 응應할 줄 아는 것이 여래이다."[22]

---

21 宇井伯壽, 앞의 책, p.451. "心不起心眞如 色不起色眞如 心眞如故心解脫 色眞如故色解脫"
22 『鈴木大拙全集』 卷2(東京: 岩波書店, 1968), p.453. "問曰, 何名一切法正, 何名一切邪, 答曰, 無心法正, 起心一切法邪, 妄念不起名菩薩, 離一切相名佛, 意不異念名眞如, 心無所屬名解脫, 解空應物是如來"

라고 하였다. 즉 불佛·진여眞如·해탈解脫·여래如來가 각기 설명되지만 그 당체의 근본은 이념離念·무심無心·불기심不起心인 것이다.

이와 같이 불佛의 체體는 즉 이념체理念體로서, 그것은 본래청정공本來淸淨空이고 법계일상法界一相임을 깨닫는 것이 바로 북종의 돈오인데, 이러한 돈오의 참된 의미를 오문五門에 걸쳐서 이해시키고 있는 반면, 점수漸修에 대한 언급은 『대승오방편』에서는 거의 나타나지 않는다고 보아도 과언이 아니다. 나중에 설명하겠지만, 이 제1문 이외에도 제2문에서는 정혜융통무애定慧融通無碍함이 지혜문智慧門임을, 제3문에서는 심신부동心身不動이 지혜임을 밝히며, 제4문은 심불기즉무심心不起卽無心이 제법정성諸法正性이라 하였으며, 제5문에서는 일체법이 무이無異이므로 무애도無碍道·해탈도解脫道·무주도無住道를 제시하여 이념상離念相이 등허공계等虛空界이며 여래평등법신如來平等法身임을 『화엄경』을 근거로 밝히면서 '대승오방편문'이라고 하여 끝을 맺는다.[23]

제2방편문은 개지혜문開智慧門 또는 개불지견開佛知見이라고 한다. 제1문에서처럼 육진六塵 그대로에서 무념無念을 얻을 것을 강조하는 것이 북종선의 실수實修의 내용이었는데 그 내용을 『법화경』을 근거로 하여 파악하는 것이 이 문의 요지다.

『법화경』에 의하면 불佛이 이 세상에 출현하심은 중생으로 하여금 개시오입開示悟入하게 하기 위해서이다. 그래서 이 개시오입함을 신수는 개지혜문이라고 하였다. 이 개지혜문의 실수實修는 바로 정혜

---

[23] 宇井伯壽, 앞의 책, p.510.

定慧가 융통무애하여 보리菩提의 도가 일어나는 것을 말한다. 특히 "심부동心不動이 지智며 정定, 오근부동五根不動이 혜惠"라고 한다면, 신심부동身心不動하여 무념無念인 것이 정定이므로, 정혜불이定慧不 二하여 결국 일상의 보고 듣고 느끼고 아는 생활이 바로 신심부동의 도道를 의미하는 것이다.[24] 또한,

"육근六根이 본래 부동不動함을 알고, 항상 이 부동에 따라 수행하는 자는 정정正定, 즉 원적圓寂을 얻으며 이를 대열반大涅槃이라 한다. 따라서 현공부동玄功不動하여 여래혜如來惠가 일어나고 혜惠 가 자연히 여여如如함이 바로 여래정如來定이다."[25]

라고 하였다. 여기에서 신수의 정혜균등의 사상을 살필 수 있으며, 이러한 정혜쌍수의 선행禪行을 통해야만 보살은 열반에 탐하지 않고 보고 듣고 느끼고 아는 가운데 심부동心不動을 체득할 수 있다는 것이다.

이러한 정혜균등과 정혜쌍수에 관한 사상은 남종에서도 마찬가지다. 『신회어록』에서 신회는 정혜定惠에 대하여,

"…지금 말한 정定은 체를 얻을 수 없고 지금 말한 혜惠는 체를 볼 수 없다. 언제나 고요하지만 무수히 작용한다. 이것이 바로

---

24 宇井伯壽, 앞의 책, p.471.
25 위의 책, p.472. "…知六根本不動, 常順此不動修行. 已得此方便, 正定卽得圓寂, 是大涅槃. 玄功不動, 發如來惠, 惠自如 如, 正如來定."

정혜등학이다."²⁶

라고 밝혔고, 그의 『단어壇語』에서도 "무주無住는 적정寂靜이며, 적정의 체體가 정定이다. 체로부터 자연히 지智가 되며, 능히 본래 적정체寂靜體를 아는 것이 혜慧이며, 이것이 바로 정혜등定慧等이다."라고 하였다.²⁷ 이와 같이 신회는 정혜불이定慧不二를 역설하였다. 혜능의 『육조단경』에서도 마찬가지로 '정혜균등定慧均等'을 주장하고 있다.

"선지식이여, 내 법문은 정혜로서 본本을 삼는다. 첫째, 정定과 혜慧가 다르다고 말하지 말라. 정혜는 체體가 하나이지 둘이 아니다. 즉 정은 혜의 체가 되고, 혜는 정의 용用이 된다. 다시 말하여 혜일 때 정은 혜에 있고, 정일 때 혜는 정에 있다. 선지식이여, 이 뜻은 정과 혜가 같다는 것이다."

라고 하였으며, 정·혜를 각각 따로 보는 자는 법法을 두 상相으로 보는 것이고, 입으로 선善을 말해도, 마음은 선을 하지 않음과 같고, 마음과 입이 모두 선함이 정혜불이定慧不二라고 설하고 있다.²⁸

---

26 胡適, 앞의 책, p.138. "…今言定者, 體不可得. 今言惠者, 能見不可得體, 湛然常寂, 有恒沙之用. 卽是定慧等學."
27 위의 책, p.237. "無住是寂靜, 寂靜體卽名爲定, 從體上有自然智, 能地本寂靜體, 名爲惠, 此是定惠等"
28 敦煌本『六祖壇經』(Philip B, Yampolsky, Colombia University, N.Y, 1967), p.5~6. "善知識, 我此法門, 以定惠爲本, 一勿迷言惠定別, 定慧體一不二, 卽定是惠體, 卽惠是定用, 卽惠之時定在惠, 卽定之時惠在定, 此義卽是〔定〕惠等, ……定

남북양종南北兩宗의 돈오의 취지는 정혜定慧라고 본다. 이처럼 계율・선정・지혜라는 삼학으로 조직된 불타의 가르침을 중국 초기 선종은 '정혜등定慧等'으로 지켜왔다. 계율에 의해 선정을 얻고, 선정에 의하여 지혜를 얻는 것이고, 또 그러한 순서를 여의지 않았지만, 남북 양 선계는 나름대로 정혜등지定慧等持를 규명하였다. 더구나 남종은 북종의 점수에 치우친 수修에 대한 거부로 북종에 대한 개선책으로서 정혜불이를 명료하게 하였다. 그러나 남북선南北禪 어디에나 정혜균등을 설하고 있으며, 특히 신수선은 근기에 따라 삼학의 순서를 지키는 쪽과 삼학의 순서를 무시하는 쪽, 즉 양쪽을 다 인정한 점에서 남종의 문제로 나타났다고 생각한다.

더욱이 보살이 선미禪味에 탐착하면 바로 이승열반二乘涅槃에 떨어진다고 하는 데에서 신수가 바라밀행을 중요시함을 살필 수 있다. 선禪 그것에 그치거나 머무는 것은 보살이 아님을 뜻하는 것이라고 보며, 여기에서 신수는 정定에만 그치는 것이 아니라 바라밀행을 닦도록 강조한 사실에 주목해야 할 것이다. 또한 이러한 선정수행은 근기에 따라 차이를 두고 있음을 신수계 문헌마다 보이며, 특히 2방편문에서는 『법화경』을 소의로 하여 범부・성문연각・보살의 세 가지 근기에 따라 차이를 인식하고, 이 중 가장 수승한 보살만이 육근본래부동六根本來不動임을 알고 부동에 의해 수행한다고 강조한다.²⁹ 이러한 점에서, 신수의 돈오점수적 선禪은 근기에 따라 각행覺行

---

惠各別, 作此見者法有二相, 口說善, 心不善, 惠定不等, 心口俱善, 內外一(衆)種. 定惠卽等."

을 강조한 것이라고 보며, 신수선을 점수선이라고 보는 견해는 그의 돈오행을 제외한 점수적 행도行道만을 보는 오류에 의한 것이라 생각한다.

제3방편문은, 부동문不動門 혹은 현부사의해탈문顯不思議解脫門이라고 한다. 이 문은 『유마경』에서 나타난 부사의해탈不思議解脫의 의미를 근거로 실수實修해야 함을 강조하는 것이 특색이다.

지혜智慧란 신심부동身心不動을 가리키고, 열반은 원적圓寂으로서 지혜가 구적俱寂함을 뜻하고, 보리菩提는 지견知見으로서 '마음이 본래 흔들리지 않음을 아는 것, 몸이 본래 공한 모습[空相]임을 보는 것'이라고 하여 지견의 근본 의미를 정의하여 지혜의 뜻을 밝히고 있다.[30]

또한 부사의해탈不思議解脫에 대해서도 '심부사의心不思議, 구부사의口不思議'에서 구부사의는 신身, 즉 색부사의色不思議를 가리키기 때문에 색심色心 함께 계박繫縛을 여의는 것이 참된 해탈이라고 하였다.[31]

이와 같이 신수는 부사의해탈不思議解脫의 의의를 밝히는 것과 함께 『유마경維摩經』 「문질품問疾品」 제5에 의해 자신의 심경을 나타낸다. 「문질품」에 "적정일방寂靜一方의 선미禪味에 탐착하는 것은

---

29 宇井伯壽, 앞의 책, p.472. "菩薩開得惠門, 聞是惠, 於耳根邊, 證得聞惠, 知六根本不動, 常順次不動修行."

30 위의 책, p.473.

31 위의 책, p.480. "心不思口不議, 心不思心如, 口不議身如, 身心如如, 卽是不思議如如解脫."

보살의 박縛이다. 하화중생의 방편으로써 생활하는 것이 보살의 해탈이다. 또 하화중생의 방편 없는 혜慧는 박이다. 하화중생의 방편 있는 혜는 해탈이다. 또 혜 없는 방편은 박縛이고 혜 있는 방편은 해解이다."라고 하였다.[32]

이러한 의미를 가지고 하화중생의 방편을 궁극의 이상이라고 한 것이 신수선의 보살행의 요체다. 적정의 돈오에만 머물러 있는 것이 아닌 돈오로서의 혜慧는 동시에 하화중생까지 할 수 있어야 바로 아뇩다라삼먁삼보리에 회향하는 실수實修임을 강조하는 것이다. 바로 신수의 대승선의 본질을 보여주는 것이다.[33]

또한 '이념이 바로 부동[離念是不動]'의 의미로 보아 부동不動-이념離念-각覺임을 판단하여 육근부동六根不動임을 깨달아 탐貪·진瞋·치痴의 성공性空을 요달了達하고, 공空을 요해了解해도 공에 집착되지 않음을 증득하여 생사에 탐하지 않고 열반에 들지 않아, 그럼으로써 여래如來의 설법을 항상 듣고 부동不動의 정신을 실천하여 화타化他의 방편을 얻는 것이 바로 원적圓寂, 즉 대보리大菩提를 증증證한다는 것이다.[34] 이와 같은 신수의 선수禪修는 보살의 돈점일치적 각행覺行이다.

---

32 위의 책, p.474. "問, 是沒是無方便惠縛, 有方便惠解, 是沒是無惠, 方便縛, 有惠方便解, 答, 二乘之人出定卽聞, 入定不聞, 入定無惠, 不能說法, 亦不能度衆生, 出定心散說法, 無定水潤名乾慧地, 是名無方便惠縛."

33 위의 책, pp.474~475. "問 是沒有惠方便解, 答 菩薩不貪涅槃, 了見聞覺石心不動, 是名有惠方便解, 問 是沒是有惠方便解, 答 菩薩爲離諸貪欲願瞋恚邪見諸煩惱而殖衆生本, 迴向阿耨多羅三藐三菩提……"

34 久野芳隆,「北宗禪-敦煌本發見によりて明瞭になれる神秀の思想」(『大正學報』 30·31 合輯), p.170.

'돈오의 자내증自內證이 없는 신수선'이라고는 말할 수 없다는 이유가 여기에 있다.

제4방편문은 『사익범천소문경思益梵天所問經』을 인용한 제법諸法의 정성을 밝히는 것이다. 이 문門에서 설하는 제법정성諸法正性의 자리는 생사를 여의고 열반을 얻는 일은 불가능하며 육근을 통하여야 비로소 해탈을 얻는 것임을 말하고 이것이 바로 정성正性을 밝히는 것이라 하였다.[35] 이 제법정성諸法正性은 자성自性을 여의고 욕제欲際를 여읜다고 하는 것이며, 이는 달마의 말을 인용하여, "심불기시이자성心不起是離自性, 식불생시이욕제識不生是離欲際"이며 "심식구불기시제법정성心識俱不起是諸法正性"으로 정의한다.[36] 비유하면 큰 강물이 흐를 때에는 파랑이 일어나지 않는 것처럼 의식이 소멸되면 가지가지 식識이 일어나지 않는 것과 마찬가지라는 것이다.[37] 이러한 개념은 바로 "심불기즉무심心不起卽無心, 무심즉무경성無心卽無境性"인데, 이렇게 보면 신회가 북종 신수선을 관심觀心 그것만으로 점수漸修라고 하고 남종은 무심無心, 즉 돈오라고 하는 이 같은 차이를 두는 견해는 마땅히 시정되어야 할 것이다.

제5방편문은, 일체법一切法이 무이無異임을 밝히는 요무이문了無異門으로서, 『화엄경』을 근거로 하여 자연무애법문自然無碍法門을 설하였다.

『화엄경』「명난법품明難法品」의 "일체무애인一切無碍人 일도출생

---

35 宇井伯壽, 앞의 책, p.488.
36 위의 책, p.485.
37 위의 책, p.485.

사一道出生死"의 게偈와, 「십행품十行品」의 "비장역비비단 해탈인소행非長亦非短 解脫人所行"의 게를 근거하여 무이無異의 도道인 무애도無碍道・해탈도解脫道・무주도無住道를 제시하였다. 즉 "무상법중無相法中 무이무분별無異無分別 심무분별心無分別"이므로 근根이 진塵에 장애 없이 진塵을 여읜 것이 무애도이고, 근根이 염染을 여읜 것이 해탈도, 진塵도 염染도 다 여읜 것이 무주도라는 것이다. 또 이 삼도三道를 더욱 상세히 언급하면서, 능(能; 주체)이 소(所; 객체)를 여의지 않고 대정무위大定無爲함이 무애도無碍道이고, 소가 능을 장애하지 않고 대혜무작大慧無作함이 해탈도, 능도 소도 아닌 대비임운(大悲任運; 대비 그대로)이 무주도라고 하여 이 대정大定과 대혜大慧와 대비大悲를 법신法身・보신報身・화신化身인 삼신三身으로 나누어 해석하여 "일체무애인一切無碍人 일도출생사一道出生死" 및 "법계일상法界一相"을 설하는 것이다.[38]

이와 같이 화엄사상의 요체인 유심唯心, 즉 일심법계를 근거로 하여 '여래즉중생如來卽衆生'의 입장을 보여, 근진根塵・심경心境・능소能所의 무애無碍・이염離染에 의한 무애無碍・해탈解脫의 도(道, 즉 無住道)를 밝혀 궁극적으로 무주無住의 비(悲, 大悲任運)에 있어서 무이無異를 요득了得하는 도道를 가리키는 것이다. 더구나 이 무이無

---

**38** 위의 책, pp.489~490. "第五 無相法中無, 異無分別, 心無分別, 故一切法無異. 長短無異, 自他無異, 凡聖生死涅槃解縛親疎苦樂違順三世愚智竝皆無異, 了無異自然無礙解脫. 一切無礙人, 一道出生死, 非長亦非短解脫人所行. 問, 是沒是無礙道, 是沒是解脫道, 是沒是無住道. 答, 根不礙塵, 離塵是無礙道, 塵不礙根, 根離梁是解脫道, 離塵離染是無住道 … 無能無所是無住道. 大定無爲故能不礙所, 大惠無作故所不礙能, 大悲任運故無能無所."

異는 삼도三道의 의미가 내포되었다고 보았을 때 제1문에서 언급하였던 이념離念과 다를 바 없으며, 또 이는 부동문不動門에서 의미하는 지혜와 다를 바 없다고 본다. 따라서

"부동不動은 지혜智慧이고 또 견문각지見聞覺知이므로 신심부동身心不動함을 얻고, 이로 인하여 경계부상境界不傷하고 현공부간단玄功不間斷하며, 육근불기六根不起하여 일체법一切法에 취사取捨가 없으며, 구불의口不議, 심부사心不思하므로 일체법이 여여평등如如平等하고, 그래서 일체법으로 정성正性을 깨닫는다."

라고 하고, 또 이와 같은 정성은 무심無心·무의無意·무식無識하여 대정大定·대지大智·대혜大慧의 삼법동체三法同體이므로 일체법이 무이無異이고 성불하거나 성불하지 않음[成佛不成佛]이 다르지 않음을 강조하는 것이다.[39]

그런데 하택신회의 '무주無住'관을 보면, 『금강경』의 '응무소주 이생기심應無所住 而生其心'을 근거로 하여 무주심無住心을 얻으면 해탈을 얻는 것이라고 전제하였으며, "무주인데 어찌 무주를 알게 되는가?"라는 시랑侍郎의 질문에, "무주의 체에는 스스로 본지本智가 있으며, 본지로 능히 알아 본지로 하여금 그 마음이 일어나게 한다."라고 하였다. 이때의 본지本智는 반야로써, 반야바라밀행으로 '생기심生其心'할 것을 설하는 것이다.[40]

---

[39] 위의 책, pp.495~496. "問, 不動是沒. 答, 不動是開. … 大定是法身佛 大智是報身佛 大惠是化身佛. 三法同體 一切法無異 成佛不成佛無異."

신회의 무주無住에 대한 강조는 『단경』의 무념無念・무상無相・무주無住의 체계로 구성되는 데에 영향을 미쳤다고 생각되지만, 근본은 북종의 '주심간정住心看淨'에 대한 반론과 함께 남종의 우수성을 보이기 위한 것이다. 그러나 위에서도 살펴본 바와 같이 신수선에는 '주심住心'으로 그치는 행도行道는 보이지 않을 뿐만 아니라, 도리어 여여如如한 반야행을 강조하고 있음을 알 수 있다.[41]

이와 같이 『화엄경』에 근거하여 자연무애해탈도自然無礙解脫道를 밝히는 것으로 일단락 맺는 『오방편문五方便門』의 중심사상은, 주로 『법화경』과 『유마경』 등의 대승경론에 의하여 '정혜균등定慧均等'의 성격을 나타내면서 시종 돈오사상을 명료히 하고 있으며, 이러한 사상은 근본적으로 신수의 대승사상이라고도 볼 수 있다.

신수의 수선방법修禪方法은 단순히 좌선에 그치는 점수선에 불과한 것이 아니라 자성이 열려 나타나는 방법으로서의 돈오선이 강조 시도되고 있음을 볼 수 있다. 한마디로 달마의 벽관과 동산법문의 수심설守心說은 수심守心・진심眞心으로 심화하면서, 신수선에 이르러 필연적으로 번뇌(망념) 절복의 습선習禪에서 자성이현自性理顯의 돈오선으로 개척된 것이라고 보아야 할 것이다.

인도 이래 삼학의 체계가 실천적으로 계戒・정定・혜慧의 순으로 엄격히 취해졌지만, 신수선에 이르러 내용적・원리적으로 이것은 혜慧・정定・계戒라고 하는 반야적인 자각의 도도道를 내포하게 된

---

40 胡適, 앞의 책, p.124. "無住體上自有本智 本智能知 令本智而生其心."
41 宇井伯壽, 앞의 책, p.492. "眼如如是般若 色淸淨是波羅, … 眼與色亦相用是無作三昧."

것이라고 볼 수 있다.

8세기 초에 북종선 사람들이 화엄철학과 결부되었을 때, 이미 결정적 변화는 필연이었는지도 모른다. 명상瞑想의 실습에서부터 출발한 형이상학적인 하나의 사상체계를 가진 초기 중국선은, 모든 인간이 본질적으로 청정하고 진실하고 불타佛陀와 평등한 것임을 다시 새롭게 인식하고 주체적인 인간관人間觀을 직관하는 길을 선禪으로 실천하였다.

북종 신수의 『오방편문』의 성립은 바로 이러한 뛰어난 철학적 체계와 자각自覺의 실천과 사상의 결정체라고 볼 수 있으며, 따라서 '동산법문으로 상징되는 도신·홍인은 수일불이守一不移·수본진심守本眞心을 선수禪修하는 정적靜的·점수적인 것이었지만, 이것을 능동적·돈오적인 것으로 전개한 것은 신수선'이라고 해도 과언이 아니다.[42]

그런데 하택신회(670~762)에 의하여 남돈南頓 북점적北漸的인 형태의 설이 주장되어 신수선이 비판되고, 결국에는 남南·북北 양종兩宗이 대두되고 달마의 정계설正系說로서 혜능이 육조로 등장한다.

종래에는 『육조단경』(790년)이 혜능慧能의 선법禪法을 나타내는 것이라고 이해하였기 때문에 신회의 선법은 혜능의 충실한 계승자라고 생각되어 왔다. 그러나 현재는 『단경』이 혜능의 언설, 즉 사상을 드러낸다고 하는 것에 대해 거의 부정되고 있다.[43] 그것은, 신회의 저술에서 그에 의하여 남북 대립이 야기되었음을 볼 수 있고, 뿐만

---

42 關口眞大, 『禪宗思想史』(東京: 山喜房佛書林, 1974), p.107.
43 柳田聖山, 『初期禪宗史書の研究』(京都: 法藏館, 1967), pp.149~212.

아니라 남북의 대립된 의식 가운데서 나타난 선법이 『단경』에도 나타나 있기 때문에, 신회의 사師인 혜능慧能의 사상과 준별하기 어렵다고 보아지기 때문이다.

신회는 북종을 배격하는 논거로서 사구四句를 제시한다. 즉, "응심입정凝心入定, 주심간정住心看淨, 기심외조起心外照, 섭심내증攝心內證"인데, 그러나 북종 신수선에는 이러한 게偈의 의미가 일관성 있게 나타나 있는 곳은 없다. 이 게를 근거로 하여, 바로 북종은 점수이고 돈오를 모르는 선으로 간주되었지만, 앞에서 이미 밝힌 바대로 북종도 불기심不起心을 설하고 부주심不住心을 설하며, 더구나 '불심佛心 즉 제일의제(第一義諦; 첫 번째의 진리)'임을 명료히 주장하고 있는 것이다.

신회의 북종 공격을 시도하는 대표적 문헌이 『보리달마남종정시비론菩提達摩南宗定是非論』(732년)이다.[44] 이 문헌에 나타난 선법禪法의 상위相違와 그 비판은 대체로 ① 북종의 응심입정凝心入定, 주심간정住心看淨, 기심외조起心外照, 섭심내증攝心內證에 대한 비판, ② 좌선의 의의에 대한 상위相違, ③ 돈점의 문제, ④ 선禪으로서의 '원간근간遠看近看'에 대한 것이다. 신회는 선종의 서열로서 육조가 상승정통임을 주장하기 위해 그 전의傳義의 증거로서 가사전수袈裟傳受를 말하고 그렇게 하여 신수가 육조일 수 없다고 비판하지만,[45] 그러나 구체적인 선법으로서의 상위相違와 그 전통을 주장하는 바는 바로 위의 네

---

44 胡適, 앞의 책, pp.159~192.
45 위의 책, p.284~285. "遠法師問, 未審法在衣上, 將衣以爲傳法? … 表釋迦如來傳衣爲信, 我六代祖師亦復如是."

가지다.

신회는 북종선에 대한 비판으로 사구게四句偈에 대해서 '장보리장障菩提', '우인법愚人法'이라고까지 한다.[46] 더구나 주심간정住心看淨에 대해서는 "일체중생의 마음은 본래 무상無相이며 상相을 말한다면 이는 망심妄心"이므로 주심住心이란 바로 "공을 취하고 정을 취하고 내지 마음을 내어 보리열반을 증득하고자 하는 것으로 허망에 속한다." 때문에 "마음 그 자체는 무물無物이며 바로 무물심이며 자성이 공적하고 공적함에 따라 스스로 본지本智가 있어서 이른바 고요히 작용하고 있음을 아는 것"이라고 한다.[47] 이러한 무주심無住心이 바로 『금강경』의 '응무소주 이생기심應無所住 而生其心'이며 그래서 주심간정住心看淨은 우법愚法이라는 것이다.

이와 같이 신수의 사구게 중 '응심입정凝心入定, 주심간정住心看淨'에 대한 비판은, 혜능과 신수의 좌선관에 대한 상위를 보여주고 있다.

이렇게 서로 다른 좌선관은 적어도 도신으로 거슬러 올라가야 할 것이다. 도신의 선법禪法은 『능가사자기』(708)와 『속고승전』(645)에서 알 수 있는데, 그의 대표적인 선법禪法은 '일행삼매一行三昧'와 '수일불이守一不移'이다. 신회 문헌에서 나타난 일행삼매의 내용은 도신의 '일행삼매'에 의거하였음을 알 수 있고 이는 『단경』에서도 받아들여졌다고 볼 수 있다. '일행삼매'에 대해서는 항목을 따로

---

**46** 위의 책, p.286.
**47** 위의 책, p.102. "取空取淨 乃至起心求證菩提涅槃 並屬虛妄. 但莫作意 心自無物 卽無物心, 自性空寂空寂體上 自有本智 謂知以爲照用."

두어 나중에 설명하겠지만, 선종에서 '일행삼매'를 처음 주장한 것은 도신으로, 천태의 사종삼매四種三昧 중 상좌삼매常坐三昧의 의미를 가지며, "몸과 마음은 한 치이며 발을 들고 내려 놓고 함이 언제나 도량에 있다."로서 '일행삼매'를 나타낸다.[48]

이에 반하여, 북종을 비판하는 신회는 『금강경』을 송지誦持하면 그 위신력에 의하여 죄업장이 소멸하여 바로 일행삼매에 드는 것이라고 하여[49] "무념은 반야바라밀이며 반야바라밀은 바로 이것이 일행삼매"라고 강조한다.[50] 이것은 신수의 사구四句 중 기심외조起心外照에 대한 부정적인 견해를 밝힌 것이다. 그러나 신수가 『능가사자기』에서 분명히 밝히고 있듯이 도신의 일행삼매를 전거로 한다는 것을 볼 때 신수와 신회가 뜻하는 일행삼매의 내용은 같다고 볼 수 있다. 더구나 『단경』에서는,

"일행삼매는 생활 가운데 행주좌와行住坐臥 모두 언제나 참된 직심인 것을 말한다. 『정명경』에 이르길, '직심直心이 도량, 직심이 정토淨土'라고 했다."[51]

라고 하고, '망상을 제거하여 일어나지 않음을 바로 일행삼매一行三昧'

---

[48] 『능가사자기』(『大正藏』85, p.1287a). "身心方寸 拳足下足 常在道場."
[49] 胡適, 위의 책, p.304. "善知識誦(持) … 先世重罪業障卽爲消滅以消滅故, 卽得入 一行三昧."
[50] 위의 책, p.308. "無念者 卽是般若波羅蜜, 般若波羅蜜者 卽是一行三昧."
[51] 『법보단경』(『大正藏』48, p. 338b). "一行三昧者 於一切時中 行住坐臥 常眞直心 是. 淨名經云, 直心是道場, 直心是淨土."

라고 한 것에서 살펴볼 수 있듯이 도신·신수·혜능·신회 모두가 같은 의미로서의 일행삼매를 수용하였다고 생각한다.

또한 도신의 '수일불이守一不移'는 홍인의 수본진심守本眞心으로 통하고, 신수의 관심(觀心, 看心)으로 전개되며, 나아가 도신의 학인 교화에 사용한 방편[52]을 받아들여 신수는 관심의 실천 방편의 수단으로서『대승오방편』내지는『대승무생방편문』의 내용이 성립되었는지도 모른다. 그러나 신회의 견해로서는, 초기 선종의 수일불이守一不移와 간심看心의 방편이 수단으로서가 아니라 목적으로 되었다는 생각에서 '주심간정住心看淨'을 비판하고 간심看心에 대한 '무주無住'를 밝혔는지도 모른다.

좌선에 대해서 남북 양종이 사상으로서는 일치하지만 내용상으로는 그 뜻을 달리하고 있다.『단경』에 좌선의 정의를 보면[53] "바깥의 모든 경계를 당해서 생각이 일어나지 않는 것을 '좌'로 삼고, 본성을 보아 어지럽지 않는 것을 '선'으로 삼는다."라고 했다. 즉 대상에 임하여 염(念: 복잡한 생각)이 일어나지 않는 것이 좌坐이고 본성을 보고 (있는 중에) 산란하지 않는 것이 선禪이라는 것이다. 또 신회의 좌선의 의의도 '염불기念不起가 좌坐이고 견본성見本性이 선禪'이라는 것이다.[54] 또 이 좌선이야말로『유마경』에서 말하는 '연좌宴坐'라고 한다. 이 연좌宴坐에 대해서는 신회는 "무릇 해탈이라는 것은 몸과 의식, 오법五法·삼자성三自性·팔식八識·이무아二無我를 떠나고,

---

52 『속고승전』(『大正藏』50, p.603a)
53 돈황본,『육조단경』, p.8. "外於一切境界上 念不起爲坐 見本性不亂爲禪"
54 胡適, 앞의 책, p.288.

내외의 견해를 떠나고, 역시 삼계에 있어서 몸과 의식을 나타냄이 없고 … 이를 연좌라고 한다."[55]라고 하였다. 이와 같이 좌선의 의미는 초기 동산법문에서 말하는 습선의 선禪과는 달리 돈오적 무념과 견성의 선禪을 주장하며, 이는 신수의 "심불기心不起란 자성自性을 여의는 것이며, 식불생識不生은 욕제欲際를 여의는 것이다."의 의미와 매우 상통한다.

이와 같이 신회에 있어서의 돈오는 불성을 보는 것이 무념이며 좌선이 바로 돈오이며, 점수는 발심의 늦고 빠름에 있다는 것이다.[56] 그래서 '초발심시변성정각初發心時便成正覺'이 바로 돈오이며, 견무념見無念과 요자성了自性, 무소득이 유마힐이 말하는 여래선이라고 강조한다.[57] 이러한 내용은 신수가 『유마경』의 부사의해탈을 근거로 "마음은 본래 (識이) 일어나는 것이 아님을 아는 것〔知心本不起〕, 몸은 본래 공한 모습임을 보는 것〔見身本來空相〕"이라고 하여, 지혜를 '심신부동心身不動'과 '지견知見'이라고 강조하는 것과 일치한다.

## 2) 남종선의 돈오점수

여기서는 남종, 즉 혜능과 신회의 문헌을 통하여 돈오사상이 어떠한 것이었는지, 또 실제로 점수는 완전히 부정되었는지를 살펴보도록

---

55 위의 책, p.232. "夫解脫者 離身意識 五法 三自性 八識 二無我 離內外見 亦不於三界現身意……是爲宴坐."
56 위의 책. p.362. "發心有頓漸, 迷悟有遲疾, 迷卽累劫, 悟卽須臾"
57 위의 책, p.132. "維摩詰言, 如自觀身實相, 觀佛亦然, 我觀如來, 前際不來, 後際不去, 今則無住, 以無住故, 卽如來禪."

하겠다. 이미 북종 신수선을 살펴나가면서 남종 선사상을 약간 언급했기 때문에 여기서는 주로 남종南宗 문헌에 나타난 돈·점에 대한 부문을 재조명하여, 남북 양종의 선사상을 살펴보겠다.

남종 문헌을 통하여 선禪사상을 살펴보면, 그들의 돈오설은 종래의 수선修禪의 경향에 대한 반대 의견을 보이며, 선수禪修에 있어서 돈오를 시종 주장하였다. 『단경』에,

> "선지식이여, 어떤 사람은 사람들에게 '앉아서 마음을 보고 깨끗함을 보되, (識이) 움직여서도 안 되고 일어나지도 않아야 함을 가르치고 이것으로써 공부를 삼게 하는 것을 본다. 미혹한 사람은 이것을 깨닫지 못하고 문득 거기에 집착하여 전도됨이 수백 가지이니, 이렇게 도를 가르치는 것은 크게 잘못된 것임을 알아야 한다."[58]

즉 '간심간정看心看淨'을 행하는 것은 깨달음에 이르지 못한다는 입장이다. 다시 말하여 혜능은 이 '간看'을 '착著' 또는 '박縛'으로 보고, 그래서 간看을 '견성見性'으로 바꾸어 놓은 것이 그의 돈오적 취지였다고 볼 수 있다. 그래서 『단경』에 본성·자성·불성을 요견了見하는 것, 즉 견성을 강조한다.

> "선지식이여, 내가 인화상忍和尙의 곁에 있을 때, 한 번 듣고 크게 깨쳤다. 몰록 진여본성眞如本性을 본 것이다. 이러한 교법敎法은

---

58 『단경』, p.6. "善知識, 又見有人教人坐, 看心看淨, 不動不起, 從比致功, 迷人不悟, 便執成題, 卽有數百般, 如此教道者, 故知大錯."

장차 후대에 유행하게 될 것이다. 학도자는 보리를 돈오함이 스스로 본성本性을 돈오하는 것임을 알아야 한다. 만약 능히 스스로 깨치지[自悟] 못한 자는, 마땅히 대선지식이 보인 도道, 견성見性을 구하도록 하라."[59]

여기서 혜능이 강조하는 견성은 돈오임을 알 수 있다. 이렇게 돈오의 가르침을 주제로 한 법문이므로, 『단경』은 표제를 『南宗頓敎最上大乘摩訶般若波羅蜜經六祖慧能大師於韶州大梵寺施法寶壇經』이라고 하여 '돈교頓敎'라는 명칭을 붙였다. 이 '돈교'의 표제는 후기 북종 문헌에도 붙여지는데, 신수 문하인 마하연이 티베트에 가서 티베트의 점수漸修적 수행이 잘못되었음을 주장했다. 그와 티베트의 승려 대표인 카마라실라Kamalasila 사이에 논쟁이 이루어지는데, 그 내용을 수록한 문헌이 『돈오대승정리결頓悟大乘正理決』이다. 이 내용으로 보아서 8세기 중국 선종 전성기에는 최상대승선이 돈교로서의 의미로 사용되어졌다고 보아도 과언이 아니다.[60] 하택신회의 『남양화상돈교해탈선문직료성단어南陽和上頓敎解脫禪門直了性壇語』와 북종 문헌이라고 인정되는 『대승개심현성돈오진종론大乘開心顯性頓悟眞宗論』, 『돈오진종금강반야수행달피안법문요결頓悟眞宗金剛般若

---

[59] 위의 책, p.13. "善知識, 我於忍和尙處, 一聞言下大悟, 頓見眞如本性. 是故將此敎法流行後代, 令學道者頓於菩提令自本性頓悟, 若不能自悟者, 須覓大善知識示道見性."
[60] 『頓悟大乘正理決』은 長谷部好一의 論文「吐蕃佛敎と禪」(『愛知學院大學文學部紀要』1)에 수록되어 있는 것을 참조했음.

修行達彼岸法門要決』[61] 등, 각 문헌의 제목으로 보아도 알 수 있듯이 돈교·돈오 등은 그 시대의 주제어로서, 중국 선종의 종지宗旨로서 자리매김이 된 것이라고 본다.

이와 같이 남종에서의 견성은 돈오의 당체이며, 돈교로서도 견자성見自性으로서도 자연히 '정혜불이定慧不二'의 의미가 내포된 것이다. 혜능은 이를 또한 '정혜등定慧等'이라고도 하였다. 다시 말하여 '견見'이 즉 '성불'이 되는 것이다. 단계가 없이 '몰록', '껑충' 뛰어버리는 것의 주장이다. 이러한 이유 때문에 점수가 크게 부정되며, 일관되게 북종의 신수선을 부정한 것이라고 본다. 『단경』에 혜능의 「돈교견성송頓教見性頌」이 있다.[62]

"만약 장차 본래의 몸을 찾고자 한다면, 삼독의 나쁜 인연을 마음속에서 씻어 버려야 한다. 노력하여 도를 닦는데 유유히 하지 말라. 홀연히 헛되이 한 세상 끝날 것이다. 만약 대승 돈교법을 만났거든 정성껏 합장하여 지극한 마음으로 구하라."

바로 자성관自性觀을 하되 홀연忽然, 즉 돈頓으로서의 견자성見自性할 것을 밝히고 있다.

이와 같은 견성, 즉 돈오는 혜능의 『금강경해의金剛經解義』에도

---

61 1971년 日本 京都花園大學教授인 柳田聖山에 의해 Stain本 5533과 Pelliot本 2799가 발견 소개되었음. 「北宗禪の資料」(『日本印度學佛教學研究』 19卷 2號), pp.127~135.

62 『단경』, p.15. "若欲當來覓本身 三毒惡綠心中洗 努力修道寛悠悠 忽然虛度一世休 若愚大乘頓教法 虔誠合掌至心求"

보인다. 삼보리三菩提, 심상공적心常空寂, 일념범심돈제一念凡心頓除, 즉견불성卽見佛性[63] 등이 그것이다. 또한 "모든 어리석은 자는 깨달아 자성을 얻고 비로소 부처를 안다. 스스로의 상을 보지 못하고 스스로 앎이 없으면 어찌 중생을 제도하리오."라고 하여, 견見의 실천을 강조한다.[64]

이와 같이 견성, 즉 돈오를 주장한 혜능은 그의 선禪의 종宗을 '무념無念'이라고 밝힌다. 『단경』에,

"선지식이여, 나의 본래 법문은 예전부터 돈·점 모두 무념으로 종을 세우고 무상·무체·무주를 본으로 삼는다. 무상이란 상에서 상을 떠난 것이고, 무념은 염에서 불념이며 무주는 인간의 본성을 말함이다."[65]

라고 하여 능能·소所의 둘이 아닌 무념無念을 행행할 것을 권하고 있다. 또한 혜능은 그의 법문이 정혜로서 본本을 이룬다고 하여, 정혜불이쌍수定慧不二雙修를 주장한다. "감도 없고 머묾도 없고 왕래가 없음이 정혜등定慧等이며, 일체법에 물들지 않음이라"[66]든가, "마음은 능과 소가 없으며 고요하지만 언제나 비추며, 정혜가 일시에

---

[63] 慧能, 『金剛經解義』(『慧能硏究』, 東京: 大修館書店, 1978, p.432)
[64] 위의 책, p.427. "一切迷人悟得自性始知佛, 不見自相不有自智, 何曾度衆生祇爲凡夫不見自本心, 不識不意."
[65] 『단경』, pp.6~7. "善知識 我自法門 從本以來 皆立無念無宗 無相無體 無住爲本. 無相於相而離相 無念者於念而不念 無住者爲人本性."
[66] 『단경』, p.12. "無去無住無來往 是定慧等 不染一切法"

행해지며 체와 용이 일치하며 그래서 '일체법'이라고 한다."⁶⁷라고 한 것에서 알 수 있다.

이와 같이 혜능선의 근본은 돈오에 있으며, 그 돈오의 당체는 정혜임을 밝히고 있다. 혜능의 선사상과 마찬가지로 그를 스승으로 한 하택신회도 돈오사상과 정혜등定慧等, 무념無念을 강조한다. 그의 저서인 『신회어록』에서 돈오에 대한 정설定說을 살필 수 있다.

"자심은 본래 공적한 것이 돈오, 집착하는 바가 없는 마음이 돈오다. 현상에 있어서 취하는 바 없는 마음이 돈오, 일체법이 돈오임을 알고 공을 설함을 듣고도 공에 집착하지 않는 것, 즉 불취불공이 돈오, 아我에 대한 설명을 듣고 이에 집착함이 없는 것이 바로 불취무아이며 이것이 돈오, 생사를 버리지 않고 열반에 드는 것이 돈오다."⁶⁸

신회의 이러한 돈오의 입장은 주지하는 바와 같이 북종 신수선에 대한 반대의 견해로서, 선禪의 내용에 대한 입장이라기보다 달마 정통성의 시비是非를 위한 논증으로 새롭게 나타내 보인 것이라고 볼 수 있다. 이러한 하택신회의 선사상은 8세기 이후 전성기가 되는 '중국선'의 발전의 모체가 된다고도 본다.⁶⁹

---

67 慧能, 『金剛經解義』, 위의 책, p.451. "心無能所寂而常照 定慧齊行, 體用一致是故名一切法"

68 胡適, 앞의 책, p.130. "自心從本以來空寂者是頓悟 心無所住爲頓悟. 存法悟心 心無所得是頓悟. 知一切法是頓悟. 聞說空不着空 卽不取不空是頓悟. 聞說我不着我卽不取無我是頓悟. 不捨生死而入涅槃是頓悟."

하택신회 역시 '견見'을 극히 강조하고 있다. 그래서 호적은 신회의 돈오설을 '지견해탈知見解脫'이라고 하였다. 즉 '다만 무념無念을 얻으면 바로 이것이 해解'라고 하여 이 해〔知解〕로서 훈습薰習하는 것을 인정하고 있기 때문이다.[70]

신회의 '견見'은 이미 앞에서 보았던 것처럼, 북종의 선정을 배격하기 위한 설정이며, 종래의 일상적인 관법에 대한 경계다. 이처럼 견見의 의미가 사실화되기 시작한 것은 신회가 좌선의 입장을 밝히는 데서 비롯된다고 본다.

『정시비론定是非論』 권하에,

"염불기念不起가 좌坐, 견본성見本性이 선禪, 그러므로 사람들에게 앉아서 마음을 모아 입정에 드는 것을 가르치지 말라."[71]

라고 하여, 선禪의 본질을 '견본성見本性'이라고 규정하고, 또한 견성 즉 돈오를 명료히 밝히고 있다. 역시 『정시비론定是非論』 권하에,

"나의 스승 육조께서는 한 마디로 직료견성直了見性이라고 하였으며 단계적 닦음을 말씀하지 않았다. 공부를 하는 자는 홀연히 불성을

---

69 鈴木哲雄, 『唐五代禪宗史』(東京: 山喜房佛書林, 1985), pp.325~333. 鈴木씨는 이 책에서 신회의 북종비판의 논리적 구조와 무주, 부작의, 무념 등에 대해 언급하며, 신회의 돈오사상은 남종의 종지로서 처음으로 그 의미를 확고히 했다고 주창한다.
70 胡適, 앞의 책, p.101
71 위의 책, p.288. "念不起爲坐 見本性爲禪 所以不敎人坐身住心入定".

보아야 한다. 점수漸修로서의 공부로는 해탈을 할 수 없다."[72]

라고 한 것에서 '견즉견성즉해탈見卽見性卽解脫'이란 의미를 알 수 있다. 이같은 견본성見本性의 실천이 신회의 '정혜등학定慧等學'이다. 『단어』에,

"무주는 적정. 적정의 체는 바로 정정이라고 한다. 체體에는 자연지自然智가 있으며, 능히 본래의 적정의 체를 알면 이를 혜慧라고 한다. 이는 정혜등이다."[73]

역시 『정시비론』 권하에도[74] "정과 혜는 담연상적湛然常寂하지만 언제나 나타나므로 때문에 정혜등학定慧等學이다."라고 하여 견본성見本性의 동의同義로서 '정혜등학'이라고 하였다. 신회는 또한 그의 종지宗旨를 무념無念으로 하였다. 무념無念은 부작의不作意이며, 무념으로서 자연히 앎[知]이 견문각지見聞覺知인 것이다. 즉 『단어』에

"무념을 종으로 삼는다. 무념을 체득한 자가 보고 듣고 느끼고 아는 가운데서도 언제나 공적하며, 계정혜의 배움이 일시에 이루

---

[72] 위의 책. p.287. "我六代大師――皆言 單刀直入 直了見性 不言階漸. 夫學道者須頓見佛性 漸修因緣 不離是生 而得解脫"

[73] 위의 책, p.237. "無住是寂靜, 寂靜體卽名爲定, 從體上有自然智, 能知本寂靜體, 名爲慧, 此是定慧等"

[74] 위의 책. p.280. "言其定者 體不可得. 言其慧者 能見不可得體 湛然常寂 有恒沙之用 故言定慧等."

어지며 만 가지 행이 구비된다."⁷⁵

역시 "다만 부작의不作意하므로 마음에 일어남이 없고 그래서 진무념眞無念⁷⁶"이라고도 했다. 이러한 부작의不作意의 무념無念과 견문각지見聞覺知의 묘용妙用과의 관계, 정정과 혜慧와의 관계는 '일념상응一念相應'이고, '즉卽'이고 '직直'이며 '일시一時'이기 때문에 '돈頓'이라고 했다.

이상과 같이 혜능과 신회의 돈오사상은 그 본질이 같으며, 한 마디로 그것은 견성이며 그 실천행 역시도 다 같이 정혜불이쌍수定慧不二雙修였다. 그러나 이러한 남종선의 이념은 결국 앞에서 말한 바와 같이 그 역사적 발생 배경과의 관련에서 보면 그것은 분명히 북종신수에 대한 하나의 반동적인 것이었고, 역시 그것은 어디까지나 점수에 대한 돈오의 일방적 강조임을 볼 수가 있었다. 그러므로 신회나 혜능은 결국 점수를 인정하지 않을 수 없었다. 신회는 그의 어록 중 단 한 곳에서 점수를 밝히고 있다. 즉,

"학도인은 마땅히 몰록 불성을 보아야 한다. 점수의 인연으로 생을 여의지 않고 해탈을 얻는다. 비유하건대 어머니가 홀연히 아이를 낳아 젖을 주어 양육하다가 보면 그 아이는 자연히 증장한다. 돈오하여 불성을 본 자는 역시 이와 같다. 지혜가 자연히

---

75 위의 책, p.241. "立無念爲宗 若見無念者 雖具見聞覺知 而常空寂 卽戒定慧學一時齊等 萬行具備 卽同如來知見 廣大深遠."
76 위의 책, p.246. "但不作意 心無有起 是眞無念."

점점 증장하는 것이다."⁷⁷

　내용의 설명으로 보면 견불성見佛性이지만, 지혜智慧가 자연自然히 점점증장漸漸增長한다는 것은 무념無念의 지혜智慧가 광범위하게 실현시켜 가는 과정으로서, '오후悟後의 수수修'의 의미에서 점수漸修에 대한 중요성을 나타낸 것이라고 본다. 바로 신회의 점수관이다. 이는 종밀宗密이 찬술한 '해오점수解悟漸修'의 입장과 같다.

　또한『단경』(45), (46)절節에서,⁷⁸ 혜능은 법해法海 등 열 명의 제자를 불러 자신의 멸후에는 각기 앞장서서 설법하고 본종本宗을 잃지 않도록 유계遺戒하는데, 그 유계 내용이 삼과법문三科法門과 삼십육대법三十六對法이다. 자신의 선종이 '무념위종無念爲宗, 무상위체無相爲體, 무주위본無住爲本'인 반야삼매般若三昧만을 설해 온 혜능이, 멸도 전에 번쇄한 아비달마적 교설의 유계를 제자들에게 당부했다는 것은 참으로 아이러니컬한 것이다.

　삼과법문三科法門의 요지를 말한다면, 음陰·계界·입入에 대한 법문法門으로, 음陰은 오음五陰, 계계는 십팔계十八界, 입入은 십이입十二入이다. 오음五陰은 색色·수受·상想·행行·식識이며, 십팔계十八界는 육진六塵·육문六門·육식六識이다. 또 십이입十二入은 외육진外六塵과 내육문內六門이며, 육진六塵은 색色·성聲·향香·미

---

77 위의 책, p.287. "夫學道者須頓見佛性, 漸修因緣, 不離是生, 而得解脫. 譬如母頓生子與乳, 漸漸養育, 其子智慧自然增長, 頓悟見佛性者, 亦復如是, 智慧自然漸漸增長"
78 『육조단경』, 위의 책, p.23

味·촉觸·법法이고, 육문六門은 안眼·이耳·비鼻·설舌·신身·의意이다.

법성法性은 자연히 육식六識과 육문六門과 육진六塵을 일으키는 것이고, 사람이 자기본성 중에 만법을 함장함을 함장식含藏識이라고 한다. 마음[心]이 움직이면 함장식이 변하고, 육식이 생기고 육문, 육진이 나와 이 때문에 삼육십팔계三六十八界라고 한다.

혜능은 이와 같이 마음의 구조를 밝히고 난 다음에, "자성이 삿되면 열여덟 가지 삿됨이 생기고, 자기본성이 바르면 십팔계十八界도 바르다."고 하며, "중생과 불佛은 악과 선의 차이이며, 그 근거는 자기본성"이라고 하고, 삼십육대법三十六對法을 설한다.[79]

이처럼 삼과법문과 삼십육대법을 마지막으로 설한 뒤, 혜능은 한 권의 『단경』을 교수敎授하고 본종本宗을 잃지 않도록 할 것과, 『단경』 이외의 것은 자신의 종지가 아니며, 『단경』을 얻은 자는 견성할 것임을 밝히고 있다.

이러한 혜능의 유계는 북종신수의 유촉과 비교하면 완전히 다른 입장임을 볼 수 있다. 신수는 대체로 그의 문헌상에서, 근기를 의식하고, 돈수頓修가 아니라 점수漸修에 비중을 두어 설하지만, 『능가사자기』에 의하면 멸도 전 제자들에게 장황한 설법 대신에 '굴屈, 곡曲, 직直' 세 자字로서 부촉하였다.

이러한 사실을 보면, 통설로서 북종의 점수에 반하여 남종혜능은

---

[79] 『육조단경』, 위의 책, p.23. "大師遂喚門人法海, 志誠, 法達, 智常, … 由自性邪起十八邪 含自性起十八正. 含惡用卽衆生 善用卽佛. 用由何等 由自性對."(이하, 삼십육대법은 생략)

돈오만을 주장하였다고 하는 것은 착오라고 인식할 수 있으며, 또한 더불어 혜능선에도 점수가 있었음을 살펴 볼 수 있는 것이다.

그러나 남종선은 대체로 일반적인 성격이 돈오를 몇 번이라도 반복하고 지속시켜야 한다는 의미에서 돈오의 수修, 즉 돈수頓修를 인정하고 그런 뜻에서 돈오점수頓悟漸修이다.[80] 또한 북종도 역시 돈오 후에 그 돈오를 지속시키기 위하지만, 그 실수實修로서 돈오의 오悟에 미진迷塵이 부착하지 않도록 닦는, 무시이래의 습진을 항상 실천적 행行으로서 불식拂拭한다는 의미에서는 '항수恒修'이고, 그런 뜻에서 '돈오점수頓悟漸修'라고 본다. 종밀의 『도서都序』에서 시사하고 있는 '돈해오점수頓解悟漸修 즉 점수돈증오漸修頓證悟'에도 해당된다고 볼 수 있다.[81] 신수의 오도송悟道頌인 '심여명경대心如明鏡台… 막사유진애莫使有塵埃'는 그런 뜻에서 이해되어져야만 한다고 생각된다.

### 3. 신수선에서의 일행삼매

#### 1) 일행삼매의 의의

『능가사자기』(708)에, 신수가 측천무후로부터 "누구의 종지宗旨를 전법하는 것인가?"라는 질문을 받고, "기주蘄州의 동산법문東山法門을 계승하였으며『문수소설반야경文殊所說般若經』의 일행삼매一行三昧를 소의所依의 전고典誥로 삼는다."고 답하는 것에서, 신수의 선禪은

---

80 위의 책, p.20. "自性自悟 頓悟頓修 亦無漸次 所以不立一切法"
81 鎌田茂雄, 『禪源諸詮集都序』(『禪の語錄』9, 東京: 筑摩書房, 1971) p.191.

일행삼매 사상이 그 바탕이 됨을 알 수 있다. 그러나 신수선에 대항하여, 달마선의 정계로서 혜능이 육조임을 주장하는 신회 역시 그의 어록 내용 중에, 일행삼매로써 무상無相의 법계法界에 이를 수 있다고 했다. 더구나『단경』에도 일행삼매를 반야삼매般若三昧라고 하여, 일체법상에서의 직심直心을 행하는 삼매三昧이며, 정혜일체定慧一體와 같은 뜻임을 밝히고 있다.

당시, 남북 양종兩宗이 모두 이 일행삼매에 의의를 두고 실천 수행한 점에서, 이는 당시의 선사상계에 있어서 단순히 여타 삼매들과 나란히 취급되어진 것이 아니고 사상사적으로 중요한 의의를 가진 것임을 유추할 수 있다.

따라서 신수선사상의 한 단면을 보여주는 이 일행삼매가 어떠한 의미를 내포하는 것인지를 고찰해 보기로 하겠다. 이를 위하여, 우선 선사상의 용어로 사용되어진 일행삼매를 경전 교의에 나타난 내용 속에서 그 개념을 살피되, 이를 매개로 하여 남북 양종에 나타난 일행삼매를 고찰함으로써 신수의 선을 명확히 이해할 수 있을 것이다.

일행삼매라는 말은 범어梵語 ekavyūha-samādhi 또는 ekākaromana samādhi의 역어로서 "법계일상法界一相이며 진여평등眞如平等의 이리를 관찰하는 명상법瞑想法 및 경지境地"를 말하며,[82] 삼매三昧의 구체적인 내용에 대해서는『문수사리소설반야바라밀경文殊師利所說般若波羅蜜經』(이하『문수설반야경』이라 함)을 내용으로 하고 있음을 알 수 있다.『문수설반야경』권하에 '법계일상을 계연繫緣하는 삼매'

---

[82]『望月辭典』第一卷, pp.130~131.
　Buddhist Hybrid Sanskrit Dictionary, p.153b.

라고 정의되어 있으며,[83] 이 『문수설반야경』에는 양梁의 만다라선曼陀羅仙과 승가바라僧伽婆羅의 두 번역이 있고,[84] 또 이 『문수설반야경』에 해당하는 현장 역의 『대반야경大般若經』 제575, 제7회의 만수실리분曼殊室理分과[85] 『대보집경大寶集經』 제116, 제49회 중中 제46회의 「문수설반야회文殊說般若會」와[86] 『화수경華手經』 제10의 「법문품法門品」 등의 여러 경에도 이 삼매가 설해져 있다.[87]

만다라선 역(503년)을 중심으로 살펴보면, 문수사리가 세존께 일행삼매의 뜻을 물었을 때, "법계法界는 일상一相이며, (일상으로) 계연繫緣된 법계, 이를 일행삼매一行三昧라 한다."라고 하였으며,[88] 『대반야경大般若經』에서는 "법계의 상相은 장엄하므로 이를 일상장엄삼마타一相莊嚴三摩他라고 한다."라고 하였다.[89] 말하자면 법계를 일상一相으로 계연된 법계이며 장엄한 일상으로 본 것은 일행삼매의 선정에 의해서임을 밝힌 것이다.

이러한 삼매에 드는 방식으로써, 다음 두 가지를 들고 있다.[90]

---

83 『大正藏』11, p.655b.
84 『大正藏』8, p.731a~c.
　『大正藏』8, p.738a.(僧伽婆羅 譯에서는 一行三昧의 용어가 보이지 않는다)
85 『大正藏』7, p.972a~c.(여기에서는 '一相莊嚴三摩他'로 나타난다)
86 『大正藏』11, pp.655b~656c.
87 『大正藏』16, p.203c~204c(여기에서는 '一相三昧'라고 되어 있다)
88 『大正藏』8, p.731a. "法界一相 繫緣法界 是名一行三昧"
89 『大正藏』7, p.972a. "以法界相 而爲莊嚴 是故名爲一相莊嚴三摩他"
90 『大正藏』7, p.731a~b.
　(1) "欲入一行三昧, 當先聞般若波羅蜜 如說修學然後能入一行三昧, 如法界緣 不退不壞 不思議 無碍無相"

그 첫째는, 우선 반야바라밀을 듣고 수학修學하여, 자연히 일행삼매에 들어, 법계연法界緣에 불퇴不退·불괴不壞·부사의不思議·무애無碍·무상無相이 됨을 얻는 것과, 둘째는 한적한 곳에서 모든 산란한 의식을 버리고 상모相貌를 취하지 않고, 마음을 일불一佛에 계합하여, 몸을 단정히 하여 불佛이 계신 곳을 향해서 끊임없이 오로지 명호를 칭하며, 생각을 하고 생각을 하면 그 생각 속에서 삼세의 제불을 보며 …… 이렇게 일행삼매에 든 자는, 제불법계가 무차별상임을 안다는 것이다. 다시 말하여, 전자는 반야바라밀에 의해 진여평등眞如平等의 진리를 관觀하는 일행삼매, 즉 반야행이고, 후자는 칭명염불에 의하여 제불을 보는 삼매인 것이다. 그러나 이 양자는 법계평등의 진실상을 깨닫는 데에 궁극적 방편이 되며 결국 같은 견해라고 본다.

『문수설반야경』에서 의도하는 이 삼매가 중국불교사상에 최초 전개되고 있는 곳은『대승기신론』으로, 지止·관觀의 실천으로서 진여삼매를 강조한다. 이 삼매는 진여의 승덕勝德인 법계일상法界一相을 증득하는 것인데, 일행一行은 무량삼매의 근원이라는 입장은 문수설 반야행과 같은 의미로 본다. 즉

"이 삼매〔眞如三昧〕에 의지함으로써 법계일상法界一相을 증득하는 것인데, 말하자면 일체 제불諸佛의 법신法身과 중생신衆生身은 평등하여 둘이 아니게 되면 일행삼매〔一相三昧〕라고 하는 것이며,

---

(2)"欲入一行三昧應處空閑捨諸亂意, 不取相貌, 繫心一佛, 專稱名字. 階佛方所, 端身正向, 能於一佛念念相續, 卽是念中能見過, 去未來現在諸佛……如是入一行三昧者盡知恒沙, 諸佛法界無差別相"

만약 이와 같이 닦으면 무량삼매에 이르게 된다."[91]

는 것이다.

따라서 『대승기신론』에서의 일행삼매의 특색이라 한다면, 바로 불법신佛法身과 중생신衆生身의 평등무이平等無二의 선정禪定이라고 할 수 있을 것이다. 후일 반야행般若行으로서의 일행삼매에 관한 설은 『문수설반야경』에 의용(依用)하는 것보다, 『대승기신론』의 일행삼매를 인용하여 증명하는 입장이 두드러지게 나타나며, 이는 특히 문수설의 전자의 입장이라고 본다.

더욱이 앞에서 이미 거론되었지만, 『문수설반야경』에서 나타나고 있는 후자, 즉 오로지 불명을 외우는 경우는 염불삼매의 교증敎證으로서, 정토교의 일행삼매의 입장이며 기본사상이기도 하다.

담란(曇鸞, 476~645)의 「찬아미타불게讚阿彌陀佛偈」에서 문수반야를 인용하는 것을 비롯하여, 도작(道綽, 567~645)의 『안락집安樂集』 하下에 반주삼매般舟三昧와 문수반야文殊般若의 일행삼매, 즉 염불삼매의 입장이 나타나며, 선도(善導, 613~681)의 왕생예찬往生禮讚에서 일행삼매를 전칭불명專稱佛名의 일행一行으로서 그 의의를 각각 밝히고 있다. 즉 『문수설반야경』에 나타나 있는 내용으로서 진여법계는 평등일상平等一相이 됨을 관觀하는 이관理觀의 일행삼매로서, 칭명일행稱名一行으로 불佛을 만나는 사관事觀의 입장과 구별된다.[92] 이 같은

---

91 『大正藏』32, p.590c.
92 「讚阿彌陀佛偈」(『大正藏』47, p.420)
　『安樂集』下(『大正藏』47, p.14c~15a)

입장은 남북 양종의 사상적 차이가 되기도 한다. 『능가사자기』의 신수 조에 나타난 일행삼매는 나중에 설명되겠지만, 『마하지관』 권2 상, 제1장 지관대의止觀大意, 제2절 수대행修大行에 있어서 행법行法의 종합인 사종삼매四種三昧 가운데 상좌삼매常坐三昧가 그 근거가 되었음을 살필 수 있다.[93]

『마하지관』에 있어서 네 가지 삼매란, 상좌常坐·상행常行·반행반좌半行半坐·비행비좌非行非坐삼매인데, 그 최초의 상좌삼매常坐三昧는 공한지空閑地에 90일을 한 주기로 하여 정향단좌正向端坐하여 칭명하며, 실상관實相觀, 즉 일행삼매를 이루는 것이라 했다. 이러한 상좌삼매는 신수가 뜻한 실행방편實行方便이며, 또한 천태의 지止·관觀의 의미로써, "다만 오로지 일념으로 법계계연法界繫緣함이 지止이며 일념이 관觀"이라고 정의하면서 '지관이란 뜻은 단좌정념端坐正念'이라고 밝힌 것이, 신수의 염불선사상의 근거가 됨도 알 수 있다.

천태지의의 이리·사사 양관兩觀에 따라 고찰하면, 사관(事觀: 念佛)의 방편으로부터 이관(理觀; 一實相)으로 옮겨지는 방향을 이해할 수 있으며, 이 지관성취인 삼매는 분명히 문수반야의 일행을 잇는 것이고, 이리·사사 양면을 겸하여 닦는 것이라고도 본다.[94]

다음 『화엄경』의 일행삼매관은 일행삼매를 염불로 해석하는 입장으로, 「입법계품入法界品」의 초발심주初發心住에 공덕운비구功德雲比丘가 염불법문念佛法門을 해석하는 곳에서 살펴볼 수 있다. 법장法藏

---

「往生禮讚」(『大正藏』47, p.421a)
93 『摩訶止觀』 권2 상(『大正藏』46, p.11a).
94 小林圓照, 「一行三昧私考」(『花園大學禪學硏究紀要』51, 1961), p.180.

이후 징관(澄觀, 738~839), 종밀(宗密, 780~841)에게도 이 견해는 이어지지만, 다만 일행삼매가 염불삼매로서만 한정되지 않고 넓은 의미로 사용되었음을 알 수 있다.

징관澄觀의 『화엄경소』 권56, 덕운비구德雲比丘의 법문에서 체體를 밝히는 경문經文에,

"선남자여, 자재결정해력自在決定解力을 얻어 신안信眼을 청정히 하여 지광소요智光昭耀하고 널리 법계法界를 본다. 일체의 장애를 여의고, 선교善巧로서 관찰하고, 보안명철普眼明徹하여 청정행清淨行을 갖춘다."[95]

라고 하였다. 따라서 이 염불문念佛門인 발심주發心住의 체體는 자재결정해력自在決定解力임을 강조한다. 더구나 그 일행一行을 부동不動한 진법계眞法界, 흔들리지 않는 초발심주初發心住의 결정이라고 지적한다. 그러므로 청정행清淨行은 일체의 장애를 여읜 청정일행삼매清淨一行三昧라고 하며, 청정일행삼매를 구족한 일행一行은 바로 일법계행一法界行이라고 하였다.

또한 징관澄觀은 염불삼매를 닦기 위해서는 우선 정신正信하여, 지智로써 결정해야 한다고 하였다.[96] 이는 즉 정념正念으로, 부동심不

---

[95] 『大正藏』35, p.23a~b. "善男子我得下 正示法界卽念佛 於中二 先示體相後普觀 下明其勝用… 次智光照耀"

『大正藏』35, p.23b. "文殊般若明一行念佛三昧先明不動法界 如眞法界不應動搖 卽是此中決定解義"

動心한 지止・관觀을 의미한다고 볼 수 있을 것이다.

　이상과 같이 교학적 배경을 가진 일행삼매의 의미를 대체로 살펴보았다. 그렇다면 선사상에서의 일행삼매는 어떠한 의의를 지니는 것일까. 우선 초기 선사상에서 나타난 일행삼매의 의미부터 살펴보도록 하겠다.
　신수가 전법한 종지는 말할 것도 없이 동산법문임은 이미 주지하는 사실이다. 또한 동산법문이라고 했을 때는 바로 도신・홍인弘忍의 선사상을 말하는 것이다. 따라서 신수 선사상의 배경을 이루는 동산법문을 파악하면 신수의 선사상, 즉 북종선을 알 수 있을 것이다.
　『능가사자기』의 도신장에, 도신(580~651)은 "나의 이 법요法要는 『능가경』의 제불심제일諸佛心第一에 의지하고 또 『문수설반야경』의 일행삼매에 의지한다."고 하며, 그의 사상적 요체를 한 마디로 '염불심시불念佛心是佛・망념시범부妄念是凡夫'라고 하여 그 전거典據로서 『문수설반야경』을 들고 있다.[97]
　다시 말하여 도신의 일행삼매는 『문수설반야경』에 나타난 반야행(般若行; 理의 입장)과, 염불(念佛; 事의 입장)에 해당하는 경문經文을 인용하여 불즉심佛卽心 심즉불心卽佛로서의 염불즉념심念佛卽念心의 삼매이다. 또 『무량수경』의 "제불법신은 일체중생의 심상心想에 들며 이 마음이 그대로 부처이며 이 마음이 그대로 부처를 짓는다."를 인용하여,[98] 다섯 가지의 법문法門을 나열하며 '동정動靜은 언제나

---

**96** 『大正藏』35, p.923b.
**97** 柳田聖山, 『初期の禪史』1(『禪の語錄』2, 東京: 筑摩書房, 1981), p.186.

그대로이며, 공부하는 자는 분명 능히 불성을 볼 것'임을 말하고, 일행一行으로서의 수일불이守一不移를 강조한다.

따라서 마음이 불佛이고 망념이 범부라고 한다면, 일행삼매의 염불은 염심念心이라고 할 수 있는 것이며, 염불 즉 염심에서의 마음의 형태는 무엇인가에 대해 이는 바로 '직심直心'을 체득하는 것이라고 본다. 이러한 마음은 원래의 마음으로 돌아가는 것으로서, 그것을 일러 무지無知의 지知, 무분별無分別의 분별分別, 본래부동이라고 한다.

『종경록宗鏡錄』에 도신의 말을 인용한 부분을 보면, 이러한 마음에 대해서 좀더 구체적으로 나타나 있다. 즉,

"망기妄起가 없음을 아는 것이 마음, 내외가 없음을 아는 것이 마음, 이理가 다하여 마음으로 돌아가는 것. 마음은 이미 청정하여 정淨은 바로 본성이며 내외가 오직 일심, 이것이 지혜상이며 명료한 부동심이며 이를 자성정自性定이라고 한다."[99]

그러므로 이러한 마음은 이미 청정하고 정淨은 또한 본성이어서 내외가 오직 일심一心이며, 이는 지혜상智慧相이며 부동심不動心을 명료히 하는 것이어서 이를 일러 자성정自性定이라 한다고 했다. 다시 말하여 심정心定은 바로 부동심不動心이고 자성정自性定이며

---

98 위의 책, p.225. "諸佛法身入一切衆生心想 是心是佛 是心作佛"
99 『宗鏡錄』 권97(『大正藏』48, p.940a). "知無妄起是心 知無內外是心 理盡歸心 心旣清淨 淨卽本性 內外唯一心 是智慧相 明了不動心 名自性定."

본성정本性淨임을 강조하는 것이다. 결국 도신의 일행삼매는 '염불즉념심念佛卽念心'의 삼매이며, '시심시불是心是佛'을 직심直心하는 삼매이다. 그런데 혜능이 일행삼매에 대해 정의한 것을 살펴보면, "일행삼매란 종일 행주좌와 하는 동안 언제나 직심을 행하는 것"이라고 되어 있다.[100] 또한 『정명경淨名經』의 '직심이 도량直心是道場, 직심이 정토直心是淨土'를 전거로 하여, 단지 직심直心을 행行함은 일체법一切法에 집착하지 않는 것이며, 이를 일행삼매라고 하는 것이다. 그런데 "일행삼매에 집착하여 직심좌부동直心坐不動하여 망妄을 제거한다고 하여 불기심不起心하는 것을 일행삼매라고 한다면, 이 법은 무정無情과 같으며, 도리어 도道에 장애가 된다."고 하였다.[101]

이러한 내용에서 보면 도신과 혜능의 일행삼매관에 차이점이 있음을 알 수 있다. 즉 전자의 일행삼매는 정태적靜態的 · 공간적空間的 · 실재론적實在論的인 방면에 접하여, 결코 마음을 아는 것을 잊어서 안 된다는 것이며, 후자는 항상 마음이 행주좌와 어디에서도 직심直心한다고 하여 능동적인 면이 있음을 그 차이로 보고 있다.[102]

그러나 혜능에 있어서 파악되는 입장은 도신에 있어서도 마찬가지라고 본다. 『능가사자기』에, "일행삼매에 들면 모래알 같이 많은 부처의 법계가 무차별상임을 알며, 몸과 마음, 발을 떼고 놓고 하는 곳이 모두 도량道場이며, 주먹을 펴고 쥐고 하는 것이 모두 보리菩提이

---

100 『육조단경』, p.6. "一行三昧者 於一切時中 行住坐臥 常行直心是"
101 위의 책. "執一行三昧 直心坐不動 除妄不起心 卽是一行三昧 若如是 此法同無情 却是障道因緣"
102 鈴木大拙, 앞의 책, p.250.

다"고 하는 것에서 동일한 사상을 볼 수 있다.[103]

또한 도신의 이러한 염불念佛에 대한 의의는 정토사상을 밝히는 것이라고 본다. 그의 정토관은 당시 정토교의 활약상에 크게 관심을 가지고 스스로의 선법禪法에 대한 설과 의도적으로 대비하면서 『화엄경』과 『금강경』을 인용 증명하여 "심로명정心路明淨하여 자증도과自證道果"할 것을 주장한다. 당시 도신·홍인이 활약한 시대는 마침 정토교의 대성자 도작(道綽, 562-645)과 선도(善導, 613-681)가 활약한 시대와 어느 정도 일치하고 있어, 동산법문에서 염불정토관이 여실히 드러난 것도 이러한 연유라고 볼 수 있다.

도신은 "어떻게 관찰하고 실천하면 좋은지"에 대한 물음에 "직수임운直須任運하라."고 답하며, 또한 "서방에 향할 필요가 있는가?"라는 물음에 "만약 자신의 마음이 본래 불생불멸 구경청정하면 그대로 불국정토이므로 굳이 서방으로 향할 필요가 없다."고 하였다. 더욱이 불佛이 둔근중생을 위해 서방을 향하게 하였으며 이근인利根人을 위해서 설한 것이 아니었음을 설명한다.[104]

이처럼 도신은 정토교의 염불에 의한 서방왕생의 교설을 의식하여, 입으로 불佛의 명호를 부르고 서방정토를 구하는 것은 둔근중생을 위한 방편설에 지나지 않고, 더구나 이근인利根人에게 설한 것이

---

103 柳田聖山, 앞의 책, p.186. "入一行三昧者, 盡如桓沙諸佛法界無差別相, 夫身心方寸 拳足不足, 常在道場, 施爲拳動, 皆是菩提."

104 위의 책, p.213. "問, 臨時作若爲觀行, 信曰, 直須任運, 又曰, 用向西方不, 信曰 若知心本來不生不滅, 究竟淸淨, 卽是淨佛國土, 更不須向西方……佛爲鈍根衆生, 令向西方, 不爲利根人說也."

아닌 입장을 분명히 제시한 것이다. 그러나 도신은 그의 법요法要가 『능가경』의 제불심제일諸佛心第一에 의한다고 밝히면서, 일행삼매에 드는 입장으로 "조용한 곳을 찾아 모든 어지러운 의식을 버리고, 어떠한 모습에도 이끌리지 말고 마음을 일불一佛에 두어 오로지 그 명자名字를 칭하며…"라고 하는, 바로 칭명염불을 택하고 있는 것이다. 또한 구체적으로 염불에 대해서『대품경大品經』의 '무소념자無所念者, 시명염불是名念佛'을 인용하여 무소념無所念이 염불이므로, '염불즉시염심念佛卽是念心 구심즉시구불求心卽是求佛'이라고 했다. 이는 "식識에는 형태가 없음이고 불佛은 모습이 없다. 만약 이 도리를 알면 안심"이라고 설하는 것이다.[105]

결국 도신이 초심자나 둔근자의 근기를 헤아려 입도방편入道方便의 내용을 나타낸 것이라고 볼 수 있다. 이러한 입장은 도신의 사상을 계승한 홍인의『수심요론修心要論』에도 보인다. "수도修道의 체體는, 마땅히 신身이 본래 청정하여 불생불멸하고 분별이 없음을 아는 것이며, 자성이 원만하고 청정한 마음, 이를 본사本師로 보는 것"이라 한다.[106] 결국 수심修心은 시방제불을 염念하는 것보다 수승한 것이라고 주장하는 것이며, 이는『문수설반야경』의 첫 번째 반야행을 이행하는 것이라고도 볼 수 있다. 그러나 염불에 대한 구체적인 방법에 대해서는『능가사자기』에도『수심요론』에도 밝혀져 있지 않다. 따라서 이것은 당시의 칭명염불하는 정토교에 대한 입장을 부정적으로

---

105 위의 책, p.192. "識無形 佛無相貌, 若也知此道理, 卽是安心."
106 鈴木大拙, 앞의 책, p.303. "夫言修道之體 自識當身本來淸淨 不生不滅 無有分別 自性圓滿 淸淨之心此見本師."

보았다고도 유추할 수 있을 것이다.

이와 같이 동산법문에서의 일행삼매의 입장은, 『문수설반야경』에 나타난 반야와 염불행을 모두 수용하면서, 특히 염불에 대한 실천행은 근기에 핵심을 두어 초학자의 둔근에 맞는 방편설이었음을 알 수 있다.

그러면 이러한 동산법문의 염불관이 선종의 제1조인 달마의 염불설과 어떠한 관계를 가지는 것인지에 대해 살펴보도록 하겠다.

『남천축국보리달마선사관문南天竺國菩提達摩禪師觀門』(이하 『달마선사관문』)은 달마의 저작인지, 아니면 달마계의 어느 누구의 저술인지 분명하지 않지만, '남천축국달마'라는 명칭에서 볼 때 달마의 사상을 내용으로 한 것임에 틀림없을 것이다.

『달마선사관문』은 선정禪定, 선관禪觀, 선좌禪坐, 선법禪法의 네 가지에 대한 문답체로 구성되어 있다. 우선 선관禪觀에 대해 "심신징정함을 말하여 선〔心神澄淨名之爲禪〕, 조리분명함을 말하여 관〔照理分明名之觀〕"이라 하였다.[107] 그 구체적 설명으로 심신징정心神澄淨은 "불생불멸 불래불거不生不滅 不來不去하여 담심부동湛深不動하므로 선禪"이라 한다는 것이다. 이는 『능가사자기』의 도신 장에, "만약 마음이 본래 불생불멸함을 알아 구경청정究竟淸淨하면 바로 이것이 불국정토佛國淨土"라는 의미와도 같은 견해라고 본다.

다음에 선관禪觀의 실제 방법으로 일곱 가지 관문觀門이 조직되어 있음을 볼 수 있다. 즉 주심문住心門, 공심문空心門, 심무상문心無相門,

---

[107] 『大正藏』85, p.1270b.

심해탈문心解脫門, 선정문禪定門, 진여문眞如門, 진혜문眞慧門이다. 이 일곱 가지 관문觀門을 설한 후에 이어서, "크게 염불〔大聲念佛〕하여 열 가지 공덕을 얻음"을 설하고 있다.[108] 즉 나쁜 소리를 듣지 않고, 염불하여 산만하지 않고, 수면이 사라지며, 용맹정진 등 열 가지 공덕을 설명해 보인다.

이러한 문헌에 나타난 선정禪定, 즉 공덕취림功德聚林의 한 형태로서의 큰 소리로 염불하는 공덕을 보아, 당시 선종禪宗 내에 일찍이 오조 홍인 문하에 남산염불문선종念佛門禪宗과 같은 염불선念佛禪 등의 파가 있었다고 생각할 수 있을 것이다.[109]

『달마선사관문』의 출현이 언제쯤인지는 아직 파악되지 않고 있지만, 큰소리로 한 염불의 열 가지 공덕의 내용은『만선동귀집萬善同歸集』권상에서나[110]『정토오회염불송경의淨土五會念佛誦經儀』권하에서도[111] 나타나 있는 점으로 보아 상호간에 문헌적 관련이 있지 않았을까도 유추해 본다.

여하간 이 선문禪門에 나타난 내용으로 보아 좌선이나 염불이, 즉 반야행과 염불행이 더불어 함께 닦는 실천행이었음에 틀림없다. 결국 달마대사의 각행覺行으로서 선禪과 염불은 일행삼매의 방편이

---

**108**『大正藏』85, p.1270b~c. "大聲念佛得十種功德 一者不聞惡聲 二者念佛不散 … 九者三昧現前 十者往生淨土."
**109** 關口眞大,『達摩大師の研究』(東京: 春秋社, 1969), p.298.
**110**『萬善同歸集』(『大正藏』48, p.962b) "高聲念佛誦經 有十種功德 一能排睡眠 … 十生於淨土."
**111**『淨土五會念佛誦經儀』(『大正藏』85, p.1239c) "第一能排除睡障 意令諸子離重昏 … 第十由具諸功德 恒沙福智果圓明 臨終淨國蓮花坐 彌陀聖衆自親迎."

면서도 일행―行의 바탕이라고도 볼 수 있는 것이다.

## 2) 신수선에서의 일행삼매
### (1) 신수의 염불정토관

북종 신수의 사상에서 나타난 일행삼매, 즉 진여삼매는 어떠한 내용인지를 『관심론』과 『대승무생방편문』(이하 『무생방편문』)을 통하여 고찰해보자.

선禪과 염불을 잘 병행해서 닦는 이른바 염불삼매선으로서의 일행삼매는 초기 동산법문에서 파생되었음은 이미 앞에서 밝힌 바 있지만, 특히 그러한 사상을 잘 계승한 자는 북종 신수라고 할 수 있다. 우선 그의 문헌에 나타난 염불관을 살펴보도록 하겠다. 신수의 저술인 『관심론』에 염불·정토사상이 나타나 있는데, 문답의 형태로 된 이 논 가운데 열네 번째의 문답에서 그 내용을 발견할 수 있다.

"묻기를, 경에 설한 바에 따라 지심至心으로 염불念佛하면 반드시 서방정토에 왕생함을 얻는다고 했다. 이 일문一門으로도 마땅히 성불하는데 왜 관심觀心을 빌어 해탈을 구하는 것인가."

에 대한 답에서 신수의 염불관을 볼 수 있다. "대저 염불은 마땅히 정념正念해야 한다. 요의了義를 정正이라 하고, 불요의不了義를 사邪라 한다. 정념正念하면 반드시 정토국에 왕생하는 것을 얻는다."[112]는

---

112 慧諶 譯, 『관심론』(『선가어록』1, 운주사, 2000), p.204. "夫念佛者 當須正念 若不了義 卽爲邪念 正念佛 必得往生淨國 邪念云香達彼岸"

것이다. 정념正念하면 서방정토 왕생이 확실하다는 것을 보여주고 있다. 그러나 신수에 있어서의 서방정토 왕생은 적극적으로 장려되지는 않는다. 『관심론』의 기본적 입장이,

"일체제법一切諸法은 오직 마음에서 일어난 것이다. 만약 능히 마음을 깨치면 만행을 두루 갖춘다. ··· 마음을 깨치는 수도는 성력省力으로 쉽게 이룬다. 마음을 깨치지 못하는 자는 닦는다고 해도 공만 들 뿐이지 아무런 이익이 없다. 때문에 알라, 모든 선악은 다 자심自心에서 비롯된다. 마음 밖에 따로 구한다면 끝내 (얻을) 법法이 없다."[113]

는 것을 기조基調로 하고, 이 입장에서 불토를 설명할 때에도 『유마경』의 "불토를 깨끗이 하고자 하면 먼저 그 마음을 깨끗이 하라. 그 마음이 깨끗해짐에 따라 불토가 깨끗이 된다."는 것을 인용한다. 이와 같이 유심唯心의 정토를, 염불을 해석하는 것으로 인증引證하고 있다. 즉 "염念은 마음에 있지 말에 있지 않으며, 만약 마음에 진실함이 없이 입으로 헛되이 외우면 공功을 또한 헛되이 한다."는 것을 강조하면서,[114] 정염불正念佛의 정토관과 사염불邪念佛의 부정토관을 나타낸다.

---

113 위의 책, p.197. "一切諸法 唯心所生 若能了心 則萬行具備 ··· 了心修道 則省力而易成 不了心者 所修乃費功而無益 故知一切善惡皆由自心 若心外別求 終無是法"
114 위의 책, p.204. "故知念在於心 不在於言 ··· 若心無實體 口誦空名 徒念虛功 有何成益"

이처럼 유심唯心의 정토관에 입각하여 정토를 용인하는 것은 선정쌍수의 선자禪者에게서 볼 수 있는 것이기에 신수 독자적 해석이라고 할 수 없지만, 이미 초기선종에서 선정쌍수자들이 먼저 그에 대한 발자취를 남긴 점에서 주목된다.

『능가사자기』 도신조에는 염불수행이 있다. 그러나 신수의 그것과는 차이가 있음을 살필 수 있다. 도신이 뜻한 염불은 불즉심佛卽心, 심즉불心卽佛로서의 '염불즉시념심念佛卽是念心, 구심즉시염불求心卽是念佛'이라는 견해에 선 일행삼매이다.[115] 거기에는 정토교적인 것을 발견할 수 없지만, 서방정토 왕생에 적극적인 자세를 보인 신수는 염불이 정토왕생의 정인正因이 됨을 명확히 규정하고 있는 것이다.

그러나 그 염불은 반드시 정념正念해야 한다는 특징이 있는데, 정념의 의미에 대해서는

"염念은 억憶이다. 이른바 계행戒行을 견지堅持하고 정근精勤하기를 게을리하지 말며, 이와 같은 요의了義를 이름하여 정념正念이라 한다."[116]

고 하였다. 이런 점에서 순수 정토교의 염불과는 전혀 다른 신수만의 독특한 견해다.

이와 같은 염불행은 당말唐末 오대五代에 활약한 영명연수(永明延

---

[115] 『大正藏』85, p.1287a.
[116] 慧諶 譯, 앞의 책, p.204. "念者憶也 所謂堅持戒行 不忘精勤 了如來義名爲正念."

壽, 904~975)의 정토왕생사상과 연결을 예상하게 하지만, 내행內行을 충실히 하는 계행戒行을 주장하는 것은 신수 염불관의 특징이다. 따라서 이러한 기본적 입장은 소향燒香, 행도行道, 지제持齊, 단식斷食, 예배禮拜, 세욕洗浴, 염불念佛 등의 행지行持가 있다고 해도, 마음에 참다움이 없이 입으로만 불명佛名을 칭하는 것에는 어떠한 공덕도 없음을 강조한다.

당시의 중국에 있어서 정토교는 장안을 중심으로 남북 각지에 전파되었고, 특히 장안에 있어서는 측천무후시대, 선도류善導流의 염불이 크게 교선敎線을 펴고 있었다.[117] 그리고 선도의 특색이 칭명염불에 있음은 주지하는 바다. 신수는 이 칭명을 송誦이라 판단하고 마음에서 일어난 염念과 명확히 구분하여 송은 음성의 상相이어서 "음성으로써 나(여래)를 구하는 것은 사도邪道를 행하는 것이고, 여래를 보는 것이 아니다."는 경문을 인용하여 칭명에 대한 비판을 한다.

『관심론』에 이러한 문답이 성립된 배경에는, 위와 같이 장안長安에 유행하는 정토신앙에 대한 비판을 은연중 근거로 했음을 알 수 있으며, 더구나 신수 문하에 나아간 자 중에는 상당수가 정토신앙을 가졌었거나 그것에 대한 의문을 제기한 자가 있었기 때문일 것이라고 추측된다. 이러한 배경에서 '염불일행삼매'가 더욱 강조되었는지도 모른다.

다음은 북종선의 논서인『무생방편문』과 선종 사서史書인『전법보

---

117 塚本善隆,『唐中期の淨土敎』, p.90.
　　望月信亨,『中國淨土敎敎理史』(京都: 法藏館, 1942), p.250.

기』에서 볼 수 있는 신수의 염불에 관한 내용이다.『무생방편문』에,

"제불여래諸佛如來는 입도入道의 대방편大方便에 있어서, 일념一念 으로 마음을 닦아 몰록 불지佛地에 껑충 넘어선다. 목탁을 쳐 일시에 염불念佛하도록 하라."[118]

는 설이 있다. 이는 이미 앞서 언급한『관심론』에서의 염불의 성격과는 다르다. 마음속으로 염念하는 것만으로 그치는 것이 아니라 입으로 염불하는 것을 요구하는 것이다.『전법보기』에도, "인(忍; 홍인), 여(如; 법여), 대통(大通; 신수) 때에는 법문을 크게 열어 근기를 택하지 않고 일제히 빠르게 불명을 염念하도록 했다."는 구句가 있다. 역시 구칭口稱을 강조하고 있다.[119]

이러한 점에서 두 가지 점을 엿볼 수 있다. 첫째는 수행자의 근기를 인식하여 정념正念과 구칭염불을 제시했으며, 둘째는 시대적·역사적 변화에 순응하여 염불의 성격이 교화수단으로서 혹은 신앙으로서 중요시되었음을 알 수 있다. 신수선의 일행一行으로써 염불이 강조되었음을 알 수 있다.

---

**118** 宇井伯壽,『禪宗史研究』p.450. "佛子諸佛如來有入道大方便 一念淨心頓超佛地 和擊木一時念佛"

**119** 柳田聖山,『傳法寶記』(『初期禪宗史書の研究』, 東京: 法藏館, 1967) p.570. "忍如大通之世 則法門大啓 根機不擇 齊速念佛名"

### (2) 염불과 일행삼매

동산법문을 계승한 신수는 그의 선禪이 『문수설반야경』의 일행삼매에 의함을 분명히 시사한다. 『무생방편문』에, 신수는 그의 선법禪法을 명시하고자 다섯 가지 경에 근거를 두어 오방편문으로 나열한다. 제1문門에는 『기신론』에 근거하여 불佛의 체體를 해명하고, 제2문에는 『법화경』에 의하여 불지견佛智見을 개시開示하고, 제3문에는 『유마경』에 의하여 불사의해탈을 설명하고, 제4문에 『사익경思益經』을 근거로 제법諸法의 정성正性을 명료히 밝히고, 마지막 제5문에 『화엄경』을 소의로 하여 무이無異를 체득하고, 자연의 무애해탈을 설하는 것이다.

신수는 제1문에서,

"불심은 청정하여 유와 무를 여의고, 몸과 마음은 언제나 진심을 지킨다. 이것이 몰沒이며 진여이다. 심불기心不起가 심진여이며, 색불기色不起가 색진여이다. 심진여이므로 심해탈이며, 색진여이므로 색해탈이다. 심과 색을 모두 여읜 것이 무일물이다."[120]

이라 했다. 다시 말해서 진여眞如의 본체는 심불기心不起이며 색불기色不起이고, 이는 바로 무일물無一物이라는 것이다. 불佛에 대한 의미를 밝히는 데서, 『기신론』의 각覺·불각不覺의 두 뜻을 교증敎證으로,

---

120 宇井伯壽 『禪宗史研究』 p.451. "佛心淸淨 離有離無, 身心不起 常守眞心, 是沒是眞如, 心不起心眞如, 色不起色眞如, 心眞如故心解脫, 色如故色解脫, 心色俱離卽無一物."

역시 『문수설반야경』에서 정의하는 일행삼매 즉 진여삼매를 바탕으로 하고 있음을 살필 수 있다. 또한 신수는 "불佛은 서역어로서 번역하여 각覺이라고 하며, 각覺은 (識의) 염을 여읜 마음의 체이며, 이념의 상離念相은 등허공계 무소불변等虛空界 無所不遍한 것이다. 법계일상法界一相이 즉 여래평등법신이며, 이 법신法身이 즉 본각本覺이다."고 하며,[121] "이념離念은 무심無心이며, 무심은 바로 등허공무소불변等虛空無所不遍이다. 유념有念이면 두루하지 않으며, 이념이면 두루하므로 법계일상法界一相이 바로 여래평등법신"임을 제시한다.[122]

이러한 내용은 『대승기신론』에 언급되어 있다.

"이른바 각이란, 심체가 이념〔心體離念〕이다. 이념의 상은 등허공계이며 무소불변 법계일상이다. 바로 이것은 여래평등법신이며 이 법신설에 의지하여 본각이라고 한다."[123]

이러한 이유는 "본각이란 뜻은 시각始覺에 대한 말이다. 시각은 바로 본각本覺과 같다. 시각이란 뜻은 본각에 근거하므로 불각不覺이다. 불각에 근거해서 시각이라고 하는 것이다."[124]

---

**121** 『大正藏』85, p.1273c. "語此地往翻名爲覺, 所言覺者爲心體離念離念相者, 等虛空界無所不遍, 法界一相卽是如來平等法身, 於此法身說名本覺."

**122** 『大正藏』85, p.1274c. "離念無心, 無心則等虛空無所不遍, 有念卽不遍, 離念卽遍, 法界一相則是如來平等法身."

**123** 『대승기신론』(『大正藏』32, p.576b). "所言覺義者, 謂心體離念, 離念相者 等虛空界, 無所不遍 法界一相, 卽是如來平等法身, 依此法身說名本覺."

**124** 위의 책. "本覺義者 對始覺義說 以始覺者卽同本覺 始覺義者 依本覺故而有不

이와 같이 불佛의 체體를 각覺이라 하고 이념離念이라고도 하며, 이는 무소불변無所不遍하여 법계일상法界一相이고 여래평등법신이라고 강조하는 것은, 『능가사자기』에 일행삼매를 나타내어 그의 선禪을 주장한 것과 같은 취지라고 생각한다. 『대승기신론』에서의 "이른바 모든 제불법신은 중생신衆生身과 평등무이平等無二이며 즉 이를 일행삼매라고 한다."는 이 삼매는 앞에서도 언급한 것처럼, 『문수설반야경』에 "법계일상法界一相, 계법계繫法界이며, 일행삼매一行三昧"라고 하여 이러한 삼매를 닦는 자는 속히 아뇩다라삼먁삼보리를 얻는다고 강조하는 것과 같은 의미임을 알 수 있을 것이다.

또한 일행삼매의 방편행으로서 염불행은, 동산법문의 도신의 선에서도 언급되어 있는 것과 마찬가지로, 이를 계승하고 있는 신수의 선에서는 더욱 확대되어 염불과 정토에 대한 견해를 나타내고, 염불로서의 일행삼매를 강조한 사실은 이미 앞에서 밝힌 바 있다.

다음은 『관심론』을 중심으로 살펴보겠다. 신수의 염불 정토관에서 이미 살펴본 것처럼 염불은 모름지기 정념正念해야 하며 마음에 실체가 없이 입으로만 헛되이 설하면 아무 공덕도 없음을 강조하면서, 염불이 마음에서 일어남을 각행覺行의 문門이라고 하였다.[125]

신수는 이러한 염불, 즉 정념正念의 의미를 『금강경』에서 교증敎證으로 삼고 있다. "상은 모두 허망한 것〔凡所有相 皆是虛妄〕" 또는 "형상으로서 나를 보았다고 하거나 소리로서 나를 찾았다고 하면 이 사람은 삿된 도를 행하는 자이므로 여래를 볼 수 없다.〔若以色見我 以音聲求我

---

覺. 依不覺故說有始覺."
**125** 慧諝 譯, 『觀心論』, 앞의 책, p.204.

是人行邪道 不能見如來)"를 인용한다. 결국『문수설반야경』에서 강조하는 불취상모不取相貌의 행행으로서 불佛을 관관觀하되 사상事相에 얽매이지 않아야 진정한 염불삼매임을 나타내는 것이다.

신수의 이 두 문헌에서 약간의 차이가 있다면, 염불에 있어서의 방법 문제이지만 이미 앞에서 밝혔듯이 그것은 송송誦과 염념의 차이라고 본다.『문수설반야경』에서도 "오로지 명자를 칭하는 것〔專稱名字〕… 능히 일불一佛을 염념상속念念相續"이라는 구에서 염념念念으로 일행삼매에 들것을 제시하지만, 그 염념이 소리를 입 밖으로 내는 것인지, 아니면 입 속에서 생각만으로 하는 것인지 분명하지 않다.

따라서『문수설반야경』에서나『관심론』에서는 염불삼매의 의미로서, '고요한 곳에서 모든 산란된 생각을 떨쳐 버리고 홀로 정진하는 것'이므로 송송誦에 대한 언급이 자세하지 않지만,『무생방편문』의 성립 시기는 동산법문 이후로, 시대적으로 선종이 번성하여 많은 대중의 집단적 수행이 필요하게 되었으므로 일시에 염불하는 것으로서 방편상 목탁을 치면서 염불삼매에 드는 방법을 고려하지 않았을까 생각된다. 결국 염불의 중요한 의의는 정념正念이고, 또 여래의如來義를 요득하는 것이지만, 실수實修로서 구체화된 것은 신수에서 비롯되었음을 감안할 때, 그의 선禪의 방편상에서 독특한 한 면목을 살필 수 있는 것이다.

또한『문수설반야경』의 일행삼매는『기신론』을 근거로 하여, 선종 및 정토종의 창성기에 있어서 중요한 사상사적 의의를 지니고 있다고 보며, 더구나 동산법문이나 남북 양종의 칭명일행稱名一行 수행은 이를 바탕으로 중국적 해석에 의하여 그 뜻이 넓은 의미로 전환되었음을 알 수 있었다.

무념無念, 무심無心으로서 체득되고, 능동적으로는 일상의 행위를 통하여 참되고 순일한 실천을 일행삼매라 하고, 또 법계의 일상一相에도 집착하지 않는 무상無相인 일상삼매一相三昧가 신수의 선 실수禪實修이기도 하다.

결국 문수반야의 일행〔一行相, 一相莊嚴〕은 선정禪定이나 혹은 오로지 칭명으로 닦는 것으로서, 평등·일상一相이라는 의미가 가해져 일행전수一行專修·일행일체행一行一切行·제행諸行의 근본으로 사용되어, 돈오점수적 선 실수를 더욱 구체화했다고 생각한다.

## (3) 남종선의 일행삼매와의 상위성

『문수설반야경』에 나타난 내용에서 알 수 있듯이 일행삼매의 의미는 '법계일상法界一相, 진여평등眞如平等'의 이리를 관觀하는 삼매이며, 오로지 칭명염불의 염불삼매이기도 하다. 그런데 선禪에 있어서의 일행삼매의 의도는 동산법문의 사상에서 살펴본 것처럼, 반야행과 염불행을 동시에 병용하면서 선종의 초조인 달마의 선관사상에서부터 비롯되었다고 할 수 있다.

북종 신수의 선에 나타난 일행삼매에 대한 이해와 특징은, 당시 북종을 대상으로 공격과 비방을 한 남종계 혜능이나 신회사상에 나타난 일행삼매관과 선교일치禪敎一致를 주장해 온 종밀선宗密禪에서의 그 내용을 아는 것에서 명료해지리라고 본다.

『능가사자기』에서는 일행삼매에 대하여 그 의미를 충분히 언급하지 않지만『단경』에,

"어리석은 자는 법상法相에 집착하고 일행삼매一行三昧로 고집하여 앉아 있기만 한다. 망념을 제거하고 마음에 (識이) 일어나지 않는 것을 일행삼매一行三昧라고 하지만 이것은 무정無情과 같아 도리어 도에 장애가 된다."[126]

고 하며, 사람들에게 앉기만을 가르치고 간심간정看心看淨, 부동불기不動不起로서 공功을 얻는 것을 가르치는 것은 크게 잘못된 것이라고 하여,

"하루 종일 행주좌와行住坐臥하는 가운데서 어디에서나 늘 직심直心하는 것이 일행삼매一行三昧이며 일체법에 있어서 집착하지 않음을 일행삼매라고 한다."[127]

라고 정의한다.

이러한 내용으로 보아, 혜능의 일행삼매의 정의는 다른 선자의 일행삼매관에 대한 비판이라고 볼 수 있으며, 이는 바로 북종의 일행삼매관을 가리킨다고 볼 수 있다.

『능가사자기』의 일행삼매의 교증敎證에는 반드시 『문수설반야경』의 일행一行인 것을 명시하고 있다. 이에 대하여 『신회어록』이나 『육조단경』에 수록된 일행삼매는 독자의 의의를 가지고 있을 뿐,

---

[126] 『육조단경』, p.6. "迷人着法相 執一行三昧 眞心坐不動 除妄不起心 卽是一行三昧 若如是 此法同無情 却是障道因緣."
[127] 위의 책, p.6.

『문수설반야경』에 근거한다는 입장은 전혀 나타나지 않는다. 반면에 이들은 『정명경淨名經』이나 『유마경』, 『금강반야바라밀경』의 반야사상을 배경으로 한 소의경을 바탕으로 남종선의 독자적인 일행一行을 전개하고 있는 것이다.

『단경』에 좌부동坐不動하여 제망불기심除妄不起心한 일행삼매에 대한 부정적 의미는, '유마힐이 사리불에게 숲속에 앉아 있음에 대해 질책하는 것'이라든가, 또 참된 일행一行은 관심(觀心, 看心)으로서만이 아니라 일상의 행주좌와行住坐臥에 능동적이고 순일純一인 직심直心을 행하는 것임을, 『정명경淨名經』의 '직심시도량直心是道場 직심시정토直心是淨土'라는 것을 인용하여 주장하는 것을 볼 수 있다.

『법보단경』 반야 제2에, "선지식이여, 반야삼매에 들고자 하거든, 반야바라밀을 직수直修하고, 『금강경』을 송지誦持하면 즉시 견성한다."고 하며,[128] 또한 그것을 무념無念이라고 한다. 즉, "선지식들이여, 지혜로 관조하여 내외가 명철明徹하면, 스스로 본심을 알리라. 본심을 알면 바로 본래의 해탈이다. 해탈을 얻는다면 바로 반야삼매이며 바로 이것이 무념"인 것이다.[129] 따라서 무념無念을 종宗으로 삼고, 무상無相을 체體로 하고, 무주無住를 본本으로 하는 혜능의 선은 견성의 반야삼매로 귀결되는 것이라 볼 수 있으며, 바로 정혜일체인 무념을 나타내는 일행삼매이며, 『문수설반야경』의 '법계일상法界一相 진여평등眞如平等'의 이리를 관관觀觀하는 쪽에 해당한다고 본다.

---

[128] 『大正藏』48, p.350c.
[129] 『大正藏』48, p.351a. "善知識, 智慧觀照內外明徹 識自心 若識本心卽本解脫 若得解脫卽是般若三昧 卽是無念."

또한 『법보단경』 부촉(咐囑) 제10에,[130] "종지宗智를 성취하고자 하면, 일상삼매一相三昧, 일행삼매一行三昧를 체득해야 한다."고 했다. 즉 "일상삼매란 모든 곳에서 부주상不住相이며, 상대에 있어서 불생증애不生憎愛, 이익성괴利益成壞 등의 불념不念이며, 한념정허융담박閑恬靜虛融澹泊한 것"이라고 하며, 일행삼매는 행주좌와에 순일직심純一直心으로 부동도량不動道場하는 것이며 참되게 정토를 이루는 삼매라는 것이다. 이처럼 정靜·동動 양면을 나타내는 일상일행삼매一相一行三昧에 의해 보리菩提의 묘과妙果를 증證한다는 뜻에서도 역시 혜능의 일행삼매선이 반야행임을 살필 수 있는 것이다.

순일직심純一直心하여 무념無念을 종宗으로 하는 혜능의 일행삼매관과는 달리, 신회는 무념無念의 일행一行뿐만 아니라 경을 송지誦持하는 일행一行도 중요함이 첨가되는 것은, 혜능과 신회의 선수禪修의 상위점이라 본다. 이러한 행行의 차이는 문헌 자체의 성립 연대와도 무관하지 않을 것이다.

물론 돈황문헌의 자료에서 그 내용을 살피는 것이지만 또한 문헌작성의 연대로 보아 신회어록인 『보리달마남종정시비론菩提達摩南宗定是非論』이 732년이며, 『단경』이 790년이기 때문에 두 문헌의 사상내용에 있어서 혜능을 육조로 등용시킨 신회로서는 스승인 혜능사상과 일치되어야 한다는 논리의 타당성이 부여되지만, 서지학적인 측면에서 그 내용을 다루는 것은 본 연구의 성격이 아니므로 그대로 문헌에

---

[130] 『大正藏』48, p.361a. "須達一相三昧 若於一切處而不住相 於彼相中不生憎愛 亦無取捨 不念利益成壞等事 閑恬靜虛融澹泊 此名一相三昧 若於一切處行住坐臥 純一直心不動道場 眞成淨土 此名一行三昧."

나타난 것만으로 그 사상을 유추하는 것으로 한정하고자 한다.

신회의 『보리달마남종정시비론』(이하 『정시비론』) 권하에, 일행삼매에 대한 두 가지 행行을 강조하고 있다.[131] 첫째는 『금강경』을 송지誦持하면, 경의 위덕력威德力으로 선세先世에 지은 무거운 업장을 소멸하여 일행삼매에 든다고 하며, 둘째는 무념無念이 즉 반야바라밀이고 반야바라밀이 즉 일행삼매라고 정의한다. 좀더 상세히 그 내용을 살펴본다면, 첫째는 『금강경』을 송지하는 이유로서 이 경은 일체제불의 모경母經이며, 일체제법의 조사祖師이기 때문이며, 반야바라밀은 모든 법法의 근본이 되는 까닭에서다. 따라서 『금강경』을 송지하는 일행삼매는 최상제일의 희유한 법을 성취하는 것이 되며, 업장이 소멸된다는 것이다. 그 둘째는 반야바라밀은 무념無念으로서 반야행의 일행삼매를 나타낸다. 이러한 무념은 "유·무라는 생각, 선·악이라는 생각, 유변·무변이라는 생각, 한량·무한량이라는 생각, 보리를 생각, 보리로서 염을 삼는 것, 열반이라는 생각, 열반으로서 염하는 것 등을 하지 않는 것"이다.[132]

따라서 무념행無念行으로서,

"만약 공부하는 자가 마음에 생각이 일어나면 다시 각조覺照하라.

---

**131** 胡適, 『神會和尙遺集』(胡適紀念館, 民國 59年), p.304. "諸知識誦持 金剛般若波羅密經而不能得入一行三昧者 爲先世重罪業障故 必須誦持此經 以此經威德力故 … 先世重罪業障卽爲消滅. 以消滅故 卽得入一行三昧."

**132** 위의 책, p.308. "不念有無 不念善惡 不念有邊除無邊除 不念有限量無限量 不念菩提 不以菩提爲 念 不念涅槃 不以涅槃爲念"

기심起心이 이미 멸하고, 각조覺照 자체도 스스로 없어지면 이것은 그대로 무념無念이다. 이 무념은 즉 어떠한 한 경계도 아니며, 만약 한 경계이면, 즉 무념과 상응하지 않는다. 왜냐하면 여실히 본다는 것은 깊게 법계法界를 요달하는 것이며, 이는 바로 일행삼매一行三昧인 까닭이다."[133]

고 밝힌다.

이처럼 신회에게 일행삼매행의 의의는, 숭원 법사와의 문답에서 '어떠한 수행을 하는가'라는 물음에 대해 '반야바라밀법을 수행한다'는 것으로 답하여, 다른 어떠한 법으로도 수행하지 않음을 나타낸다. 그 이유는 반야바라밀법이 능히 일체법을 섭하는 것이며, 모든 행行의 근본이기 때문이라는 것이다. 따라서 '금강반야바라밀법은 가장 존귀하고 가장 훌륭하고 최고제일이며 무생 무멸 무거래이며 모든 부처님이 여기서 나오셨다'라고 단정한다.[134] 이와 같이 신회에 있어서 『금강경』의 송지誦持와 불기심不起心의 무념의 입장인 일행삼매는, 신회 자신의 독특한 의미라고 여겨지며 이러한 의미를 크게 확대해 보면, 『문수설반야경』에서 의미하는 염불과 반야행을 근본으로 하는 내용과도 일치한다고 볼 수 있다. '오로지 부처님 명호를 부르는' 염불은 그대로 『금강경』을 송지하는 방법과 차이가 있는

---

**133** 위의 책, pp.308~309. "諸善知識 若在學地者 心若有念起 卽便覺照 起心旣滅 覺照自亡 卽是無念 是無念者 卽無一境界 如有一境界者 卽與無念不相應 故諸知識 如實見者 了達甚深法界 卽是一行三昧"

**134** 위의 책, pp.296~297. "金剛般若波羅蜜法 最尊最勝最第一 無生無滅無去來 一切諸佛從中出"

것이 아니라고 보며, 법계연法界緣은 불퇴불괴不退不壞, 부사의不思議, 무애무상無碍無相임을 밝혀 법계일상法界一相 계연법계繫緣法界가 일행삼매임과 같은 의미가 된다고 볼 수 있다.[135]

이제 하택신회를 계승한 규봉종밀의 『선원제전집도서』(이하 『도서』)에서 나타난 일행삼매의 내용을 살펴보도록 하겠다. 이는 소위 남종계의 일행삼매의 행行을 통하여 선수禪修를 아는 것뿐만 아니라 북종 신수의 일행삼매와의 상관성을 아는 데 필요한 내용이라고 생각되기 때문이다.

종밀의 저술에서 두드러지게 눈에 띄는 것은 일행삼매를 설명하기 위하여 교증教證되는 것이 『문수설반야경』과 『기신론』이라는 점이다.

혜능의 『육조단경』에서나 『신회어록』에서는 마치 의식적으로 회피한 것처럼 이들 경을 전혀 인용하지 않고, 『금강경』이나 『유마경』, 『정명경』 등을 소의로 하여 일행삼매를 선수禪修로서 그 의미를 나타내고 있다.

그런데 스스로 남종계의 계승자, 즉 하택신회의 선을 계승한다고 한 종밀은 『문수설반야경』에 나타난 일행삼매의 내용과 아주 유사하게 '일행삼매'에 대해서 밝히고 있다. 그리고 이러한 내용은 신수의 문헌인 『관심론』이나 『대승무생방편문』에 나타나고 있는 일행삼매 사상과 거의 유사함을 살필 수가 있다.

종밀은 『도서』 권상上에서 일행삼매에 대하여 다음과 같이 밝히고 있다.

---

135 『大正藏』8, p.731a. "當先聞般若波羅蜜如說 修學然後能入一行三昧, 如法界緣 不退不壞, 不思議無碍無相"

"몰록 자심自心은 본래 청정하여 본래 번뇌가 없으며, 무루無漏의 지성智性을 스스로 구족하고, 필경 불佛과 다르지 않음을 깨닫고, 이러한 이치에 의하여 닦는 선禪을 최상승선이라 하며, 역시 여래 청정선・일행삼매・진여삼매라고도 한다.
이는 또한 모든 삼매의 근본으로서, 만약 능히 염념수습念念修習하면 자연히 백천삼매를 차차로 얻게 된다."[136]

고 했다. 따라서 종밀은 달마 문하에 서로 전하고 있는 선禪이 바로 최상승선, 즉 일행삼매라고 주장하고 있다.

외도선・범부선・대승선과도 구별되고 있는 이 여래청정선은『기신론』에서의 일행삼매와 같은 의미임을 볼 수 있다. 즉

"……이러한 삼매에 의하여 법계일상法界一相을 알게 된다. 이른바 일체제불법신一切諸佛法身이 중생신衆生身과 다를 바 없다〔平等無二〕는 것을 알게 되는 것이니, 만약 이러한 수행을 계속하면 점차 무량삼매가 생긴다."[137]

---

**136** 鎌田茂雄,『禪源諸詮集都序』(『禪の語錄』9, 東京: 筑摩書房, 1979), p.23. "若頓悟自心本來清淨 元無煩惱 無漏智性本自具足 此心卽佛 畢竟無異 依此而修者 是最上乘禪 亦名如來清淨禪 亦名眞如三昧 此是一切三昧根本 若能念念修習 自然漸得百千三昧 達磨門下展轉相傳者是此禪也"
**137**『대승기신론』(『大正藏』32, p.582b) "復次依如是三昧故 則知法界一相 謂一切諸佛法身與衆生平等無二. 卽名一行三昧. 當知眞如是三昧根本. 若人修行 漸漸能生無量三昧."

고 설명한다. 이는 역시 『문수설반야경』의 반야행의 입장이 그 바탕이 되고 있음을 알 수 있다.

종밀의 종宗과 교판론敎判論에 있어서 삼종(三宗; 禪), 삼교(三敎; 敎)는 홍주종洪州宗과 하택종荷澤宗에서 말하는, "바로 심성을 드러내는 종宗과 교敎의 직심直心은 성성의 현시顯示"라는 실천면에서 일치함을 살필 수 있는 바로서, "만약 번뇌미박煩惱微薄하여 혜해명리慧解明利하면 이는 본종본교本宗本敎의 일행삼매에 의한 것"임을 명시하고 있다.

이를 교증敎證하는 뜻에서 『기신론』의 수지修止의 입장을 밝히는데, "고요한 곳에 단정히 하여, 바른 뜻에 주住하고, 기식형색氣息形色에 의하지 않으며, 오직 마음은 바깥 경계에 있지 않다."고 하며, 또 『금강삼매경』에 "보살선菩薩禪은 동動이며 부동불선不動不禪은 무생선無生禪"이라 하며, 또 『법구경』 『정명경』 등을 전거典據로 여래청정선의 입장을 밝히고 있다. 따라서 종밀은, 일행삼매의 선禪은 "체體에 의지하여 행행을 일으키고 닦지만 무수無修한 것이어서 오히려 부주불不住佛 부주심不住心이다."고 강조한다.[138]

또 『화엄경보현행원품별행소초華嚴經普賢行願品別行疏鈔』 권4에서 종밀은 수행의 요체이며 섭심의 관건으로서 네 가지 종류의 염불을 들고 있다. 즉 ①칭명념稱名念, ②관상념觀像念, ③관상념觀想念, ④실상념實相念으로, 근기의 순으로 배열되어 있음을 알 수 있다.[139]

---

138 鎌田茂雄, 앞의 책, p.145. "若煩惱微薄 慧解明利 卽依本宗本敎一行三昧. 如起信云 住於靜處 端身正意 不依氣息形色 乃至唯心無外境界. 金剛三昧云 禪卽是動 不動不禪 是無生禪. … 修而無修. 尙不住佛 住心 誰論上界下界."

이 중 ①과 ④가 일행삼매와 관련된다고 본다.

①의 칭명념稱名念은 『문수설반야경』의 염불삼매를 나타내고 있는 부분으로 "일불一佛을 염념상속念念相續하면 즉시 염念 중에 삼세三世의 제불諸佛을 보고, 일불一佛의 공덕은 무량무변하여 일체불一切佛의 공덕과 부사의不思議하게 무이無二하다."고 한다. 이는 수많은 제불법계가 차별상이 없음을 알고, "비록 아난이 총지다문변재總持多聞辯才라고 해도 일행염불一行念佛에 백천등분百千等分의 일一에도 미치지 못한다." 함을 교증敎證으로 하고 있다.[140]

다음 ④실상념實相念은 법신法身에 대한 입장이며, 자신 및 일체법의 진실자성眞實自性을 관관觀觀하는 것이다. 따라서 『문수설반야경』을 인용하여 "자성自性은 불생불멸不生不滅 불래불거不來不去하여 명(名; 이름)도 아니고 상(相; 모양)도 아니어서 이를 일러 불佛이라 하며, 스스로 관신실상觀身實相과도 같으며, 불佛을 관관觀하는 것도 역시 그러하다. 또한 "법계일상法界一相임을 계연繫緣하는 일행삼매一行三昧도 실상념實相念, 즉 염불念佛에 지나지 않는다."는 것이다.[141] 여기에서 종밀의 염불삼매가 일행삼매의 참된 의미를 나타내고 있음

---

**139** 『卍續藏經』7, p.457左, "念佛一門修行之要諦攝心之關鍵 … 然念佛不同總有四種一稱名念二觀像念三觀想念四實相念"

**140** 위의 책, "一佛念念相續 卽是念中能見過去未來現在諸佛 何以故 念一佛功德無量無邊 亦與無量諸佛功德 無二不思議 … 盡知恒沙諸佛法界無差別相 … 若雖阿難多聞辯才百千等分不及其一"

**141** 『卍續藏經』7, p.457左, p.458右, "四實相念亦名法身謂觀自身及一切法眞實自性. 文殊般若云 不生不滅 不來不去 非名非相是名爲佛如自觀身實相觀佛亦然 等又云 繫緣法界一相是名一行三昧"

을 살필 수 있다.

## 4. 신수선에서의 방편

### 1) 방편의 의의와 선

방편方便이라 하는 말은 일반적으로 순간적인 수단이나 방법, 다시 말하여 허위적 수단의 의미를 가진 어의語義로서 쓰이지만, 불교에서는 중요한 의미를 가지고 사용된다. 더구나 대승불교에서는 방편이라는 말을 빼면 사상적 성립이 이해될 수 없을 정도이다.

대승경전 중 『유마경』이나 『법화경』이 그 대표적이라 하겠는데 우선 방편이라는 말이 가지는 의미부터 살펴본다면, 범어로는 upāya인데 '불佛이 중생을 교도하기 위해서 이용하는 편의의 수단'이라고 했으며, 『범화대사전梵和大辭典』에서는 접근·도착·공부·책략·기교방편·방계方計·교편巧便·권방편權方便·여법如法·인연·인연방편 등으로 번역되어 있다.

이러한 경우 '어떤 목적을 향하여' 접근·도달되는 것이라 하겠는데, 불교사상에 있어서는 당연히 '각覺'·'해탈'의 구극究極의 경지를 뜻하는 것이 될 것이다. 즉 '중생이 깨달음으로 접근하는 것' 그것을 방편이라 하는 것인데, 이것이 불교 본래의 의미이며 더욱이 대승불교사상의 중심이 된다고 본다.

불교경전사로서 살펴볼 때 불佛과 중생과의 관계는 교리사 전개에서 중요한 차이를 나타낸다. 보다 구체적으로 말하면, 아함·원시불교의 입장은 어떻게 해야 중생이 불佛이 되는가의 길〔道〕을 묻는 것이고, 대승의 경전은 어떻게 해야 불佛이 중생을 구제할 수 있는가 라는 면이 강조되어 있다고 생각한다.

결국 불교경전사의 전개로부터 보면, 중생은 진여와의 관계에 있어서 길[道]을 생각하며, 도道는 진여에 도달하는 것[142]으로 이해될 수 있다. 그것은 바로 방편이라는 의미가 되며, 말하자면 불佛의 지혜로부터 발로한 도道고 방편이다.

그러면 방편과 지혜와의 관계는 어떤 것인가? 『대지도론』에

"보살의 길에는 두 가지가 있는데, 하나는 반야바라밀의 길이고 또 하나는 방편의 길이다. … 반야바라밀 속에 방편, 방편 속에 반야바라밀이 있다고 해도 반야와 방편의 본체는 하나다."[143]

또한

"방편이 바로 지혜이며 지혜가 바로 방편, 지혜는 깨끗하고 맑으며 …… 이름만 바꾸어 방편"[144]

라고 되어 있다. 여기에서 보살도로서의 반야바라밀과 방편은 다른 것이 아님을 보이고 반야바라밀이 지혜인 한, 지혜와 방편은 별개가

---

142 山口・橫超・安藤・飛橋 編, 『佛敎學序說』, p.218.
143 『大智度論』(『大正藏』25, p.754b~c). "菩薩道有二種 一者般若波羅蜜道 二者方便道 …中略… 般若波羅蜜中雖有方便 方便中雖有般若波羅蜜 而隨多受名 般若與方便本體是一 以所用小異故別說."
144 『大正藏』25, p.394c. "方便卽是智慧 智慧淳淨故變名方便."

아니며 단지 이름만 바꾸어 지혜와 방편이라는 설이다.

더구나 『대승오방편』 중에서 '제3방편'에 『유마경』의 「문질품」 제5를 통하여 '방편즉지혜'를 여실히 나타내는데 "이 설은 방편이 없으면 혜가 결박되며 방편이 있으면 혜가 풀어진다.〔無方便慧縛, 有方便慧解〕"고 하였다. 이러한 설은 "무혜방편박無慧方便縛, 유혜방편해有慧方便解", 즉 방편과 지혜의 동등한 입장을 볼 수 있는 것이다.[145]

또 『대지도론』의, "반야바라밀 중에 방편이 있고 방편 가운데 반야바라밀이 있으며 반야와 방편은 본체의 하나"라는 의미에서 '방편즉반야'이며, 그것은 '진실즉방편'으로도 설명될 수 있다.

다시 라집羅什 역 『법화경』의 「법사품法師品」에 "이 경은 방편문方便門을 열어 진실상眞實相을 보인다."의[146] 구句에도 '진실과 방편'의 관계를 명시하는데, 그것은 방편은 진실에 이르기 위한 문인 동시에 방편의 당체가 곧 진실상이라는 뜻으로도 해석된다. 그리고 법화사상의 측면에서도 방편이 '방편'으로써 알게 될 때 이미 거기에는 진실이 보이는 것으로 '방편의 문'이 열려지는 것과 '진실'이 보이는 것과의 개開·시示 사이에는 전후의 관계가 없다고 보아야 할 것이다.

방편은 언어 자체로서의 방편보다도 '무엇 때문에' 방편을 말하는 것인가의 근본에서 방편의 참된 이해가 생기며, 그것은 바로 진실의 길〔道〕이며 그 방법인 동시에 '진실상을 보임'이라는 뜻에서 방편은 곧 불도이며 '불즉도즉방편佛卽道卽方便'이라고도 할 수 있을 것이다.

---

145 『大正藏』14, p.545b. "是說是無方便慧縛 有方便慧解 是說是無慧方便縛 有慧方便解."
146 『大正藏』39, p.31c.

선禪은 본래 인도에서는 사유수思惟修, 정려靜慮의 의미를 가진다. 사유수는 마음을 하나의 대상에 오로지 맡겨서 사유하고 수습修習하는 것으로 사유와 실천이 불리不離의 상태에 있는 것이다. 또 정려는 적정정려寂靜淨慮라고 해석되는 것처럼[147] 마음을 조용히 가라앉힘을 실천하는 것이다.

또 선禪은 오개五蓋, 즉 탐욕貪慾·진에瞋恚·혼침惛沈·도회悼悔·의疑를 버리기 때문에 기악棄惡이라고도 의역한다. 선禪을 행하면 지혜나 신통 등의 공덕이 모여 쌓여지기 때문에 공덕취림, 공덕총림이라고도 의역한다. 다만 여기서의 신통은 선에 의해 얻어지는 내면생활의 자유를 구체적으로 나타내는 것이어서 반드시 초자연적 힘만을 가리키는 것이 아니다.

선禪은 또 정定이라고도 해석하며, 그것은 동요나 산란을 여의는 것을 의미하고, 또 그것은 삼매라고 하며 이는 마음을 한 곳에 모은다든가 두는 것을 뜻한다. 불교에서는 이를 '등지等持'라고도 한다. 그것은 마음을 평등히 보지保持한다는 뜻으로, 마음이 침울해지는 수도 있고 산란해지기 쉬우므로 마음을 균등히 한다는 것을 의미한다.

보리달마 선에서는, 중생에게 본래 갖추어져 있는 본각진성을 오수悟修하는 것을 선禪이라 칭한다. 중생에게 본래 구족되어 있는 진성을 깨닫는 것을 혜慧라 하고, 혜를 나타내기 위해 닦는 마음을 정定이라 칭한다. 이것을 통칭 '정혜즉선定慧卽禪'임을 말하는 것이며, 즉 깨닫는 마음과 깨달아지는 진성이 하나가 되는 체험이 바로

---

**147** 鈴木大拙, 「禪の本質に關する序論」, 『宗敎硏究』 新第2卷, 第2號(大正 14年), p.52.

선인 것이다. 다시 말하면 진성의 깨달음을 얻기 위해 수행하는 것이 아니고, 진성 그것에 계합한 곳에 '자연히 드러나는' 본각진성이 함께 융즉融卽하는, 혜慧와 정定에 현현한 구극의 체험을 선이라고 하는 것이다. 그러므로 선은 반드시 '행行'을 통하며, '행行 그것이라고도 할 수 있으며, 더구나 이 행行에는 돈오·점수가 내포된다고 보아야 한다.[148]

선禪이라고 말할 때는 이미 일종의 도행道行 또는 정신적 수련으로서 좌선·선정·타좌打坐가 실천의 방법이 된다. 여기서 만약 좌선과 각覺이 따로 성립된다면 훈련 없는 각覺의 이룸이고, 각覺을 향하지 않는 좌선은 일방적 종교의 한 형태로 그치게 될 것이다. 때문에 좌선·타좌는 그대로 각의 실천이며 궁극의 목적을 위한 사실이 될 수 있을 것이다. 그래서 선 그 사실의 행위는 각의 방편이며, 방편이 곧 선 진실에 입각하는 방법이 될 수 있다.

이러한 의미를 지닌 선禪은 흔히 '교외별전, 불립문자'의 구句에서도 잘 나타나고 있는 것처럼, 교敎로서도 전해지지 않고 문자로서도 말할 수 없는 것이라고 한다. 그러나 그렇다고 해서 그러한 선구禪句는 지식의 가치를 전혀 무시하는 것은 아니고, 다만 지식으로서는 선의 실체를 나타낼 가능성이 없다는 것을 드러내고 있을 뿐이라는 데에 주의해야 할 것이다.

선禪의 그러한 본질은 선 특유의 체험에 근거하고 있으며, 그러한 근거에서도 선은 가장 광의적·포괄적으로 하나의 도덕적 체계를

---

**148** 『大智度論』(『大正藏』25, p.111b). "諸坐法中結跏趺坐最安隱不病極. 此是坐禪人坐法. 攝持手足心亦不散. 又於一切四種身儀中最安隱."

갖춘 오도悟道의 방편이며, 그런 뜻에서 선은 곧 특별한 종교적 경험 사실과 윤리적 훈련을 병합한 것이 될 수도 있다.

그래서 선학자禪學者 스즈끼 다이세츠(鈴木大拙)는, "선의 본질에는 반드시 세 가지 요소가 이루어져야 한다."고도 했다.[149] 즉, ①특별한 종교적·심리적 체험, ②체험의 타당성 확립, ③도덕적 훈련이다.

이렇게 볼 때 실천적 사실이 바로 선禪의 본질이며, 그러한 선 실수는 '방편즉실상, 실상즉방편'이라는 의미에서 '선즉방편, 방편즉선'이라고 할 수 있을 것이며, 그러한 선이 곧 북종선에서의 방편이라고 생각한다.

## 2) 초기 선종의 선 실수

인도에서 전래되어 온 원래의 의미로서의 선禪은 일종의 도행道行이며 체험적 훈련인데, 그것이 마침내 중국화하여 성불하기 위한 좌선·선정·타좌打坐와 같은 훈련으로 자리 잡는다. 그러므로 중국 초기 선종 문헌의 내용은 '직지인심 견성성불'을 목적으로 하면서도 선리禪理이기보다는 오히려 선 실수가 중심이었다고 볼 수 있다. 이제 초기 선종의 사상에서 나타난 선수행의 의미와 방법을 살펴 선수행의 발단 과정을 파악해 보기로 하겠다.

선사상의 근원으로서의 달마達摩의 선법禪法은 '대승안심大乘安心의 법'으로 이입사행이라고 할 수 있다. 이입과 행입은 『금강삼매경』에도 나오는 것인데,[150] 경설經說이 교의적인 것에 비해 달마의 선은

---

[149] 鈴木大拙, 앞의 책, p.54.
[150] 『金剛三昧經』「入實際品」(『大正藏』45, p.369c)

실천적이고, 수修에 의미를 두었음이 그의 특색이다. 즉, '응주벽관' 함에 따라 '자타범성등일自他凡聖等一'의 경지에 드는 것이고, 더욱 언어문자의 가르침에 떨어지지 않기를 강조하고 있기 때문이다.[151] 더구나 혜가와 도육 두 제자에게 진도眞道를 가르친 것은 대승안심의 실천으로서 안심, 발행發行, 순물順物, 방편의 실천이다.[152]

결국 달마의 선법은 '범부와 성인 등 모든 중생은 동일한 진성眞性을 가지고 있음을 깊게 믿을 것'을 종宗으로 삼고 대승안심大乘安心의 실천법으로 네 가지 행을 제시한 것이다. 그것은 보살행으로 가장 필요한 참회와 서원의 형식인 보원행報怨行과 수연행隨緣行이며, 공관空觀의 수행으로써 무소구행無所求行과 칭법행稱法行이다. 이는 그대로 대승안심을 위한 도행道行인데, 특히 무소구행은 두타행의 모습을 보여주는 것으로서, 반야실천의 태도로 인생을 고苦라고 감수하고 무아無我이므로 무구無求라고 하여, 본래 청정함으로 돌아갈 것을 수행방법으로써 시사한 내용이다. 이것은 후일 동산법문 선법의 근거가 되지만 어쨌든 달마에서부터 선수행의 기초가 확립되었다고 본다. 더구나 선禪의 구극의 묘의妙意에 사자전수師資傳受하는 것의 방편법으로 '지사문의指事問義'가 있다.[153] 이는 이심전심의 밀용密用이기 때문에 『전법보기』는 이러한 방편법을 "그 방편개발은 모두 사자밀용師資密用이므로 말로 나타내는 바가 없다."라고 했다.[154]

---

**151** 『楞伽師資記』(『大正藏』85, p.1285a)
**152** 위의 책(『大正藏』85, p.1285a)
**153** 위의 책(『大正藏』85, p.1285b)
**154** 柳田聖山, 『傳法寶記』(『禪の語錄2』, 東京: 筑摩書房, 1971), p.355. "其方便開發

이것은 나중에 북종선의 구체적 실천의 동기가 된다. 이때부터 이미 형태에 대한 언설을 피하고 심법心法을 점검하는 새로운 사자전승師資傳承의 선 실수가 나타났음을 알 수 있다.

이러한 도행道行은 극히 '적정주의적寂靜主義的 수행'으로 초기 선종의 전반적인 수행의 흐름이 된다. 혜가·승찬 시대에는 북주파불北周破佛의 영향도 있었겠지만, 산중으로 은둔하며 선수행을 했다는 사실들로 미루어 보더라도 개개인의 수행자에게는 적정寂靜한 수행이 중심이 된 분위기였음을 짐작할 수 있다.

혜가慧可는 새로운 선 실수禪實修의 구체적 방법, 즉 방편方便이 없이 그대로 달마선達摩禪을 답습하며, 『능가사자기』에 "무명과 지혜는 다르지 않으며 만법이 이와 같음을 마땅히 알아야 한다."[155]라고 하고, "만약 망념이 일어나지 않고 묵연정좌默然淨坐이면 대열반大涅槃이고 이를 자연명정自然明淨이라 한다."고 함으로써 달마의 이입사행의 취지를 한층 철저히 한 것을 볼 수 있으며, 승찬僧璨의 사상도 거의 같다. 『전법보기』에 의하면, "몸이 비록 아프지만 환자인 저의 마음과 화상의 마음은 다르지 않습니다."[156]라고 한 것처럼, 범신凡身 그대로가 성불成佛의 가능성이 있음을 보이며, 이것은 '무명과 지혜는 같아 다름이 아님〔無明智慧等無異〕'과 같은 의미가 된다고 본다. 또한, 혜가와 승찬은 이리로서 진眞을 얻고 그 행행이 무철적無轍迹하며[157]

---

皆師資密用 故無所形言"

155 『楞伽師資記』(『大正藏』85, p.1285c~1286a). "無明智慧等無異 當知萬法卽皆如", "若妄念不生 默然淨坐大涅槃曰自然明淨"

156 『傳法寶記』(『大正藏』51, p.181b). "身雖有患 患人心與和上心無別"

촌리村里나 산촌을 유행遊行하며,[158] 어떠한 기록[語錄]도 남기지 않다가 도신道信 때에 이르러 그 제자와 함께 한 곳에 정주定住하기에 이르렀다는 것을 말하고 있다.

중국 초기 선종사禪宗史 가운데 삼조三祖 승찬僧璨까지는 그들 자신이 일의일발一衣一鉢로써 어떠한 곳에도 정주定住하지 않고 또 한 곳에서 계속 숙박하는 일이 없는 생활로 일관하여 특별한 단체생활의 다른 수행은 없었던 것 같다. 이는 시대적으로 아직 달마선이 대중화되지 않았다는 것도 엿볼 수 있는 것이지만, 사상적 면에서는 반야공관의 행행을 깊이 실천했다고 볼 수 있다. 이렇게 하여 달마선은 도신(580~651)에 이르러 집단 수행에 의해 선실수가 다양화되지만 그것은 그대로 달마선의 골격을 유지하며 발전한다.

신수는 측천무후에게 자신의 종지는 동산법문에 속한다고 한 것에서 달마계 동산의 의미가 넓어지는데, 이는 사실 도신道信의 선법이 중심이 된다. 당시 일반적으로는 도신의 회하會下 장강長江 중류역中流域의 기주황매蘄州黃梅 쌍봉산雙峰山을 중심으로 오백 인의 집단생활에 의한 선법禪法이 이루어졌고, 도신의 법法을 이은 오조홍인弘忍도 도신의 입멸入滅 이후 동동에 있는 빙무산憑茂山, 즉 동산東山에 칠백 명의 문인門人을 모아 도신으로부터 이은 선법禪法을 더욱 발전

---

**157** 柳田聖山, 『初期禪宗史書の研究』(京都: 法藏館, 1967), p.570. "是故惠可僧璨 理得眞 行無轍迹 動無彰記. 法匠潛運 學從默修. 至夫道信 雖擇地開居 營宇玄象……"

**158** 柳田聖山, 『初期の禪史』1(『禪の語錄』2, 東京: 筑摩書房, 1971), p.371. "後遭周武 破法 流遁山谷經十余年"

시켜 뛰어난 문인이 배출되었으며, 이러한 사·오조祖에 의해 확립된 집단 수행의 선풍禪風을 동산법문이라 하고 있다.[159]

도신의 기본적 입장은 『능가사자기』 도신조에, "나의 이 법요는 『능가경』에서 말한 제불심을 제일로 의지하며"와 "『문수설반야경』의 일행삼매를 의지"라는 말에서 시사받을 수 있지만,[160] 이 중 '제불심제일諸佛心第一'에 대해서는 그 내용이 구체적으로 드러나 있지 않고 오히려 그것이 구나발타라조에 나타나 있음을 본다.[161] 제불諸佛의 마음의 근본은 '심불기心不起'이고 이는 불과처佛果處로서 묵심자지默心自知해야 하는 것이며, 그래서 선정禪定의 실수實修가 반드시 필요하다는 것이다. 때문에 도신은 달마가 전하는 일심명정一心明淨은 안심安心을 체달體達해야 한다는 것을 알았지만, 또한 집단 수행자의 근기에 고하高下가 있음을 느끼고 새로운 방편을 전개하는데, 달마선법은 돈오묘수의 본각문적 입장에 있으므로 이것은 상상근기에 적합한 실수임을 감지하고 중·하 근기에 맞는 방편법문으로서 시각적始覺的·점적漸的 요소의 필요성을 느낀 것이다. 그래서 실천과 이해와 깨침(悟)의 상호관계에 대해서 네 가지 종류로 나누어 근기를 식별하며 그 차이를 둔다.[162] 이것은 초기선종사에서 새로운 일로써 집단생활

---

159 柳田聖山, 『初期の禪史』1(『禪の語錄』2, 東京: 筑摩書房, 1971), p.186.
160 『大正藏』85, p.1286c. "我此法要依楞伽經 諸佛心第一. 又依文殊說般若經一行三昧."
161 『大正藏』85, p.1284a. "楞伽經云 諸佛心第一我教授法時 心不起處是也 此法超度三乘 越過十地 究竟佛果處 只可默心自知 無心養神 無念安身 閑居淨坐 守本歸眞."
162 『大正藏』85, p.1287c. "故知學者有四種人 有行有解有證上上人 無行有解有證

을 위한 전문적·조직적인 제접提接관계를 보이는 것이다. 도신은 초학자가 좌선할 경우 마음의 준비로서, 우선 모든 현상의 법이 본래 공적하다는 것을 관해야 하며, 몸과 마음을 조절하는 수련에서 성심(聖心; 불심)·불성佛性이 나타나며, 이 불성을 보는 것을 출세인이라고 하였다.[163] 다시 말하여 본래 공적함을 관한다는 것도 역시 '심불기心不起'의 의미를 뜻하는 것이며, 이 심불기의 좌선의 방편이 돈오점수로 이어지는 실수實修의 맥락이라 본다.

도신은 또한 "일행삼매로써 안심을 체달體達해야 한다."[164]는 것은 유심唯心의 수련으로 무수의 선근이나 무한의 수행을 대승독자의 실천적 행법으로 일행을 삼고 있으며, 경교를 근거로 하여 불佛은 심心이고 마음 이외에 따로 불佛이 없음을 오문五門으로 설명했는데, 이 오문은 후일 신수의 '대승오방편大乘五方便'의 적극적인 선실수의 모습을 보이는 그 기초가 되었다고 본다. 일종의 유심철학의 체계를 형성시킨 것이라고도 할 수 있을 것이다.[165]

그 오문은 (가) 지심체知心體, (나) 지심용知心用, (다) 상각부정常覺不停, (라) 상관심공적常觀心空寂, (마) 수일불이守一不移인데,[166] 이들의 목적은 결국 견성성불見性成佛이고, 그 경계는 동정일여動靜一如 진여眞如의 이리이며, 불심의 당체를 가리키는 것이다. 특히 다섯

---

中上人 有行有解無證中下人 有行無解無證下下人也."
**163** 『大正藏』85, p.1287c.
**164** 『大正藏』8, p.731b.
**165** 柳田聖山『講座·禪 第三卷-中國-』(東京: 筑摩書房 1967), p.24.
**166** 『大正藏』85, p.1288a.

번째의 수일불이守一不移에서는 좌선의 실천을 권하고, 더욱이 방편方便의 필요성을 강조한다. 즉, "수도에는 방편이 있음을 알아야 하며, 이것은 바로 성스러움을 만나는 바가 된다."[167]라고 하여, 도道를 실천하는 데는 방편이 있는 것이고, 그것은 결국 성심聖心에 의해 자각되는 것임을 아는 것이라 해서, 진실된 방편법의 좌선 그대로가 '심로명정心路明淨'이 되는 것을 강조했다고 볼 수 있다. 또 도신은 초학자가 좌선간심看心하는 방법을 상세히 설하였는데, 이것은 선종 최초의 '좌선의坐禪儀'라고 인정되고 있다.[168]

이와 같이 도신은 정념正念으로서 지금[現前]의 체험을 중히 하는 돈頓의 입장과, 방편법문으로서의 수修를 중히 하는 점漸의 입장을 병존하는 데에 그 특징이 있다. 이는 달마선의 '응주벽관'의 의미와도 같지만, 도신은 전문적 실수의 방편을 개발하여 대중을 상대하는 데 의도적이며 기술적인 방편을 적용하였음을 알 수 있다. 즉 그것은 돈頓을 위한 구체적 점漸의 방법인 것이다.

사조 도신의 방편 법문의 설정은 오조 홍인에 계승되어 선학에 대한 구체적인 좌선의 용심用心으로서 "허공 끝이 다하는 저 멀리에 일자를 간하라. 저절로 차례가 있다."[169]를 설하고, 초학자에게는 "만약 초심자가 인연이 많다면[若初心人攀緣多] 마음속으로 일자를 간하라.〔向心中看一字〕"라고 설하는데, 여기서 '일一'이라고 하는 것은 문자보다도 '유일唯一한 불성'·'일승一乘'을 가르치는 것으로 해석되

---

167 『大正藏』85, p.1289a. "故知修道有方便 此卽聖之所會"
168 柳田聖山, 「北宗禪思想」(『禪文化硏究所紀要』 第6號), p.77.
169 『大正藏』85, p.1289c. "盡空際遠看一字 自有次第"

기도 하지만,[170] 여하간 '간일자看一字'하는 용심用心은 달마의 '안심'이나 도신의 수심守心보다 진일보한 실천적 방편을 강조한 듯하다. 홍인의 어록인『수심요론』[171]은『관무량수경觀無量壽經』을 근거로 좌선의 작법作法과 심지心持를 설하고 있는데, 자기의 진실심을 지키는 수본진심守本眞心을 의미하는 것과 좌선의 의식이 그대로『능가경』의 대상화된 주체적 진리임을 밝히고 있다.[172] 즉 좌선하고 있을 때 주위 모든 것도 함께 좌선하는 것인가, 그들도 역시 색色을 보고 소리를 듣는 것인가 등, 일행삼매의 좌선을 밝히고 좌선하는 그것은 바로 진실이며 진심이며 자정청정심自定淸淨心으로, "세계 가운데 신심身心을 관방寬放하고 불佛의 경계에 임하는 것"이라고 한다.[173] 이는 좌선의坐禪義로써 자각성지自覺聖智에 이르기 위한 방편법문이며 구체적 공부를 밝혀 놓은 것이다.

도신의 '수일불이守一不移'의 '수일'이 추상적인데 비해, 홍인의 '간일자看一字'는 실제적 방편으로써 수선修禪 역사의 진일보라고 하겠다.

### 3) 신수의 방편과 그 특색

여기서는 선수행의 방법사적 맥락에서 북종선의 위치와 선실수로서

---

170 柳田聖山,『講座·禪 第三卷-中國-』(東京: 筑摩書房 1967), p.26.
171 慧諴 譯,『수심요론』, 앞의 책, p.193.
172『大正藏』85, p.1290a. "汝定在寺中坐禪時 山林樹下 亦有汝身坐禪不 一切土木 瓦石亦能坐禪不土木瓦石 亦能見色聞聲 著衣持鉢不"
173『大正藏』85, p.1260a. "坐時滿世界 寬放身心 住佛境界"

의 방편은 어떠한 의미를 지니는 것인지 북종 문헌을 통해 살펴보기로 하겠다.

위처후(韋處厚, 773~828)의「흥복사내도량공봉대덕대의선사비명興福寺內道場供奉大德大義禪師碑銘」에[174] "진자왈수이방편현진자왈秀以方便顯 보적기윤야普寂其允也"이라고 나타나 있듯이, 동산법문을 계승한 신수는 방편으로써 교설을 밝히고 보적이 이를 융성하게 했음을 알 수 있는데, 우선 '방편'이란 말이 드러나 있는 문헌 중 『대승오방편문』의 내용에,[175] 종밀이 이를 '불진간정拂塵看淨, 방편통경方便通經'이라 할 만큼 신수는 대승의 여러 경을 근거로 하여 '자내심증自內心證'을 위한 행도行道를 나타내었다.

이 오방편五方便이 도신의 '오문五門'의 선요를 기초로 한 내용임은 주지하는 바지만, 도신은 실수實修의 방편 중심을 '수심守心'·'좌선간심坐禪看心'·'독좌일처獨坐一處'로써 행하는 것을 목적으로 하고, 또 동산의 홍인은 '수일守一'·'수심守心'·'간정看淨'으로써 실증하지만, 신수는 돈오의 자내증自內證을 '보살행도'의 중심 내용으로 한 것이 특징이다.

『대승오방편』제1문門에서『대승기신론』을 근거로 불佛의 체體를 밝히고 이를 이념문離念門이라 하였다. 불체佛體의 불은 일반적으로 자각自覺·각타覺他·각행원만覺行圓滿으로 해석하지만, 신수는 이심離心·이색離色·색심구리色心俱離로 해석하고, 무심법신無心法身을 깨닫는 것은 불의 체이고 불체즉이념佛體卽離念의 체는 법계일미法

---

[174]『全唐文』권제715, p.8144
[175] 宇井伯壽,『禪宗史研究』(東京: 岩波書店, 1982), pp.468~510

界一味의 상相이며 여래의 평등법신平等法身이라 하였다.[176] 더욱이 육근은 보통 망념이지만 오경悟境에는 본래청정공本來淸淨空이고 이理와 사事가 서로 원융하여 법계法界가 한 모습으로, 체용의 원리로는 이념離念이 체體고 견문각지見聞覺知가 용用이 되는 것으로써 불체인식佛體認識의 중요성을 강조하고 있다. 때문에 이 이후의 각 장은 이 인식을 위한, 방편으로써의 선실수를 다방면으로 설하고 있음을 본다.

제2문에서는 육진六塵 가운데서 무념을 얻는 것은 실수實修의 근본임을 밝히고 있다. 『법화경』을 소의로 이 문을 개지혜문開智慧門이라 했다. 제불세존諸佛世尊이 이 세상에 출현하여 중생에게 열어 보여 깨달음에 들게〔開示悟入〕한 것은 육진 가운데서 자재를 얻게 하기 위함이고, 그래서 신수는 자내증自內證의 수행으로 정定과 혜慧가 불이不二가 되는 것인데, 이렇게 하여 의근부동意根不動이 되면 지문智門이 열리고, 오근부동五根不動이면 혜문慧門이 열리는 것으로서, 일상의 견문각지見聞覺知의 생활이 신심부동身心不動에 드는 도道라고 했다. 다시 말해서 제1방편에서는 불佛의 체體를 인식하고 제2방편에서는 그 법法을 파악하여 자재를 얻는 일로서 부동방편문을 연 것이다.

육근의 세계는 모두 여래가 불사佛事를 이루고 있는 곳으로 불경佛境에서 보면 그 육진은 버려야 할 것이 없는 것으로 육근육경六根六境에 있어서는 심불기心不起가 근본지根本智이고, 그것에 관한 견문각

---

[176] 위의 책, p.470.

지견문각知見聞覺知가 후득지後得智이며, 이 후득지는 근본지를 증득한 후에 얻는 자재한 경지임을 구체적으로 밝힌 것이 신수의 돈오점수의 입장인 행도이다.[177]

제3문에서는 앞의 1·2 방편의 취지를 『유마경』을 근거로 하여, 개방편문開方便門 또는 '현부사의해탈문顯不思議解脫門'이라 하여, 실천 즉 실수實修를 밝힌다. 『유마경』의 「관중생품觀衆生品」에서 나타난 부사의해탈不思議解脫의 의미를 신수는 심부사의心不思議와 구부사의口不思議로 나누고, 구부사의는 신즉색부사의身卽色不思議를 가리키고 색색과 심心 함께 계박繫縛을 여의는 것이 부사의해탈임을 설한다.[178] 이 부사의해탈不思議解脫의 실행實行은 『유마경』「문질품」제5에 의하여 방편의 구극究極의 이상인 선禪의 요체를 표시하는데, 즉 『유마경』에 "적정일방寂靜一方의 선미禪味에 탐착하는 것은 보살의 박박縛이고, 하화중생의 방편으로써 생활하는 것이 보살의 해解이며, 또 하화중생의 방편이 없는 혜慧는 박박縛이고, 하화중생의 방편이 있는 혜慧는 해解이고, 또 혜慧가 없는 방편은 박박縛이고 혜慧가 있는 방편은 해解이다."[179]는 것을 소의하여 보살의 하화중생의 '행行'을 강하게 중요시하고 있음을 볼 수 있다. 중생 즉 불佛의 입장을 실천하는 끊임없는 점수의 관문을 설했다고 본다.

보살은 제2방편에서 요해了解한 육근은 자내증自內證의 경계임을

---

177 위의 책, pp.471~474.
178 위의 책, p.481. "菩薩心不思心如 心離結續 心得解脫 口不議身如 身離結續 身得解脫 是名住不可思議解脫"
179 위의 책, p.474.

깨달아 설법을 듣거나 혹은 듣지 않아도 인식하며 행하는데, 그것이 보살의 '방편 있는 혜혜로써 해解'라고 하는 것이다. 더욱이 보살이 견문각지見聞覺知의 평상심대로 부동을 얻는 것이 상즉상입相卽相入의 이理에 통한 혜혜 있는 방편의 해解라는 것이고, 방편이 없는 혜혜는 박縛이라 한 것은 보살이 탐욕·진애·사견 등의 모든 번뇌를 버리고 공덕만 쌓는 노력을 말하며, 방편 있는 혜혜를 해解라고 한 것은 삼독 등의 번뇌를 여의었지만 그것은 도리어 육근 본래의 부동함을 깨달아 아뇩다라삼먁삼보리로 회향하는 것[180]을 말한다. 이처럼 화타化他의 방편을 얻는 것이 원적대보리圓寂大菩提를 깨닫는 것이라 했다. 이 점이 바로 신수선의 특색이라고 본다.

제4문은 『사익경思益經』에 근거하여 제법정성문諸法正性門을 밝히고 있다. 자성自性은 견문각지見聞覺知에 집착하고, 이를 여읜 자성은 '욕제(欲際: 탐욕의 순간)에서 심불기心不起하여 무상청정無相淸淨'을 말하는 것으로, 이를 제법정성諸法正性이라고 하였다. 즉 제법은 그대로 '심불기'하여 원래의 정성正性을 잃지 않음을 의미하며, 욕제에서 특히 '심불기'의 행도行道를 강조한 것은 대승사상의 발로인 것이다.

제5문에서는 이와 같은 진실의 수행에서 모든 존재는 다른 것이 아니고 서로 장애됨도 없음을 깨닫게 되는 것을 『화엄경』의 중중무진의 이법理法으로써 실증實證한다. '어안근중입정수於眼根中入正受 어법진중삼매기於法塵中三昧起'[181]라고 한 것처럼, 눈으로 보는 현상에

---
**180** 위의 책, p.475.
**181** 위의 책, p.492.

있어서도 심불기心不起하여 무이無異의 이치를 알고, 이를 무량삼매의 광명에 들어 한 티끌 가운데 만물이 포섭되고 한없는 모든 존재가 서로 장애가 없는 것[盡盡法法無礙]을 깨닫는 것이라고[182] 보고 있다.

이상과 같이 다섯 가지 방편문은 지혜와 정혜의 상관관계로 구성되는 방편문으로, 이것은 불체佛體의 근본지根本智와 법法에 대한 후득지後得智에 의해 대승보살의 행行에서 이루어지는 것이 선禪의 근본 사상임을 나타내는 것이다. 더욱이 육근육진六根六塵의 경계가 그대로 화타化他의 경계임은 『선문경禪門經』[183]의 "오음굴택을 선정의 동산으로 삼고, 안으로 비추어 대승의 문이 열린다."라고 하듯이, 오음五蔭을 바로 선정禪定의 동산으로 삼아 결국 대승의 문이 열린다고 하는 것처럼, 이러한 의미에서도 '행선좌역선行禪坐亦禪'의 뜻을 내포하고 있다.

종밀의 북종선관은 앞에서 말한 바대로 번뇌의 티끌을 떨어버리고 청정한 마음을 직시하고 명상의 방편에 의해 대승경전의 진리에 통달하는 것이라고 정리하는데, 신수의 입장에서의 번뇌는 이미 우연한 것이고, 그 번뇌의 티끌을 떨어버리는 것은 사람들의 마음에 원래 티끌이 없기 때문이며, 티끌이 없기 때문에 티끌을 떨어버리는 것이 될 수 있고 티끌을 떨어버릴 필요가 있는 것이다. 그래서 대승의 진리에 실천하는 철저한 선실수는 바로 반야의 깨달음으로 향하는 '방편'인 것이다.

---

182 久野芳隆,「北宗禪」(『大正學報』30, 31 合輯), p.172.
183 柳田聖山,「禪門經について」(『塚本博士頌壽紀念佛敎史學論集』), p.873. "五蔭窟宅爲禪定園 內照開解大乘門"

체용體用의 개념에서 본다면 본래적 청정성은 체(體, 鏡)이고 청정과 오염을 평등하게 비추는 것은 용用인데, 현실적 행도行道로서는 객진을 떨쳐버린다는 용用에 의해 본래의 청정성으로 돌아감을 자각自覺이라고 하는 것이다. 그래서 북종선은 행도行道로서의 선禪, 즉 방편을 중요시하였다고 본다.

다음, 『대승무생방편문』도 역시 『대승오방편』과 거의 유사한 내용으로 다섯 가지 방편이 경론을 근거로 구성되었다.[184] 표제에서 그 의미를 알 수 있듯 '대승무생을 위한 방편문方便門'이 전개되는데, 무생無生이란 『선문경』에[185] 대승돈교법大乘頓敎法의 뜻으로 나타나며, 이 법은 다만 "중생본성 견성불도衆生本性 見成佛道"를 가리킨다고 한 것처럼, 견성불도가 그대로 돈오頓悟며 이를 무생無生이라 하고, 반원反源·반조反照·반류反流·회향廻向·무루無漏·심불기心不起라고 한다. 이렇게 불기심不起心 혹은 심불기心不起의 의미로 선정이나 지혜로써 실천하는 것이 『대승무생방편문』이다. 이 문헌의 내용에 있어서 오悟를 향한 점수의 중요성도 살필 수 있다. 이 심불기의 경계는 언설의 상相을 여의고, 심연心緣의 상을 여의고, 묵심계합默心契合하는 것으로서, 정심淨心의 체體인데 심불기의 심心을 깨닫는 방편문으로는 처음 보살의 '수계의식'부터 시작되어 전체가 삼학으로 묶여져 그 실천을 다지는 것이다. 또한 심불기는 자성을 여의는 것이고 식불생識不生은 욕제欲際를 여의는 것으로, 심식心識과 함께 불기不起이면 이것이 곧 제법정성諸法正性이라는 것이다. 마찬가지

---

**184** 『大正藏』85, p.1273b.
**185** 柳田聖山, 앞의 책, p.876.

로 『대승오방편』에서도 '제법정성諸法正性'을 밝히고 있지만, '심불기心不起 식불생識不生'은 북종선의 기본적 입장임을 알 수 있다.

역시 제법諸法의 정성正性과 무심無心과의 관계에 대해 『사익경』을 소의所依로 나타내는데,[186] 정正·사邪의 이름은 무심無心과 분별과의 관계에 의해서 판단된다고 하며, 무심無心은 무념無念이고 심불기心不起이고 절관반야絕觀般若이며 무득정관無得正觀이라 하였다. 이렇게 볼 때 선의 방법으로 좌선이든가 수심守心, 간일자看一字 등은 반야의 자성청정심이 본래 정명淨明함을 발휘하는 행행이라고 볼 수 있으며, '심불기心不起'로 시작하여 '식불생識不生'으로 끝나는 『대승무생방편문』은 오직 번뇌대치의 선에서 보다 진일보하여 자성청정심의 선으로 회부함을 실현해 보인 것, 즉 점수돈증오漸修頓證悟이다. 이는 『대승무생방편문』에 '체용분명體用分明', '적조조적寂照照寂', '토납분명吐納分明 체용자재體用自在'라는 의미에서 잘 나타나 있다.[187] 즉, 망상妄想을 버린다는 것은 바로 수행을 말하는 것인데 그것은 견문각지見聞覺知를 목적으로 하는 것이고, '체즉용體卽用'으로 볼 때 이것은 실수즉각지實修卽覺知의 의미가 되며, 더욱이 적寂과 조照의 의미에서도 적寂은 체體요, 조照는 용用의 의미에서 "적조寂照는 본체로부터 상相을 나타내는 것이고 조적照寂은 상相을 거두어 본체로 돌아가는 것"이다. 다시 말하면 적조와 조적은 동시에 체용體用의 내용이며, 이것은 결국 '지혜즉방편智慧卽方便'의 행도行道의 의미가 내포된다고도 할 수 있다.

---

**186** 『大正藏』15, p.36b.
**187** 宇井伯壽, 『禪宗史研究』(東京: 岩波書店, 1982), pp.452~453.

또 신수의 제자 지달智達의 찬撰이라는 『돈오진종금강반야수행달피안법문법요결頓悟眞宗金剛般若修行達彼岸法門法要決』[188]은 일관된 주제가 '간무소처看無所處'이다. 지달이 『금강경』의 내용 중, "응무소주應無所住 이생기심而生其心"에 대한 물음에,[189] '마음을 일으키지 않는 것'이 '주住'라고 한다. 이 글에서 심불기생즉간心不起生卽看으로서의 이생기심而生其心의 입장은 북종선의 사상을 총괄하고 있다. 다시 말해서 '간무소처看無所處'는 간심看心이며, 이 간심看心의 심心은 '마음을 일으키지 않는 것'이 아니라 '마음이 일어나지 않는' 마음이며,[190] 이 마음은 그대로 대승무생大乘無生에 드는 것을 뜻한다고 할 수 있다. 이러한 '심불기心不起'의 실천을 요약한 것으로 『대승북종론大乘北宗論』이 있다.[191] 간단한 문장으로 이루어져 있는데, 육바라밀의 실천이 바로 '불기심不起心'임을 강조한다.

끝으로 사자밀용師資密用의 한 형태를 구성했다고 볼 수 있는 북종선의 공안이 『능가사자기』 신수조神秀條 말미에 13종류가 있는데, 이보다 앞서는 구나발타라조에 '취사이징就事而徵'과[192] 달마조達摩條에 '지사문의指事問義'가 행도行道의 방편법으로 이루어졌다.[193] 이는

---

**188** 上山大峻, チベット 譯, 「頓悟眞宗要訣の硏究」(『禪文化硏究紀要』 第8號), pp.67~68. "俟莫陳居士自, 雍州長安人也俗名琰 法號智達…初事安闍梨 後事秀和尙"

**189** 上山大峻, 위의 책, p.96下. "一切心無 是名無所 更不起心 名之爲住 而生其心者 應者當也 生者看也 當無所處看 卽是而生其心也"

**190** 柳田聖山, 「北宗禪の思想」(『禪文化硏究紀要』 第6號 1964), p.81.

**191** 『大乘北宗論』(『大正藏』85, pp.1281c~1282a).

**192** 柳田聖山, 『初期の禪史』1(『禪の語錄』2, 東京: 筑摩書房, 1971), p.122.

북종이 공안선을 계승한 것으로 보이지만 이 공안선은 신수에 이르러 훨씬 발전하여, 마음을 교도教導하여 간심看心에 접접하여 깨치게 하려는 강력한 방편으로서 사용하였음을 볼 수 있다.

제일 먼저 신수는, 『열반경』의 "선해일자善解一字 명왈율사名曰律師", 즉 "일자一字를 잘 아는 것(체득)이 율사임"을 인용하여, "그 문자는 경전 가운데 있고 그것을 실증實證하는 것은 너의 마음속에 있다."고 한다.[194] 그래서 '마음속의 실제적 깨침[證在心內]'의 행도行道로 "이 마음은 있는 것인가, (그렇다면) 그 마음은 무슨 마음인가?", "새가 날아갈 때, (가리키며) 무슨 물건인가?", "그대는 바로 벽 속을 지나갈 수 있는가?" 등의 공안이 주어진다.[195] 이는 불체佛體를 깨닫는 과정에서 잘못된 어떤 상相에 집착함을 예방하기 위한 선납자의 유도 방법의 형태라고 생각된다.[196] 다시 말해서 목전의 사물을 가리켜 그것을 묻는 간결하고도 절실한 경구警句로서, 잠재된 마음을 움직여 한계상황을 넘어서서 본래적 자기에게로 돌아가게 하는 '방편'의 게송이다. 여기에 신수의 돈오점수의 양면적 일치를 보이고 있는 것이다. 더구나 입적시에 그가 유촉했다는 '굴屈, 곡曲, 직直'은 상식적 사고로서는 파악 이해할 수 없는 단어들이다. 그러나 옛부터 교리판석으로 '굴곡교屈曲教, 평등교平等教'라는 것을 참고하면,[197] 굴곡屈曲

---

193 위의 책, p.140.
194 위의 책, pp.312~313.
195 위의 책. "此心有心不, 心是何心.", "又見飛鳥過 問云 是何物", "汝直入壁中過得不."
196 『大正藏』85, pp.1284c~1285b.
197 柳田聖山, 『初期 の禪史』(『禪の語錄』2, 東京: 筑摩書房 1981), p.305.

은 방편의 가르침, 평등은 진실의 가르침으로써 '굴屈·곡曲·직直'으로 일대불교의 모든 것을 밝힌 것인데, 신수는 이 세 글자가 성불을 위한 방편임을 공안적으로 보여주었다고 할 수 있다. 이는 곧 '굴곡즉직屈曲卽直'이며 '방편즉진실方便卽眞實'로 유도하는 공안이라고도 할 수 있는 것이다. 이런 입장에서도 능히 '신시보리수身是菩提樹'라는 결론에 이를 수도 있을 것이다.

결국 신수선의 '방편方便'의 의미를 정리해 보면, 초기 동산법문에서의 초보적인 점漸에서 돈頓으로의 선수행의 사상과 그 방편에서 보다 진일보하여 돈頓에서 다시 점漸으로 돌이킨 구체적·실천적 선禪으로 된 것이 곧 신수의 선이다. 한 마디로 신수의 선에서는 행行이 곧 정定이며 방편方便이며 선禪이며 불행佛行이라고 본다. 그런 입장에서 곧 선자禪者로서의 '시시근불식時時勤拂拭 물사야진애勿使惹塵埃'가 선이라는 율사적 결론도 능히 내려질 수 있으리라고 생각된다.

## 5. 신수의 관심사상

초기의 선 문헌에 널리 보이는 관심觀心의 실천은 선이 중국사회에 수용되어 가는 과정에 있어서 중요한 과제 및 위치를 차지한다고 본다. 따라서 이 관심은 초기 선종에서 사상적·실천적으로 극히 중요한 의의를 내포하지만, 특히 북종 신수의 선사상에는 『관심론』이라는 문헌이 따로 있을 정도로 선행도禪行道의 중핵사상이 된다.

여기서는 초기 선종 전반에 걸쳐서 보이는 선 실행實行으로서의 관심觀心과 신수의 관심사상이 초기 선종사에서의 선수행의 형성에 어떠한 관계성과 독창성을 보이는지에 대해 살펴보고자 한다.

### 1) 초기 선종의 관심

『이입사행론二入四行論』에, 의심이 일어날 때 '의법간依法看'하는 것으로부터 의심의 마음을 끊어야 한다는 내용이 자주 나타나 있다. 의심을 끊는다는 것에 대해,

> "묻기를, 도道를 닦고 의심(惑)을 끊는 데는 어떤 심지心智를 사용하는가?
> 답하기를, 방편심지方便心智를 사용한다.
> 묻기를, 어떠한 것이 방편심지方便心智인가?
> 답하기를, 의심을 관觀하되 의심은 본래 일어나는 곳이 없음을 아는 것이다. 이 방편方便으로써 의혹을 끊는다. 때문에 심지心智라고 말한다."[198]

라고 하는 것처럼, 의심을 관관하고 '의심은 일어나는 곳이 본래 없음을 앎'의 자각에 이르고 그 마음을 '심지心智'라고 한다.

'의심은 본래 일어나는 곳이 없음을 아는 것'은 '의법간依法看'에 의해 자각된다는 것이다. 여기서 법법은 마음의 무한정성無限定性・

---

[198] 『二入四行論』(『鈴木大拙 全集』第二卷, 東京: 岩波書店, 1980), p.145. "問, 修道斷惑用何心智, 答, 用方便心智, 問, 云何方便心智, 答, 觀惑知惑本無起處, 以此方便, 得斷疑惑, 故言心智."

불가득성不可得性으로서 "마음의 체는 법계의 체이며, 이 법계는 체가 없고 역시 경계[畔齊]도 없으며, 광대함이 허공과 같고 가히 눈으로 볼 수 없으니, 이를 '법계체'라고 한다."고 하며,[199] "법法은 무각무지無覺無知이며, 심心도 무각무지無覺無知라고 한다면 이 사람은 법을 아는 자"라고 하여 법에 대해 밝히고 있다.[200]

'의법간依法看'은 의심[惑]에 대한 관찰인데, 그 의심은 불가득不可得・불가견不可見・무상無相・공적空寂임을 자각하는 것에 의해 의심을 끊는 방편方便임과 동시에 '마음의 의식은 본래부터 공적하여 그 자리를 볼 수 없음을 안다면 바로 이것이 도를 닦는 것'이라고[201] 하는 선 본래의 '즉심시도卽心是道'를 실천으로 이끄는 적절한 방편方便이라는 것이다. 관심觀心의 실천은 '무심즉진심無心卽眞心'의 자각임을 『무심론無心論』에서 구체적으로 설명하고 있다.

"묻건대, 어떻게 하면 이 무심無心을 알 수 있는가?
답하되, 그대는 다만 세밀히 추구해 간看하라. 마음이 어떠한 모습[相貌]을 짓는 것인가. 다시 그 마음은 얻을 수 있는 것일까. 이 마음은 마음이 아니다. 다시, 안에 있을까, 밖에 있을까, 중간에 있을까, 이와 같이 세 곳을 간해 보라. 마음을 찾는다는 것은 있을 수 없음을 알고 역시 어느 곳에서도 찾을 수 없음을 아는

---

199 위의 책, p.154. "心體是法界體, 此法界無體, 亦無畔齊, 廣大如虛空, 不可見, 是名法界體."
200 위의 책, p.154. "法名無覺無知, 心若無覺無知, 此人知法."
201 위의 책, p.147. "若能知心識 從本以來空寂. 不見處所 卽是道修."

것, 이것이 바로 무심임을 알아야 한다."[202]

관심觀心을 통하여 마음이 그 자체로서 대상화되지 않는다는 자각이 곧 본래의 마음·무심無心·무분별성無分別性의 자각自覺에 이르는 것이고, 그리고 나서 "단지 모든 일에 있어서 무심했음을 깨닫는 것, 이것이 수행이다. 따라서 달리 다른 수행은 있지 않다. 때문에 무심을 알면 바로 일체적멸一切寂滅이며 그대로 무심無心이다."라고 하는 실천과, "모든 의망疑網을 끊어 걸림이 없게 되면 그대로 무심"이라는 것이다.[203] 또「남천축국보리달마선사관문南天竺國菩提達摩禪師觀門」의 첫머리에 선관禪觀에 대한 정의가 보인다. 즉, "선관은 심신징정心神澄淨이 선禪이요, 조리분명照理分明이 관觀이다. 선관자달禪觀自達하면 착오가 있지 않으므로 그래서 선관이라고 한다."는 것이다. 따라서 선禪은 "심신증정心身證淨, 불생불멸不生不滅, 불래불거不來不去, 담연부동湛然不動"하다는 것이다.[204] 이 선관禪觀의 실천방법으로 일곱 가지의 관문觀門을 조직해 놓고 있다. 주심문住心門, 공심문空心

---

202 『無心論』一卷(『鈴木大拙 全集』第二卷, 東京:岩波書店, 1980), p.216. "問, 若爲能知是無心, 答曰, '汝但子細推求看, 心作何相貝, 其心復可得, 是心不是心, 爲復在內, 爲復在外, 爲復在中間, 如是三處推求, 覓心了不可得, 乃至放一切處求覓, 亦不可得, 當知卽是無心"

203 위의 책, p.218. "但於一切事上覺了無心. 卽是修行. 更不別有修行. 故知無心卽一切寂滅. 卽無心也.", "斷諸疑網更無가碍 卽起作禮 而銘無心."

204 위의 책, pp.219. "何名禪觀, 答曰, 心神澄淨 名之爲禪. 照理分明 名之爲觀. 禪觀自達 無有錯謬, 故名禪觀. 心神澄淨 不生不滅 不來不去 湛然不動 名之爲禪觀."

門, 무상문無相門, 심해탈문心解脫門, 선정문禪定門, 진묘문眞妙門, 지혜문智慧門이다.[205] 즉,

"먼저 마음의 산훈반연散動攀緣을 그치기 위해 오로지 염념을 섭섭攝하여 마음에 두고, 다음 간심看心하여 마음이라고 할 것마저 없이 공적空寂함을 깨닫는다. 더욱이 마음이 징정무상澄淨無相함을 안다. 따라서 마음의 무계무박無繫無縛함을 알면 모든 번뇌는 마음에 있지 않음을 안다. 마음이 적정寂靜한 것을 깨달으면 행주좌와 모두 다 적정하며, 마음이 무심無心인 것을 깨달으면 허공과 같아 편주법계遍周法界하며 평등불이平等不二로 된다."

고 하며, 이처럼 모든 것을 알아차리는 것[識了]이 지智고 공원空源에 계달契達하는 것이 혜慧라고 하며, 이를 구경도究竟道 또는 대승무상선관문大乘無相禪觀門이라고 한다.[206] 그리고 수선修禪하는데 일곱 가

---

205 위의 책, pp.219~220. "何名禪法 答曰, 禪法從通有次第, 初學時從 始終有七種觀門. 第一住心門, 第二空心門, 第三無門, 第四心解脫門, 第五禪定門, 第六眞如門, 第七智慧門."
206 위의 책. "住心門者, 謂心散動 攀緣不住, 專攝念住 更無去動, 故名住心門. 空心門者, 謂看心轉進 覺心空寂, 無去無來 無有住處, 無所依心, 故云空心門. 心無相者, 謂心澄淨 無有想貌, 非靑非黃 非赤非白, 非長非短 非大非少, 非方非圓 湛然不動, 故無相門. 心解脫門者, 知心無繫無縛, 一切煩惱不來上心, 故名心解脫門. 禪定門者, 西域梵音, 唐言靜慮, 覺心寂靜 行時住時坐時臥時 盡寂淨 無有散亂, 故名禪定. 眞如門者, 覺心無心 等同虛空, 遍周法界 平等不二, 無千無變, 故名眞如門. 智慧門者, 議了一切名之爲智, 契達空源 名之爲惠, 故名智慧門, 亦名究竟道, 亦名大乘無相禪觀門."

지로 구성하면서 특히 간심看心으로써 대승무상선관문大乘無相禪觀門
에 이를 것을 강조한다. 혜능의 『육조단경』이나 『신회어록神會語錄』에
서 "응심입정凝心入定 주심간정住心看淨 기심외조起心外照 섭심내증攝
心內證"의 좌선은 보리를 장해障害하는 것이라고 단언하는 것과는
달리, 이 일곱 가지의 관문觀門에는 주심住心·섭심攝心·간심看心·
간정看淨은 바로 무상선無相禪에 이르는 방편도문方便道門이 되고
있다.

또 달마의 선에 모든 인연을 단절시키고 궁극적 적연무위寂然無爲
를 위한 도道로서 벽관壁觀을 제시한다. 『속고승전續高僧傳』에 '여시
안심如是安心이 이른바 벽관壁觀'이라 한다.[207] 즉 달마의 선법의 요체
가 벽관에 있음을 알 수 있다. 달마의 『이입사행론』에서도 밝혀
있듯이, 벽관이라는 것은 "자타와 범성이 등일等一하게 견주堅住하여
움직이지 않고, 더구나 문교에 떨어지지 않는다면 이것은 바로 진리
와 부합[冥符]하여 분별이 있지 않으며 적연寂然으로서 무위無爲하게
됨을 이입理入"이라는 것이다.[208] 이와 같이 응주벽관하여 적연무위한
그 자체가 선禪인 달마선법은 바로 일곱 가지의 관문觀門에서 나타난
관심(觀(看)心)과 다를 바가 없다고 본다. 역시 『이입사행론』에서

"만약 부지런히 심상心相을 간看하고 법상法相을 보고 부지런히
심처心處를 간하면 이것이 바로 적멸처寂滅處이며 무생처無生處이

---

**207** 『續高僧傳』(『大正藏』50, p.551c).

**208** 柳田聖山, 『達摩の語錄』(『禪の語錄』I, 東京: 筑摩書房, 1969), p.32. "自他凡聖等
一 堅住不移 更不隨於文敎 此卽與理冥符 無有分別 寂然無爲. 名之理入."

며 해탈처解脫處이며 공처空處이며 보리처菩提處이다. 심처心處의
무처처無處處가 법계처法界處이며, 도량처道場處이며, 법문처法門
處·지혜처智慧處·선정무애처禪定無碍處가 된다. 만약 마음을 이
해〔解〕로서만 알려고 한다면 구렁에 떨어지는 자가 될 뿐이다."[209]

라고 한 것처럼, 관심觀心을 깨우치는 것은 마음의 해탈성解脫性에
대해 단지 지적 이해만으로는 될 수 없다는 것이다. 마음의 해탈성으
로서 '무심이 도〔無心是道〕'의 선 본래의 실천수도가 관심 그 자체임을
강조한 것이라고 볼 수 있다.

이러한 관심은 동산법문에 이미 나타나 있다. 『능가사자기』에
도신은 마음을 정의하기를,[210]

"마음이 본래 불생불멸임을 체득하면 구경究竟에 청정淸淨하여
그대로 불국토가 되므로, 굳이 불국토로 향할 필요가 없다."

고 하면서 '수일불이守一不移'의 정진精進을 권한다. 그 '일一'은 심心이
라고 볼 수 있는데, 도신은 초학자에게 먼저 간심看心할 것을 강조한
다.[211] 즉 간심看心하면 심신心身이 편안하여 …… 심지心地가 명정明淨

---

[209] 위의 책, p.178. "若動看心相, 見法相, 動看心處, 是寂滅處, 是無生處, 解脫處,
是空處, 菩提處……禪定無碍處, 若作如此解者, 是壁坑落塹人."
[210] 『楞伽師資記』(『大正藏』85, p.1287c). "若知心本來不生不滅, 究竟淸淨, 卽是淨佛
國土, 更不須向西方."
[211] 『大正藏』85, 1289a. "初學坐禪看心 獨坐一處 先端身正坐 … 心地明淨 觀察不明
內 外空淨 卽心性寂滅."

하고, 내외內外가 공정空淨해서 심성적멸心性寂滅하다는 것이다. 이어서 심성心性의 성性에 대해서,

"성은 형태가 없지만 지절志節하여 언제나 그렇게 있으며, 유령幽靈은 다함이 없이 항상 명연明然하다. 그러므로 불성이라고 한다. 불성을 본 자는 영원히 생사를 여의어 출세인이라고 한다."

즉 성性은 불성佛性이며, 간심看心은 바로 견불성見佛性이라는 의미와 통함을 살필 수 있다.[212] 홍인은 '수심守心'이 열반涅槃의 근본根本이고 입도요문入道要門이라고 하였다. 홍인의 『수심요론』에,

"수도修道의 근본[體]을 말하면, 몸과 마음이 본래 청정하며 불생불멸하며 분별할 것도 없는 것임을 아는 일이다. 그 자체 완전하고 청정한 마음이 본래의 스승이며 [그것은] 시방세계의 모든 부처님을 생각하는 것보다 훨씬 나은 일이다."

라고 하였으며,[213] 또한 "법요法要를 알고자 하는 자는 수심守心이 제일第一이다. 이 수심이 열반의 근본이며 도에 드는 요문要門이다."[214]

---

[212] 『大正藏』85, 1289a. "性雖無形, 志節恒在然. 幽靈不竭, 常存朗然 是故名佛性. 見佛性者 永離生死 名出世人."

[213] 慧諒 譯, 『修心要論』(『선가어록』1, 운주사 2000), p.190. "夫言修道之體, 自識當身本來淸淨, 不生不滅, 無有分別, 自性圓滿, 淸淨之心, 此見本師, 乃勝念十方諸佛."

[214] 위의 책, p.191. "欲知法要, 守心第一, 此守心者, 乃是涅槃之根本, 入道之要門,

즉 자성은 원만하고 청정하여 불생불멸한 것으로, 견자성見自性 즉 견성하는 것이 견본사見本師라고 주장하며, 이를 홍인弘忍은 '수심守心'이라고 한 것이다. 이와 같이 『수심요론』의 도처에 '요연수심了然守心', '수아본심守我本心', '자조심원自照心源', '수본정심守本淨心', '단료연수진심但了然守眞心', '내련진심內練眞心', '간심看心' 등으로 수심을 강조하고 있는 것으로 보아, 이는 홍인弘忍의 선수행의 근원임을 알 수 있다.

### 2) 남종선에서의 견성

초기 선종에서의 관심觀心의 의미는 『단경』이나 『신회어록』에서도 살필 수 있다. 『단경』에

"선지식이여, 나의 이 법문은 팔만사천의 지혜에 따른다. 왜냐하면 세상에 팔만사천 진로(塵勞; 번뇌)가 있기 때문이다. 만약 진로가 없으면 반야般若은 항상하며 자성을 여의지 않는다. 이 법을 깨닫는 자는 그대로 무념無念, 무억無憶, 무착無著이다. 광망誑妄하지 않으면 저절로 진여성眞如性이 된다. 지혜로써 관조觀照하고 일체법에 있어서 불취불사不取不捨하는 것이 바로 견성이며 성불이다."[215]

---

十二部經之宗, 三世諸佛之祖."

215 『六祖壇經』(Yampolosky, Columbia Uni, N.Y), p.12. "善知識, 我此法門 從八萬四千智惠. 何以故 爲世有八萬四千塵勞. 若無塵勞 般若常在 不離自性. 悟此法者 卽是無念無憶無着. 莫去狂妄 卽自是眞如性. 用智惠觀照 於一切法 不取不捨 卽見性成佛道."

라고 하며,

"만약 큰 비가 바다에 뿌려도, 바다는 부증불감不增不減이듯이 대승자大乘者가 금강경을 들으면 마음이 열리고 진리에 눈뜬다. 따라서 우리들의 본성은 스스로 반야의 지혜를 가지고 있고 스스로 지혜로서 관조觀照하는 것이며 문자로 말할 필요가 없는 것이다."[216]

고 했다. 그러므로 혜능은, 자신 이외의 선지식이나 경전은 제이의적第二義的인 것이며, 참된 것은 자신임을 강조하며, 자성自性에 눈뜬 자, 견성한 자는 선지식이나 경전이 필요하지 않는 것이라고 했다. 따라서 혜능은

"만약 마음이 삿되고 미혹하여 망념으로 전도顚倒하면 선지식이 바로 가르쳐 주어도 스스로 깨닫지 못한다. 응당 반야般若으로 관조觀照해야 한다. 찰나 사이에 망념은 멸하리라. 바로 이것이 스스로의 진정한 선지식善知識이며, 한 번에 깨치면 즉시 불佛을 알게 된다. 자성심지自性心地는 지혜로서 관조한다. 내외內外가 명철明徹하여 스스로 본심本心을 안다."[217]

---

[216] 위의 책, p.12. "若下大雨 雨放大海 不增不減 若大乘者 聞說金剛經 心開悟解. 故知本性自有般若之智 自用智惠觀照 不假文字."
[217] 위의 책, p.14. "若自心邪迷 妄念顚倒 外善知識卽有敎授〔救不可得〕. 汝若不得自悟 當起般若觀照 刹那間妄念俱滅. 卽是眞正善知識 一悟卽知佛也. 自性心地以智慧觀照, 內外名徹 識自本心."

라고 하였다. 이와 같이 혜능의 선도禪道의 행行은 지혜관조智慧觀照이며 제일의적 이념第一義的理念의 실천이다. 역시 『신회어록』에도 관심사상觀心思想이 나타난다. 물론 '관심'이라는 어구보다 관심사상이 내포된 견성見性, 견무념見無念으로 표기되었음을 살필 수 있다. 『신회어록』에,

"우리들의 마음은 본래 공적空寂하지만, 깨닫지 못하면 망념妄念이 생긴다. 만약 망념을 깨달으면 각覺도 망妄도 저절로 사라지는데 바로 이것이 식심識心이다."²¹⁸

라고 하며, 마음이 움직이면 생멸이 일어나며, 마음이 자재하면 무상無相해져, 바로 각조이멸覺照已滅하여 저절로 무無가 되며 이것이 즉 불생멸不生滅이라는 것이다. 또 각조覺照하여 무념無念에 이른 것에 대해서도, "선지식들이여! 만약 마음에 생각생각이 일어나면 바로 각조이며, 그러나 일어난 마음이 사라져 각조가 저절로 사라지면 이것이 바로 무념無念이다."고 했다.²¹⁹ 또한 신회는 견무념見無念이 일체법을 섭섭攝한다고 하였다. 이것은 바로 신수가 말한 "관심일법觀心一法이 모든 행을 포섭한다."는 의미와 같다고 본다. 즉 『신회어록』에,

---

**218** 胡適, 『神會和尙遺集』(胡適紀念館, 民國 59 年), p.118. "我心本空寂 不覺妄念起 若覺妄念者 覺妄自俱滅 此卽識心者也."
**219** 위의 책. "諸知識, 若在學地者 心若有念卽便覺照 若也起心卽滅 覺照自亡 卽是無念"

"견무념見無念은 육근六根이 무염無染하다. 견무념은 불지佛智를 얻는다. 견무념은 실상實相이다. 견무념은 중도제일의제中道第一義諦이다. 견무념은 수많은 공덕을 한꺼번에 갖추며, 견무념은 능히 일체법의 주인이며 일체법을 포섭한다."[220]

는 것이다. 이와 같이 관심觀心·견자성見自性·견성은, 다시 말하여 자성청정심 여래장불성을 깨닫는 것으로, 이는 초기 선종 문헌에서 비롯되어 지금까지 일관되게 성불하는 행도行道를 의미하기도 했다.

그러나 선을 성불로, 견불성見佛性으로 간주함은 남종 혜능 이후부터다. 관심觀心·수심守心·견성見性·견무념見無念 등의 선은, 본래의 선이 뜻하고 있는 바의 내용은 물론 같지만, 그 언어에서 오는 느낌은 약간씩 다른 것으로 이해되기도 한다. 남·북종 선禪이 분리된 이유가 '관觀'과 '견見'의 차이에서 오는 수행 내용상에서 비롯된 것이라고 보아도 과언이 아니다.

선은 본래의 의미가 불성, 즉 자성청정심을 깨닫는 것인데, 이 자성청정심은 처음 부파불교의 문헌에 보이고, 그 후 대승불교에 있어서 여래장사상如來藏思想으로 발전했음은 주지의 사실이다. 자성청정은 '모든 사람의 마음의 본성은 청정하지만 번뇌로 물들어져 있다'고 규정하고, 인도에서는 이 자성청정과 객진번뇌客塵煩惱를 함께 말하는 형태가 일반적이다.

---

[220] 위의 책, p.123. "和尙言, 見無念者 六根無染 見無念者得何佛智 見無念者 名實相 見無念者 中道第一義論 見無念者 恒沙功德 一時等備 見無念者 能生一切法 見無念者 卽攝一切法."

여래장(如來藏, tathāgam-garbha)과 불성(佛性, buddha-dhātu, 본래는 佛界)은 같은 의미라고 생각해도 좋지만, 중국에 와서는 압도적으로 불성이라는 말이 우세하고, 여래장은 불성만큼 정착하지는 못했다. 불성을 처음 사용한 경은 『열반경』이며, 선종사에서 견불성見佛性이 견성見性으로 전환하는 점을 생각해 볼 때, 선정禪定이 가지는 성性에 대한 특징이 있었음을 살필 수 있다.

불성(buddha-dhātu)의 dhātu는 hetu(因)의 뜻이라고 말할 수 있는 것이, 인도에서 buddha-dhātu는 불佛이 되는 '가능성'을 말한다. 그러나 buddha-dhātu가 불성이라고 한역漢譯된 것부터 그 의미는 조금씩 달라져 갔음을 알 수 있다. 혜능이 견성見性이라 했을 때의 의미는 불佛이 되는 인因이나 가능성을 말하는 것이 아니라 '불佛인 것(buddhatā, buddhatva)'이라고 이해된 점이다. 다시 말해서 불이 되는 길이나 불이 될 가능성으로 향하는 것이 배제된 채, '내가 불佛인 것'을 아는 것이 그의 선의 테마다. 결국 '돈오頓悟'를 뜻하는 것이다.

여래장계의 경전 중 『열반경』에 견불성見佛性의 예가 많이 보인다. 여기에는 신信도 강조되고 견불성에 이르기 위한 방편도 강조되고 있다. 『열반경』에서의 견見의 경우는 보통의 견(見, paśyati, mthoṅba)으로 사용되었음을 알 수 있다. 그러나 남종선에서의 견불성이라 했을 때의 견見은 오悟의 의미이고, 바로 돈오로서의 견성으로 사용되었다. 다시 말하여 『열반경』의 견불성사상見佛性思想에서는 "요컨대 지계持戒에 의하여…… 응당 방편을 근수勤修하고 번뇌를 단괴斷壞해야 한다."는 것으로 설명하여, 견불성에 이르는 수단을 보이고 있다. 따라서 『열반경』에 자주 거론되는 '자성청정, 객진번뇌'는 여래장의 기본사상으로, 객진번뇌를 제거하는 것에 의하여 본래의 불성이 나타난다는 것을 강조하는 것이다.[221] 초기 선종 문헌인 『능가사자기』 나 『수심요론』, 『전법보기傳法寶記』 등에서 나타난 도신이나 홍인, 신수에 이르기까지 자성청정을 깨닫는 수행이 선이었다. 그러나 이후, 견성사상은 바로 혜능선을 뜻하며 그것은 신수선을 정면으로 부정한 선사상이 되었다.

불타 당시 인도 초기 형태의 선은 해탈하기 위한 길이었으며, 성불의 도道였다. 그러나 중국 초기 선종은 남북 양종의 선으로 분리되어, 혜능에서의 불성은 청정의 측면이 강조되고 염심染心 이전의 성품을 강조한 것이다. 무념無念・무상無相・무주無住 등은 바로 이러한 점을 말해 주는 것이라고 생각한다.

그러나 동산법문東山法門에서나 북종신수北宗神秀에게서는 견불성見佛性을 위한 방편이 강조되었다. 특히 북종신수의 경우를 종밀宗密이 '불진간정설拂塵看淨說'이라고 비난하고 있는 것처럼 현실의 미혹의 상태를 크게 취급하여 점수漸修로써 청정한 상태로 돌아가는 것을 주장하는 면이 강하다. 초기 선종의 동산법문의 시기까지에는 심성본정설心性本淨說을 바탕으로 해서 주로 좌선을 이상 실현의 방법으로 선택하여 선수禪修하지만, 북종 신수에 이르러서는 실제적 방편을 중요시한 것이다. 그렇다면 신수의 관심사상은 어떠한 것인가.

---

221 禪과 如來藏에 대한 개념의 이해를 위해, 西義雄,「禪と如來藏思想に就いて」 『禪文化研究紀要』 3號. 高崎直道, 『如來藏思想の形成』(東京: 春秋社, 1978)을 참조했음을 밝혀둔다.

## 3) 신수의 관심사상

신수의 『관심론』을 보면, 전편全篇이 문답체로 구성되어 있고, 그 내용은 관심일법觀心一法으로 통섭統攝되어 있다. 첫머리에 "불도佛道를 구하는데 어떤 법法으로 닦는 것이 가장 긴요한 것인가?"의 물음에 대해 "관심일법觀心一法"이라고 하는데, "이 법은 제법諸法을 통섭統攝하는 것이며, 그것은 마음을 만법의 근본으로 하며 또한 그것은 일체제법一切諸法이 유심소생唯心所生하기 때문"이라고 밝히고 있다.[222]

관심은 마음에 염染·정淨 두 마음이 있음을 알아차리는 것으로 비롯된다. 정심淨心은 자성청정심, 즉 무루진여지심無漏眞如之心이고, 염심染心은 진여불성眞如佛性을 덮는 유루무명지심有漏無明之心이다. 따라서 진여자각眞如自覺하여 물들지 않는다면 그대로 성聖이며, 능히 모든 괴로움에서 벗어나 열반락涅槃樂을 체득한다는 것이다.[223] 신수의 이러한 주장의 배경에는 『화엄경』의 삼계유심사상三界

---

222 慧諶 譯, 『觀心論』(운주사, 2000), p.197. 필자의 번역서는 『大正藏』 권85와 田中良昭 註釋, 『大乘佛典』11(東京: 中央公論社 1989)에 게재된 것을 대조, 참조하여 번역하였다. 특히 田中良昭 교수의 돈황출토본과 용곡본, 금택문고본, 일본류통본 등을 對校하여 새로운 교정본을 작성한 『관심론』에 대한 주석은 학계에 영향을 주었다. "問, 若復有人, 志求佛道, 當修何法, 最爲省要, 答曰, 唯觀心一法, 惣攝諸行, 名爲最要, 又問, 云何云一法, 能攝諸行, 答曰, 心者萬法之根本也, 一切諸法, 唯心所生."

223 위의 책, p.49. "有二種差別, 云何篇二, 一者淨心, 二者染心, 其淨心者, 法卽是無漏眞如之心, 其染心者, 卽是有漏無明之心, 二種之心, 法爾自然, 本來俱有, 雖假緣合, 本不相生, 淨心恒樂善因, 染體常思惡業, 若眞如自覺, 不受所染, 則稱之爲聖, 遂能遠離諸苦, 證涅槃樂."

唯心思想이나 『대승기신론』의 여래장사상이 있음을 볼 수 있다.

이 『관심론』의 특징은 삼취정계三聚淨戒나 육바라밀에 대한 관심적 해석 방법과, 삼독三毒을 무명번뇌의 근본으로서 삼계三界 삼대아승지겁으로 해석 배열하는 데 있다. 또한 '진여심眞如心'을 깨닫는 것을 '관심일법'으로 말한다.

논론論論에, '관심일법'으로서 어떻게 삼계육취三界六趣의 고고苦를 면할 수 있는가의 물음에 대해, 삼계업보三界業報가 유심唯心의 소관所觀이고 그 마음이 본래 무無라고 관觀하면 삼계도 삼독도 없게 된다고 한다. 마음이 무심하여 삼계에 있으면서 삼계육취三界六趣를 벗어날 수 있다고 하는 것이다.[224] 따라서 만약 진여자성眞如自性이 삼독으로 덮여 있음을 알아 능히 삼독심을 제거하면 바로 삼해탈三解脫이고, 이는 또 삼대아승지겁을 건너는 것이 될 수 있다는 것이다.[225] 그런데 말세 중생은 우치둔근愚痴鈍根하여 여래의 삼대아승지의 비밀의 설을 해석하지 못하고, 오랫동안의 근고勤苦에 의해 성불하는 것이라고 생각하지만, 그것은 실로 수행자들을 잘못 깨닫게 하는 것이고 보리菩提의 도道를 멀리하게 하는 것이라 하여,[226] 관심일법에 의해서 일념

---

**224** 위의 책, P.50. "又問, 三界六趣, 廣大無邊, 若唯觀心, 云何免彼之無窮之苦, 答曰, 三界業報, 唯心所生, 本若無心, 則無三界, 三界者卽是三毒也, 食爲慾界, 瞋爲色界, 癡爲無色界, 由此三心, 結集諸惡, 業報成就, 輪廻不息, 故名三界, 又由三毒, 造業輕重, 受報不同, 分歸六處, 故名六趣."

**225** 위의 책, p.52. "佛說三世阿僧祇劫者, 漢言不可數, 由此三毒心, 於一念中, 有恒河沙衆惡, 一念中, 皆爲一劫, 恒河沙者, 不可數也, 眞如之性, 被三毒之覆障, 若不超彼三世恒沙毒惡之心, 云何得解脫也, 今者能除貪願瞋癡等三種毒心, 是則名度得三世阿僧祇劫."

중에 몰록 성불할 수 있다는 것이 신수의 돈오성불관頓悟成佛觀이다.

또한 신수는 육근육식六根六識은 삼독무명이 원인이 되고 여러 가지 악업을 짓게 되는 육적六賊이라고 하였다. 삼취정계는 계·정·혜 삼학三學을 닦고 삼독심을 제거하는 것이며, 육바라밀은 육적을 정복하여 육근을 청정하게 하는 것으로, 유심唯心의 소생所生인 삼독육적三毒六賊을 대치對治시키는 행법行法을 강조하였다. 결국 관심일법에 의해 일념一念 중에 성불하는 돈오와, 마음으로 지어 일어나는 삼독육적의 소멸법인 행도行道, 즉 점수를 동시에 밝히고 있는 것이다.

『관심론』에서 뜻하는 삼취정계三聚淨戒와 육바라밀은, 북종문헌인 『대승북종론大乘北宗論』에도 나타난다.[227] 대승심大乘心을 나타내는 마음의 조건 작용을 스무 가지로 나열하면서 그 중 생사生死와 열반涅槃의 관계성을 열세 가지로 표기하였다.

'아상불기○○심我尙不起○○心'이라 하여 '오히려[尙]'라는 말을 붙여 분명 일어나지 않는 마음인데, '하황○○심何況○○心'이라고

---

[226] 위의 책. "末世衆生, 愚癡鈍根, 不解如來三種阿僧祇劫秘密之說, 遂言, 成佛歷劫末期, 豈疑悟行人, 菩提道也."

[227] 『大乘北宗論』一卷(『大正藏』85, p.1281c). "大乘心 我尙不起布施心 何況慳食心 我尙不起持戒心 何況觸犯心 我尙不起忍辱心 何況殺害心 我尙不起精進心 何況懈怠心 我尙不起禪定心 何況散亂心 我尙不起智慧心 何況愚癡心……而重說偶 優從心憂 樂從心樂 若妄於心 何憂可樂 有文有字名曰生死 無文無字名曰涅槃 有文有字名曰生死 無言無說名曰涅槃 有文有字名曰生死 無修無學名曰涅槃 有文有字名曰生死 無智無慧名曰涅槃……厭世間名曰生死 不厭世間名曰涅槃 樂大乘名曰生死 不樂大乘名曰涅槃 口口羅蜜名曰生死 不見口羅蜜名曰涅槃 大乘有十也."

하여 '하물며' 마음(의 작용)이 일어나겠는가라고 하여 본래의 대승심을 나타내고 있는 것이다. 또한 '유문유자명왈생사有文有字名曰生死, 무문무자왈열반無文無字曰涅槃' 등을 열거하여 문자의 유有와 무無를 생사와 열반에 비유한다. 이는 유에서 무로, 생사에서 열반의 수행의 역정歷程을 보이는 것 같지만 '대승유십야大乘有十也'라고 맺고 있는 것을 감안해 볼 때, 점수漸修의 양상을 보이면서도 동시에 돈오頓悟의 행도行道를 나타낸다고 할 수 있을 것이다.

이와 같이 심불기心不起의 이념理念으로 일관되게 서술된 곳은 초기 선종문헌 중 『대승북종론大乘北宗論』 한 권卷밖에는 없다. 『관심론』에서 삼독을 삼계三界로, 또 삼대아승지겁으로 해석하거나, 『대승오방편』에서 심성心性을 삼신불三身佛로 표현하거나, 육근六根을 육세계六世界로 비유하여 '여래견일체법부동위불사如來見一切法不動爲佛事'로 해석하는 것은 바로 대승심大乘心을 말하는 것이라고 볼 수 있으며,[228] 이는 바로 신수선의 특색이다.

『관심론』에서는 또한 '일체제법一切諸法, 유심소작唯心所作'의 입장에서 무위무상無爲無相의 내심內心의 행행을 강조한다. 논에,

"불佛은 중생으로 하여금, 가람을 수조修造하고, 형상形像을 주사鑄寫하고, 향을 피우고 꽃을 뿌리고, 장명등長明燈을 밝히고, 온종일 탑을 돌아 도를 행行하고, 재를 올려 예배하게 하여 그 공덕으로서 완전한 불도를 이루게 한다고 했다. 만약 오직 관심觀心만으로

---

[228] 宇井伯壽, 『禪宗史硏究』(東京: 岩波書店, 1982), p.474.

모든 행을 포섭한다면 이와 같은 말은 응당 허망한 것이 아닌가."²²⁹

라는 물음에, 신수는 불설佛說은 한없는 방편이 있으며, 그것은 일체 중생이 둔근하고 하열하여 깨닫지 못하기 때문에, 유위법有爲法을 빌어 무위無爲를 나타내는 것이라고 한마디로 일축하였다. 그러므로 만약 안으로 수행하지 않고 다만 밖에서만 구한다면 복福은 바랄 수 없다고 강조한다.

이와 같이 안으로의 닦음은 관심일법觀心一法이고, 밖으로의 구함은 세간에서의 형상있는 행을 의미하여, 내행內行과 외구外求를 동시에 갖추어 '반드시 안으로 진리의 체를 밝히고 일에 따라 변하는 것〔必須理體內明, 隨事推變〕'을 이념으로 한 것에 여법히 불사佛事가 성취되는 것이라고 보고 있다. 결국 진여불성眞如佛性을 나타내는 관심일법이 『관심론』의 내용인 것이다.

또 이 논에서는 『온실경溫室經』을 도입하여 진여불성의 발로發露를 보인다. 이 경전은 온실세욕溫室洗浴의 일곱 가지 공양의 공덕을 설한 것인데, 일곱 가지 기물칠사器物七事를 사용하면 그 복덕은 무량하다고 말한다. 그런데 이 경설을 근거로 한다면 "관심의 의미와 상응하지 않는다"는 질문에, 신수는 수행자들을 목욕시키는 것은 세간의 유위有爲의 일이 아니라고 한다. 다만 세존은 모든 세간의

---

**229** 慧諶 譯, 『觀心論』, 앞의 책, p.201. "佛令衆生 修造伽藍, 鑄寫形像, 燒香散花, 燃長明燈, 晝夜六時, 遶塔行道, 持齋禮拜, 種種功德, 皆成佛道, 若唯觀心惣攝諸行, 說如是事, 應虛妄也, 答曰, 佛所說有無量方便, 以一切衆生鈍根狹劣不悟甚深, 所以假有爲法喻無爲, 若不修內行, 唯只外求, 希望獲福, 無有是處."

일을 빌어 진실에 비유한 것이며, 따라서 은밀히 일곱 가지 공양의 공덕을 설하였다고 한다.[230] 결국 세간의 물로 부정不淨한 몸을 닦는 것이 아니라 삼독무명의 더러움을 제거하여 몸속의 진여불성을 드러내는 것이 본래의 뜻임을 밝히면서 정수淨水 등 일곱 가지 일에 대해서 내심內心으로 이끌어 일곱 가지 법法으로 해석하였다.[231]

그러나 이러한 일곱 가지의 일은 대승이근大乘利根을 위해 설한 것이지, 작은 지혜로 하열한 범부를 위한 것이 아니라고 한다.[232] 논에,

"온실溫室은 몸에 비유되는데, 소위 지혜의 불을 태워, 정계淨戒의 탕湯을 따뜻하게 데우고, 몸속의 진여불성을 씻고 일곱 가지 법을 수지受持하고 이로써 장엄한다. 비구는 청명이지聽明利智하여 모든 성의聖意를 깨닫고, 말한 대로 수행하고 공덕성취하여 성과聖果에 오른다. 지금 중생은 우치둔근愚癡鈍根하여, 그것을 헤아리지 못하고, 세간의 물로써 장애의 몸을 닦고 경에 의지하기만 한다."[233]

---

[230] 위의 책, p.203. "又問, 溫室經說, 洗浴衆僧, 獲福無量, 此則憑於事法, 功德始成, 若唯觀心, 可相應不, 答曰, 洗浴衆僧者非世間有爲事, 世尊當爾, 爲諸弟子, 說溫室經, 欲令受持洗浴之法, 是故假諸世事, 比喻眞宗, 隱說七事供養功德"

[231] 위의 책, pp.203~204. "一爲淨戒, 洗蕩愆非, 如淸淨水洗諸塵垢, 二謂智慧, 觀察內外, 猶如燃火溫其水, 三謂分別, 簡棄諸惡, 由如澡豆能除垢膩, 四謂眞實, 斷諸妄語, 如嚼楊枝消口氣, 五謂正信, 決無疑慮, 如灰磨身能避諸風, 六謂調柔, 和剛强, 由如蘇膏通潤皮膚, 七謂慙愧, 滅諸惡業, 由如內衣遮蔽醜形"

[232] 위의 책, p.204. "如上七法, 並是經中秘密之義, 如來當爾爲諸大乘利根者說, 非爲小智下劣凡夫."

[233] 위의 책. "其溫室者, 卽身是也, 所以燃智惠火, 溫淨戒湯, 洗浴身中眞如佛性,

고 하며, 진여불성은 범부의 모습·번뇌·티끌에 있지 않으며, 본래 무상無相함을 강조한다. 신수는 논論에서 역시 염불에 대한 해석을 관심수행의 입장에서 밝히고 있다.

"염불은 응당 정념正念이어야 한다. 요의了義를 정正으로 삼아야 하며 불요의不了義는 사념邪念이다. …(中略)… 염념은 마음에 있으며, 말에 있지 않다.…… 이미 염불을 했다면 염불의 실체를 행해야 한다. 마음에 실체가 없이 입으로만 헛되이 명호를 외운다면 헛수고만 할 뿐, 무슨 이익이 있겠는가."[234]

즉 외상外相에 집착하여 복덕을 구하는 것은 비도리非道理임을 역설力說하며, 염불은 마땅히 정념正念으로서 마음에 있는 행이어야 한다는 것이다.

마지막 문답에서 신수는 "마음은 출세의 문[心爲出世之門戶]이며 마음은 해탈의 관율[心是解脫之關律]"이라고 귀결지으며, 마음은 진여성眞如性을 나타내며 모든 불도佛道는 이 '관심일법'임을 내세우면서, 사상事相에 집착하는 행법수행行法修行이 아니라 정신적·내면적 문제로서 행자行者 개인의 내심內心에서의 관심행법觀心行法이 이루어져야 한다는 실제적인 수행을 크게 강조하였다.

---

受持七法, 以自莊嚴, 當爾比丘, 聰明利智, 皆悟聖意, 如說修行, 功德成就, 俱登聖果, 今時衆生, 愚癡鈍根, 莫測其事, 將世間水, 洗質碍身, 自爲依經, 豈非惧也"

**234** 위의 책, p.204. "夫念佛者 當須正念 了義爲正. 若不了義 卽爲邪念 … 在心曰念 故知念從心起 名爲覺行之門 誦在口中 卽是音聲之相 執相求福 終無是處乎."

북종 문헌 중 역시 관심에 대한 언급은 『와륜선사간심법臥輪禪師看心法』이다.²³⁵ 이에 의하면, "무주법無住法을 행하는 것은 다만 마음이 일어나는 것을 깨닫는 것이며 바로 마음으로 반조反照하는 것이다." 라고 하여 각심覺心을 마음속 반조心內反照라고 했으며, 이 반조는 미진微塵하게 움직이는 상相마저 없어야 하고 역시 부동不動도 없는 대정大定이라야 한다는 것이다. 따라서 "다만 마음속 일심으로 연주連注해야 하며 내외숙간內外熟看"해야 함을 주장한다.

비유컨대 광鑛 속에는 금이 들어 있어도 공을 들이지 않으면 캐낼 수 없으며, 반드시 공을 들여야 금을 캘 수 있는 것처럼, 마음도 역시 그와 같아서 본래 상적常寂함을 알고 관조觀照하여 깨달아야 한다는 것이다.²³⁶

다시 말하여 마음은 본래 상적常寂하고 자성청정하지만 마음속 반조反照하는 공이 없으면 깨우치지 못하는 것으로, 와륜선사臥輪禪師는 시종 간심看心할 것을 요구한다. 이는 바로 달마의 벽관과도 같은 의미이며, 해오점수解悟漸修로서의 신수선과도 같은 입장이라고 볼 수 있다.

『사자칠조방편오문師資七祖方便五門』의 첫머리에 정正과 사邪를 "무심하면 일체법은 바르며, 마음이 일어나면 일체법은 삿됨"이라고

---

235 「臥輪禪師看心法」(『鈴木大拙全集』第二卷, 東京: 岩波書店, 1968, p.441). 이 문헌의 저자에 대해서는 분명하지 않지만, 鈴木大拙씨의 연구에 의하면, 臥輪禪師는 慧能(638~713)시대의 禪者이며, 문맥으로 보나 또 사상으로 보아도 神秀系에 속한다고 보고 있다. 禪學界에서도 여기에 대한 異見이 아직 없기 때문에 필자도 이에 따르기로 한다.

236 위의 책, pp.452~453.

하였다. 따라서 망념이 일어나지 않으면 진리는 그대로 나타나는 것이며, 법신청정한 것이라고 한다. 그러므로 일체죄장一切罪障이 마음으로 인하여 생기는 것이므로 간심看心하되 집착하는 바가 없어야 한다는 것이며, 나아가 무처무소無處無所한 그 마음이 본래 스스로 여여如如하며 청정한 것이라고 강조한다.[237]

문헌의 표제標題에서 칠조는 신수의 상수 제자인 보적普寂을 의미하는 것으로 보이며, 문헌 내용은 신수의 『대승오방편문』의 내용과 거의 유사하다. 이 문헌의 저자가 누구인지 분명하게 알 수는 없지만 북종계의 것으로 간주하는 이유가 여기에 있다.

이와 같이 『관심론』을 비롯한 북종계 문헌은 제일의제第一義諦인 관심법을 강조하면서 제이의제第二義諦로는 방편문까지도 열어 돈오점수로서의 행도行道를 강조하고 있음을 살필 수 있다. 달마 이후 홍인에 이르기까지는 실제적 방편으로 좌선관심은 선수禪修의 수단이면서 목적이 되었지만, 신수에 이르러서는 좌선만이 아니라 염불 및 일곱 가지 공덕의 행까지 선수로서 받들어져 객진번뇌를 제거하는 방편으로 취해진다. 결국 신수선이 자성청정한 마음을 몰록 밝히는 동시에 방편적 선수禪修마저 시도되었음을 감안해 볼 때, 신수선은 점수돈오인 동시에 돈오점수임을 살필 수 있다.

---

[237] 「師資七祖方便五門」, 위의 책, p.454. "一切罪障由心起作, 今使心看, 看無所處, 無處無所心本自如 …(中略)… 汝當論看, 熟卽乃見, 是汝本性淸淨."

## 6. 신수의 계율관

북종 신수의 문헌 중 『대승무생방편문』이나 『관심론』에서 보살계율의菩薩戒律儀나 삼취정계三聚淨戒 등의 중요성이 강조됨을 살필 수 있으며, 더구나 선禪과 율律을 같은 수행의 행行으로 여겨 선과 율의 상호상보적 경향마저 보인다. 또 북종선자北宗禪者들은 초기의 중국 선자들과는 달리 계율戒律 방면에 특히 우수한 이들이 많이 보이고, 그 중에는 선과 율을 함께 상전相傳하는 선자禪者조차 있는 것이 선종사에서 주목되는 바다.

북종은 아쉽게도 현존사료를 통해 그들의 행적을 알 수 있는 고승이 많지 않을 뿐만 아니라, 각 승전僧傳이나 등사류燈史類에도 미진한 감이 없지 않다.[238] 그러나 남종선자南宗禪者에게는 계율戒律에 뛰어나거나 또 선율禪律 상호적 수행이 희박한 것에 비하여, 북종北宗은 그것이 비교적 많다고 볼 수 있다. 따라서 이는 북종의 한 특색이라고 말할 수도 있을 뿐만 아니라, 북종 전반에 있어서 계율이 중시되었음을 짐작할 수 있다.

이를 위해 북종계의 저술자료에 의해, 그 계율사상의 경향을 고찰하여 남종의 문헌 중 『육조단경』이나 『법보단경』에서, 또 신회의 『단어壇語』 등에서 나타난 계율의戒律儀의 내용과 비교하는 방법으로써 북종선사상에서의 계율사상을 파악하고자 한다. 아울러 북종선자北宗禪者들의 각 전기자료傳記資料를 통하여 그들의 선과 계의 관계성

---

[238] 宇井伯壽, 『禪宗史硏究』, pp.271~272.

을 살펴보도록 하겠다.

### 1) 신수의 계율에 대한 견해

북종 문헌 중 『관심론』이나 『대승무생방편문』은 신수의 계율관을 아는 데 중요한 자료이다.

『관심론』 제18항목 중 제8에

"문건대, 보살마하살은 삼취정계三聚淨戒를 지니고, 육바라밀을 행함에 비로소 불도를 성취한다고 했다. 지금 수행자에게 오직 마음을 관觀하는 것만으로 계행戒行을 닦는다고 했는데, 그렇게 해서 어찌 성불成佛하겠는가?"[239]

의 물음에 답하기를,

"삼취정계는, 즉 삼독심三毒心을 버리고 무량한 선善을 이루는 것이다. 취聚는 회會다. 삼독을 제거하면 곧 세 가지 무애 선善이 되며 널리 마음에 모아진다. 그러므로 삼취정계이다. 육바라밀六波羅蜜은 육六이 바로 육근六根이며, 바라밀波羅蜜은 한역漢譯으로 달피안達彼岸이다. 육근청정六根淸淨으로 세간의 티끌에 물들지

---

[239] 慧源 譯, 앞의 책, p.199. "又問, 菩薩摩訶薩, 由持三聚淨戒, 行六波羅蜜, 方成佛道, 今令學者唯只觀心, 不脩戒行, 云何成佛 答曰, 三聚淨戒者, 則離三毒心, 成無量善, 聚者會也, 以制三毒, 即有三無碍善, 善會於心, 故名三聚淨戒也, 六波羅蜜者, 即六根, 漢言達彼岸, 以六根淸浮, 則不染世塵, 即出煩惱可至菩提岸也, 故名六波羅蜜."

않아서 바로 번뇌를 여의게 되고 보리菩提의 언덕에 이르는 것이다.
그러므로 육바라밀이라고 이름한다."

라고 하였으며, 이어서 아홉 번째 질문에서, 이러한 삼취정계의
설은 경설經說과 어긋나는 것이 아닌가라는 물음에,

"불佛의 말씀은 진실어眞實語이므로 그릇된 것이 없다. 과거인중過
去因中에 보살이 고행할 때, 삼독에 대한 세 가지 서원誓願을 내고
삼취정계三聚淨戒를 구족했다. 탐독貪毒에 대해서는 모든 악을
끊기를 서원함에 늘 계戒를 닦는다. 진독瞋毒에 대해서는 모든
선善을 닦음을 서원함으로 늘 정定을 닦는다. 치독癡毒에 대해서는
모든 중생을 제도하기를 서원함으로 늘 혜慧를 닦는다. 이와 같이
계·정·혜의 세 종류의 정법淨法을 지니는 까닭으로 능히 독악업
보毒惡業報를 넘어서 성불하는 것이다."[240]

라고 답하였다. 이처럼 삼취정계 하나하나를 삼독과 삼취에 각각
배열하는 것은 경에서도 볼 수 없는 특수한 해석이다. 『관심론』의
요지가 제법諸法을 총섭總攝하고 불도의 가장 긴요한 요인이 되는
좌선심의 행법을 권하고, 무명번뇌의 근본인 삼독심을 전轉하여

---

[240] 앞의 책. "答曰, 佛所說經, 是眞實語, 應無謬也, 菩薩於過去因中, 修苦行時, 對於三毒, 發三誓願, 持三聚淨戒, 對於貪毒, 誓斷一切惡故, 常脩戒, 對於瞋毒, 誓脩一切善故, 常修定, 對於癡毒, 誓度一切衆生故, 常修惠, 持如是戒定惠等三種淨法故, 能超彼毒惡業報, 成佛也"

세 가지 해탈을 얻음을 극히 강조하는 것이기 때문에 이러한 입장에 근거하여 삼취정계를 설했음을 볼 수 있다. 신수는 계행의 정의를 '마음에 여의지 않는 것, 즉 명심하는 것'이라고 했다.[241] 그래서,

"마음이 저절로 청정하면, 모든 중생이 실로 다 청정淸淨한 것이다. 때문에 경에 이르기를, '마음이 더러우면 중생이 더럽게 보이며, 마음이 깨끗한 까닭에 일체의 공덕이 다 청정한 것'이라 했다. 또 이르기를 '성불하고자 하면, 응당 그 마음을 깨끗이 해야 하고, 그 마음이 깨끗함에 따라 깨끗한 불토가 된다.'라고 하였다. 만약 삼독심을 제거하면 삼취정계를 자연히 성취한다."

는 것이다. 이와 같이 계의 근원은 근본적인 마음의 자세에 있는 것이고, 그 때문에 관심의 행법行法실천이 더욱 필요하다는 것이다. 열두 번째의 문답에 행법실천에 대해서는, 소향燒香·행도行道·지제持齊·단식斷食·예배禮拜·세욕洗浴·염불念佛 등의 불도행지佛道行持가 다 성불하기 위한 실수實修이지만, 그러나 내행內行을 닦지 않고 오직 외행外行으로만 불도를 이루고자 함은 허망한 일에 불과하다고 강조한다. 다시 말해서 외상外相보다 내심內心의 자세가 중요함을 나타낸 것이다. 성불에도 중생의 근기에 따라 행도의 차이가 있음을 인지하여 불佛은 무량한 방편법을 설하여 중생을 제도하나

---

241 위의 책, p.200. "知所修戒行, 不離於心, 若自淸淨, 則一切衆生, 皆悉淸淨, 故經云, 心垢則衆生垢, 心淨故一切功德, 悉皆淸淨, 又云, 欲得成佛, 當淨其心, 隨其心淨, 則佛土淨, 若制得三種毒心, 三聚淨戒, 自然成就."

그 근본은 내행을 닦는 일임을 강조한다.[242]

신수는 계행을 닦는 데도 중생의 둔근협열鈍根狹劣을 염두에 두어, 깨달음을 이루는 데에 있어서 근기에 따라 실행實行하는 길을 보인다. 『대승무생방편문』에는 계행戒行의 사상적 내용보다도 계율의戒律儀에 치중하여 수계작법授戒作法으로서 시작하는데, 이 점에서 의식에 대한 중요성을 살펴볼 수가 있다. 작법作法내용으로, 처음 호궤합장하여 사홍서원을 하고 그 다음에 시방十方의 제불제보살諸佛諸菩薩을 청請한다. 그리고 나서 삼귀의를 받고 오능五能을 불자佛子에게 물으며 참회하게 하고, 마지막으로 보살계(菩薩戒, 持心戒)를 지닐 것을 세 번이나 강조하며, 부탁하고, 서원하게 한다. 이렇게 해서 작법의식作法儀式 이후에 비로소 청이 시작되는 것이다.

이러한 수보살계의授菩薩戒儀는 그 내용은 나타나 있지 않지만, 『능가사자기』에 '도신의 보살계법일본菩薩戒法一本'을 비롯하여, 혜능의 『육조단경』에서나 신회의 『단어』에도 보인다. 물론 이러한 문헌들에서의 지계의持戒儀는 방법이나 내용이 각기 조금씩 다르지만, 초기 선종에서 지계의식이 중요한 자리를 차지했음은 예측해 볼 수 있을 것이다. 사실적 의미로서 수보살계의의 조직은 천태종계天台宗系의 십이문계의十二門戒儀와 남악본南岳本의 문난법問難法 십문十問과 유사하다는 점에 대해서 이미 비교연구가 이루어지기도

---

242 위의 책, p.201. "又問, 經中所說, 佛令衆生, 修造伽藍, 鑄寫形像, 燒香散花, 燃長明燈, 晝夜六時, 遶塔行道, 持齋禮拜, 種種功德, 皆成佛道, 若唯觀心惣攝諸行, 說如是事, 應虛妄也, 答曰, 佛所說有無量方便, 以一切葉生鈍根狹劣不悟甚深, 所以假有爲法喩無馬, 若不修內行, 唯只外求, 希望獲福, 無有是處."

하였다.[243]

　『대승무생방편문』에서 보이는 수보살계의授菩薩戒儀의 내용은, 『관심론』에서 내행內行할 것을 주장함과는 달리 의식 그 자체까지도 중요시했음을 알 수 있다. 즉 진정한 사홍서원은 참회하여 삼업이 청정해야 이루어질 수 있으며, 이것이 바로 보살계이며 지심계持心戒이며 불성으로서의 계라는 것이다. 한 마디로 간절한 참회는 바로 성불로 이어지는 것임을 주창해 보이고 있다.

　또한 북종 신수가 궁극적으로 주장하고 있는 돈오사상인 심불기적心不起的 입장은 바로 각覺이며 이념離念이지만, 여기에는 반드시 심지心持의 보살계菩薩戒의 수지授持가 그 바탕이 됨을 알 수 있다.[244]

　그런데 보살계의 의식이 있기 이전에, 대승무생大乘無生을 위해서는 안 될 다섯 가지 일〔五不能〕을 당부한다. 첫째 모든 나쁜 지식은 버릴 것이며, 둘째 선지식을 가까이 하며, 셋째 금계를 갖출 것〔持禁戒〕이며, 목숨이 다할 때까지 계를 파하지 말며, 넷째 대승경을

---

243 關口眞大, 『達摩の硏究』(東京: 岩波書店 1957), p.301~303
244 『大乘無生方便門』(『大正藏』85, p.1273b). "各各胡跪合掌當敎令鏡四弘誓願, 衆生無邊誓願度, 煩惱無邊誓願斷, 法門無盡誓願學, 無上佛道誓願證……次請十方諸佛爲和尙等, 次請三世諸佛菩薩等, 次敎受三歸, 次問五能, 一者汝從今日乃至菩提捨一切惡知識不能二者親近善知識不能三能坐持禁戒乃至命終不犯戒不能四能讀誦大乘經問甚深義不能五能見苦衆生隨力能救護不能, 次各稱已名懺悔罪言過去未來及現在身口意業十惡罪, 我今至心盡懺悔, 願罪除滅永不起五逆罪障重罪准前譬如明珠沒濁水中以珠力故水卽澄, 淸佛性威德亦復如是, 煩惱濁水皆得淸淨, 汝等懺悔竟三業淸淨, 如淨瑠璃內外明徹, 堪受淨戒菩薩戒, 是持心戒以佛性爲戒, 性心瞥起卽違佛性, 是破菩薩戒, 護持心不起卽順佛性, 是持菩薩戒三說."

찬송하여 깊은 뜻을 알 것이며, 마지막으로 고난을 맞은 중생을 보면 지성껏 구호할 것 등이다.

이는 지극히 자상한 대승보살의 계본戒本이라고 본다. "마음의 성품이 (고요하지 않고) 일어났다가 사라졌다가 하면 이는 불성이 아니며, 이는 보살계를 파한 것"이라는 내용 등을 살펴본다면, 이것은 이기利機만을 대상으로 한 설법이 아닌 것이다.[245] 따라서 『대승무생방편문』은 그 대상이 둔근이근鈍根利根의 중생이 다 함께 청법 된 내용이라고 볼 수 있다.

### 2) 계율의 전승傳承

북종에 있어서 계율 중시의 경향은 언제부터였을까? 선종의 초조인 달마에게는 계본이 남아 있지 않고 다만 돈황출토에 의해 달마의 이름이 앞머리에 붙여진 「수보살계의授菩薩戒儀」이 세상에 드러나게 된 것이다.[246] 즉 안연安然의 『수보살계광석授菩薩戒廣釋』 권상에 보살계상菩薩戒相이 나타나 있는데 십본十本 중 일곱 번째에 달마본達摩本이 있으며, 그 내용과 조직에 대해서는 구체적으로 언급되어 있지 않고 다만 달마가 팔승법八勝法을 언급한 것으로만 되어 있다.[247]

이 팔승법八勝法은 ①극도승極道勝, ②발심승發心勝, ③복전승福田勝, ④공덕승功德勝, ⑤수죄경미승受罪輕微勝, ⑥처태승處胎勝, ⑦신통승神通勝, ⑧과보승果報勝으로 되어 있다. 그러나 그 내용으로

---

245 위의 책(『大正藏』85, p.1273b).
246 關口眞大, 앞의 책, p.297.
247 『授菩薩戒廣釋』 권상(『大正藏』74, p.764a).

보아 진정한 달마본達摩本이라기보다는 남악본南岳本이라고 하는 학자가 있을 정도로 계본戒本에 대한 의심이 없지 않다.[248]

이와 같이 달마에게서는 수계를 위한 명확한 텍스트로서의 계본戒本보다 선禪을 위한 방편 또는 신앙상의 요청으로서 안심계安心戒가 성립되었거나 상승相承되어졌다고 보아야 할 것이다. 『능가사자기』의 이입사행二入四行의 사행四行도 역시 계본으로서의 역할이라기보다, 신앙상에서의 수행 내지는 참학인의 행도行道라고 본다. 따라서 수보살계의授菩薩戒儀의 달마본은 선종이 발생한 9세기 이후부터 전해지고 있는 내용물이라고 봄이 타당할 것이며, 사실로서의 객관성은 결핍되었지만 초기 선종의 선수행에서 이미 보편적이면서 당위적인 수지계행이 이루어졌다고 보아야 할 것이다.

또한 동산법문에서부터 북종계의 제자들 사이에 계율 방면의 상전相傳을 한 문헌은 없다. 북종 문헌인 『능가사자기』도 역시 마찬가지로, 『능가경』을 소의所依로 한 선종의 전법계보傳法系譜일 따름이지 경으로부터 계율을 인용하거나 율로 삼은 일도 없다. 역시 『대승무생방편문』에서의 수계작법授戒作法을, 사조 도신道信의 「보살계법菩薩戒法」 한 권과 연결하여 계율戒律의 상전이 있었다고 보는 것도 무리라고 본다. 그 이유는 당시 수당隋唐 대에는 보살계菩薩戒 수계의식이 일반적 경향이지 선종만의 특유의 행도行道는 아닌 것으로 보기 때문이다.[249]

그러나 북종 신수의 문헌에서 나타난 수계작법은, 다른 어떤 선문

---

**248** 關口眞大, 앞의 책, p.299.
**249** 柳田聖山, 『初期禪宗史書の研究』(東京: 法藏館, 1967), pp.255~256.

헌에서보다도, 또한 남종 선문헌인 『단경』이나 『단어』의 그 내용보다 엄밀하며 상세하다. 이는 선종의 상전相傳에서 확립된 것이라기보다는 신수 자신의 확고한 의지로서의 작법이었다고 볼 수 있으며, 역시 당시의 시대적 상황이 요청하는 수계작법授戒作法의 필연성과도 연관이 있었다고 본다.

그러면 남종선 계통의 문헌으로서 수계의授戒儀가 전해지는 하택 신회의 『단어』와 돈황본 『육조단경六祖壇經』에서 그 내용을 살펴보면서 북종 신수의 계율사상의 일단一端을 비교해보도록 하겠다.

『단어』는 신회가 남양(南陽, 현재의 河南省 南陽縣)에 머물면서(開元 8년, 720년), 조계혜능(638~713)의 종지宗旨를 세우고 세상에 선양한 설법 기록이며, 남북 양종의 선지禪旨를 분별하며 달마의 정통성을 확정하는 어록이다.

그런데 혜능에게 가장 충실해야 할 신회는 『단어』에서 종래 전통적이고 상식적인 삼학계三學戒 및 참회예배를 설한 것에 대하여, 혜능은 『단어』에서 본원자성本源自性으로 돌아가게 하는 무상계無相戒를 설하고 있다. 남종의 종조宗祖이며 달마 법통의 정계正系가 혜능임을 주장한 신회神會가 수계의授戒儀에 대한 견해 차이가 있는 점은 아이러니컬한 것이지만, 이 같은 상황을 유추하여 무상수계의無相受戒儀를 강조한 『단경』은 우두계牛頭系에서 편찬된 것이라고까지 주장하는 학자도 있다.[250]

『단어』의 첫머리에 신회는 스스로 발보리심發菩提心하여 예불하게

---

[250] 위의 책, p.154.

한 다음에 삼업三業에 대한 참회를 거듭한다. 이어서 불설佛說의 "제악막작諸惡莫作 제선봉행諸善奉行 자정기의自淨其意 시제불교是諸佛敎"를 인용하여, 과거 일체제불의 삼학三學이 다음과 같음을 밝힌다. 즉 "일체 악을 짓지 않는 것이 계[諸惡莫作是戒], 모든 선을 봉행하는 것이 혜[諸善奉行是慧], 스스로 의식을 맑게 하는 것이 정[自淨其意是定]"이라 하며, 이를 다시 "망심이 일어나지 않는 것을 계[妄心不起名爲戒], 망심이 없음을 정[無妄心名爲定], 마음을 알아 망념이 없음을 혜[知心無妄名爲慧], 이를 삼학등이라고 함[是名三學等]"이라는 신회 특유의 해석을 덧붙이고 있다.[251] 즉 망심불기妄心不起하면 그대로 삼학三學이 이루어지는 것으로 보는 것이다. 이어서 또한 제계齊戒를 호지護持하도록 한다. "만약 제계를 갖지 않으면 일체선법一切善法이 결국 능히 일어나지 않으며, 무상보리無上菩提를 구하려 한다면 계를 지켜라[護持齊戒]"고 한다.[252] 따라서 무상보리를 배우는 자는 삼업이 청정해야 하며, 반드시 제계를 가져야 한다는 것이다.

이처럼 신회는, 북종 신수가 강조하는 참회와 지제(持齊, 心戒)와의 공통된 사상을 가진 동시에, 당시 북종의 수계의법授戒儀法을 인식하고 있었을 것이라고 유추된다. 남종선에서 참회의식은 중요하게 취급되고 있는데, 그 내용면에서 혜능과 신회는 각기 다른 견해를 보인다. 우선 『단경』에 나타나는 참회의 의미를 살펴보면, 사홍서원이 마쳐지고 무상참회無相懺悔하기를 가르친다.[253]

---

251 胡適, 『神會和尙遺集』(胡適紀念館, 民國 59년), pp.228~229.
252 위의 책, p.229. 齊戒는 在家者를 위한 八齊戒를 말한다.
253 『六祖壇經』(Yampolosky, Comlumbia, Uni. N.Y), p.10. Yampolosky는 敦煌本

돈황본『단경』의 수보살의사상受菩薩儀思想을 고찰해 보면,『대승무생방편문』과『단어』와는 달리,『단경』의 구성된 차례에서 귀의삼보에 대한 부분은 첫머리에 있지 않고 중간 정도에 있다. 그리고 삼보에 대한 해석이 특이하다. 즉 삼귀의에 대한 내용으로 "부처는 각覺이며, 법은 정正이며, 승은 정淨"이라고 하여, "자심自心은 본래 깨달아 있어서 삿되고 미혹함이 일어나지 않고, 소욕지족少欲知足하여 물욕物欲과 색욕色欲을 여읜 것을 양족존兩足尊이라 하고, 자심은 본래 바르므로 생각생각이 삿되지 않고, 따라서 애착이 없음에 이욕존離欲尊이라 하며, 자심은 본래 청정하여 자성自性에 번뇌망상이 없으며 자성은 염착染著되지 않으므로 중중존衆中尊"이라고 한다.

따라서 혜능은 매일 삼귀의계三歸依戒를 권하면서 "경에는 자귀의불自歸依佛을 말했지 타귀의불他歸依佛을 말하지 않았다."라고 하여, 자성自性에 귀의하지 않고는 달리 귀의할 곳이 없다고 단언한다.[254] 이처럼, 신회의 극히 상식적이고 의례적인 삼귀의의 의미와는 달리 혜능은 시종 자성에 귀의할 것을 요구한다. 이와 같은 무상계無相戒라고 하는 마음의 수계의受戒儀가 구체적으로 의식화되고 또한 세상에서도 널리 행해졌다는 사실은『경덕전등록』권25의 "소주위거韶州韋據 청어대범사請於大梵寺 전묘법륜轉妙法輪 병수무상심지계幷受無相心地戒 문인기록門人記錄 목위단경目爲壇經 성행어세盛行於世"에서 살

---

六祖壇經을 英譯하여 漢本과 함께 수록하였다. 필자는 이것을 참고하였다. "前念後念及今念, 念念不被愚痴染, 除却從前諂誑心永斷, 名爲自性懺, 前念後念及今念, 念念不被疽痴妄, 除却從前嫉妬心, 自性若除卽是懺, 已上三唱."
**254** 위의 책, p.10.

펴볼 수 있다.

이처럼 무상심지無相心地의 자성계自性戒는 역시 사홍서원의 의미에서도 마찬가지다. 즉 사원四願이 자수자서계自受自誓戒로서 표명되어 있는 것이다. 즉,

"중생무변서원도衆生無邊誓願度, 이는 중생을 제도하는 것이 아니라, 중생 스스로가 스스로를 제도하는 것이며, 이는 색신色身 가운데 사견邪見·번뇌煩惱·우치愚痴·미망迷妄 스스로 본각성本覺性이 있어서 스스로 정견正見을 가지고 제도하는 것이다. 이미 정견반야正見般若의 지智를 깨닫고 우치미망愚痴迷妄을 제거하면 중생은 스스로 제도된 것이다. 번뇌무진서원단煩惱無盡誓願斷, 자심에 허망함을 제거하고, 법문무량서원학法門無量誓願學은 무상정법無上正法을 배우는 것, 무상불도서원성無上佛道誓願成은 언제나 하심을 행하고 모두를 공경하는 것이며, 미혹과 집착을 벗어나 각지覺知하여 반야를 생기게 하고 미망을 제거하면 스스로 깨달아 불도를 이루어 서원력誓願力으로 행하게 된다. 선지식이여, 무상참회無相懺悔를 하여 삼세죄장三世罪障을 멸하도록 하라."[255]

---

255 위의 책, p.9. "衆生無邊誓願度, 不是惠能度善知識(心中), 衆生各於自身, 自性自度, 何名自性自度, 自色身中邪見煩惱愚痴迷妄, 自有本覺性, 將正見度, 旣悟正見, 般若之智除却愚痴迷妄, 衆生各各自度, 邪來正度, 迷來悟度, 愚來智度, 惡來善度, 煩惱來菩提度, 如是度者, 是名眞度, 煩惱無邊誓願斷, 自心除虛妄, 法門無邊誓願學, 學無上正法, 無上佛道誓願成, 常下心行, 恭敬一切, 遠離迷執 覺知(生)般若, 除却迷妄, 卽自悟佛道成, 行誓願力."

라고 하였다. 또 『단경』에 보면, 혜능은 "제선봉행명위혜諸善奉行名爲
惠 자정기의명위정自淨其意名爲定"이라 하면서, 신수의 삼학三學은
소근지인小根智人에게 권할 바이고, 상근인上根人에게는 자성을 깨닫
게 하는 별도의 계·정·혜 삼학은 세우지 않는다고 하였다. 삼학에
대해 말하기를, "심지心地는 그릇됨이 없어 이것이 자성계自性戒이며,
심지는 산란함이 없이 이것이 자성정自性定이며, 심지는 어리석음이
없어 이것이 자성혜自性慧이다."라고 하였다.[256] 신회가 전통적인 삼
학계三學戒를 보인 반면에 혜능은 이처럼 무상계無相戒의 입장을
보인 것이다. 이와 같이 남북종의 수계의受戒儀의 서로 다른 점을
일본 선학자 柳田聖山은 혜능의 무상계를 출가자에게 향하는 것이라
고 보고, 신회의 그것은 일반 재가자를 위한 것으로 단정한다.[257]
그러나 『단어』에서 신회는 정과 혜의 입장을, "무주는 적정하며,
적정의 체는 바로 정이라고 하며, 체에 따라 자연히 지가 있으며,
본래 적정의 체를 아는 것을 혜라고 한다."라고 밝히고 있듯이,[258]
무주無住라든가 무념無念을 주장하는 신회의 사상으로서는 굳이 수계
의가 일반 재가자들에게 국한된 것으로만 보기에는 문제가 있다.
바꾸어 말하면, 도리어 혜능 측에서 일반 재가자를 위한 수보살계의受
菩薩戒儀가 있다고 보아야 타당하지 않을까 생각한다.

『경덕전등록』 권28에, 신회가 혜능에게 삼학의 의미를 질문하자

---

[256] 上同, p.20. "心地無非自性戒 心地無亂自性定 心地無痴自性慧."

[257] 柳田聖山, 앞의 책, p.153. "無住是寂靜 寂靜體卽名爲定 從體上有自然智 能知 本寂靜體 名爲慧."

[258] 胡適, 앞의 책, p.237.

삼학에 대한 명료한 답변과 아울러 정·혜의 선후 관계를 밝히고 있는 중요한 대목이 있다.

"정정定은 곧 그 마음이 고요한 것이고, 계로서 그 행을 다스리는 것이다. 성품은 언제나 혜慧로서 빛나며, 스스로 자신이 깊게 깨쳐 있음을 보고, …(중략)… 언제나 청정한 마음이어서 고요함 가운데 혜가 있으며, 경계상에서 무심無心하며 혜 가운데서 고요하여 정혜가 함께하여 먼저가 없으며, 함께 닦아 스스로 마음이 바르다."[259]

라고 하였다. 이는 『단어』에서 밝히고 있는 신회의 입장과도 같다. 이와 같이 신회의 『단어』에 나타나 있는 계율사상과 『단경』에서 드러나고 있는 그것은, 같은 남종선의 입장인데도 불구하고 극히 다름을 볼 수 있다. 다시 말하여 신회는 전통적인 수보살계의受菩薩戒 儀를 보이는 것으로 예불과 간절한 참회, 삼학三學에 대한 믿음과 호지제계護持齊戒의 입장인데 반하여, 혜능은 수계의受戒儀의 전통이라 볼 수 있는 예불과 제계의식齊戒儀式이 빠지면서 참회나 삼학에 대한 것도 직지直指하는 무상계의無相戒儀를 택한 것이다. 그러나 양자의 공통된 견해는 계戒를 제외한 정정定·혜慧 사상이다. 앞에서 이미 밝힌 바와 같이 정혜불이이며 정혜쌍수의 행도行道는 선계동수

---

[259] 『景德傳燈錄』 卷28(『大正藏』51, p.439c). "定則定其心, 將戒戒其行, 性中常慧照, 自見自知深, …(中略)… 常生淸淨心, 定中而有慧, 於境上無心, 慧中而有定, 定慧等無先, 雙修自心正."

禪戒同修의 입장을 보여 주는 것이라고 할 수 있겠다. 이는 또 신수의 '정혜등定慧等'과 같은 의미이다.[260]

신회의 정혜定慧에 대한 견해는 『단어』에서,

"경에는 도법道法을 버리지 않고 범부의 일을 나툰다고 했다. 세간의 여러 가지 행동 하나하나의 사태에 즉卽하여 분별념을 일으키지 않는 것, 그것이 정혜쌍수定慧雙修고 정혜가 상相을 여의지 않는다는 뜻이다. 정은 혜와 다르지 않고, 혜는 정과 다르지 않다."[261]

고 하였다. 혜능의 『단경』에도 역시 정혜定慧의 관계를 등燈과 빛에 비유하면서 혜능 자신의 법문이 바로 '정혜위본定慧爲本'이라 밝히며, 정혜의 관계를 "정혜定慧의 체體는 하나이지 둘이 아니다. 즉 정은 혜의 체이며 혜는 정의 용用"이라고 했다. 『단어』와 『단경』의 내용이 우연의 일치로서 구성되었다고 보지만, 문헌 성립의 선후先後의 역사성을 검토한 결과 돈황본 『육조단경六祖壇經』이 신회멸후神會滅後에 성립(790년)되었음이 밝혀졌다. 그러나 신회가 조계혜능의 직계 사자師資인 이상, 그의 『단어』의 바탕을 이루는 사상은 혜능으로부터 온 것이 당연하다고 본다. 또한 이러한 일치적 요소는 선 본래의 입장이 그러하기 때문이라고도 생각할 수 있을 것이다.

---

260 『大乘無生方便門』(『大正藏』85, p.1274b). "心不動是定是智是理, 耳根不動是色是慧, 此不動是從定發慧方便"

261 胡適, 앞의 책, p.243. "卽慧之時卽是定, 卽定之時卽是慧, 卽慧之時無有慧, 卽定之時無有定, 此卽定慧雙修"

그런데 참회의懺悔儀는 그 내용이 각각 다르다. 우선 먼저 『단경』에 나타난 참회의 절차를 살펴보면, 사홍서원을 마치고 무상참회無相懺悔를 한다.[262] 이 무상참회의 의미는 『능가사자기』의 도신 조에 보이는 참회의 내용과 같다.

"『보현관경普賢觀經』에, 모든 업장業障은 다 망상에 따라 일어난다고 하였다. 만약 참회를 하려는 자는 단좌端坐하여 실상實相을 염하도록 하라. 이것이 제일참회第一懺悔이며, 더불어 삼독심三毒心·반연심攀緣心·각관심覺觀心을 제거하는 것이다. 염불하되 이를 심심상속心心相續하여 홀연히 증적證寂하면 연념緣念하는 바가 없으리라."

라고 하였다. 이는 바로 혜능의 "악행惡行, 첨광심諂誑心, 매투심媒妬心을 자성自性으로부터 제거하여 염념念念하라."는 주장과 같다. 이와 같은 내용을 살펴볼 때, 혜능 특유의 무상참회無相懺悔라기보다 이미 이것은 동산법문에서 연유하고 있음을 짐작할 수 있다.

그렇지만 신회의 참회는 그것과 전혀 다르다. 즉 지심至心으로 참회하여 삼업청정三業淸淨하기를 원한다. 또 삼세三世의 신구의업 사중죄身口意業四重罪, 오역죄五逆罪, 칠역죄七逆罪, 십악죄十惡罪를 지심으로 참회한다. 무상보리심無上菩提心을 발하기 위해, 무상보리법無上菩提法을 구하기 위해 참회의 필요성을 강조하고 있다.[263] 신회

---

262 『단경』 p.10. "今旣懺悔已 與善知識受無相三歸依戒 大師言 善知識歸依覺兩足尊 歸依正離欲尊 歸依淨衆中尊."

의 이러한 참회의懺悔儀는 혜능과는 달리 북종선과 그 내용을 같이 하고 있다.[264]

이와 같이 신회의 수계의受戒儀의 내용과 사상은 혜능과는 차이가 있고 신수와는 도리어 유사한데, 이유는 무엇일까. 그것은 당시의 사상에 대한 계승 내지 상전相傳이라고 본다. 당시 시대적 상황을 보면[265] 초기 선종인 남북 양종보다 율종 성립이 앞서고 그때 율종은 흥륭興隆이 최성기였으며, 그 영향은 선종에까지 미쳤으리라고 본다. 더구나 북종선자들은 이미 계단을 가지고 율사가 활약하는 율원을 중심으로 한 대사원에서 법문을 전개하고, 이에 따라 자연적으로 선종의 입장에서 계율을 연구하거나 율종과의 교류가 깊어졌으리라고 생각한다. 이러한 시류에 따라 신회 역시 율종의 영향을 받고, 그의 사상 형성에 율종의 의식을 수용했는지도 모른다.

이상과 같이 수계의受戒儀를 중심으로 북종 신수와 초기 선종의 계율관을 고찰하여 본 결과, 신수에게서는 수계의를 행함과 더불어 염무상念無相의 무상참회無相懺悔가 함께 행하여졌으며, 혜능과 신회는 수계의에 각기 차이를 보이고 있음을 알 수 있다. 신수의 특색이라고 볼 수 있는 것은, 그의 법문이 중생의 근기에 따라 설법되는 것처럼, 계율면에서도 도신의 선사상에서 보이는 이념적이면서도 현실적인 양면성을 그대로 받아들임과 동시에 선계쌍수禪戒雙修로서 발전시킨 점이다. 또한 『관심론』의 삼취정계를 세 가지 종류의 독심毒

---

263 胡適, 앞의 책, pp.227~228.
264 『大乘無生方便門』(『大正藏』85, p.1273b)
265 椎名宏雄, 「初唐禪者の律院居住のついて」(『印佛硏』17-2) 참조.

心의 제득制得으로 보는 입장과, 『대승무생방편문』에 보이는 보살계의 내용에서 불성을 계성戒性이라 하고, 불성에 따르는 것이 보살계를 가지는 것이라고 하는 불심계佛心戒・일심계一心戒의 입장,[266] 또한 예불, 참회, 오능五能의 문답 등 섭심攝心의 방편적 수계의受戒儀가 행해진 것은, 모두 신수의 계율관의 특색이다.

그러나 남종 혜능에 있어서는 수보살계의受菩薩戒儀가 무상참회無相懺悔로서의 이념적 참회로 보이는 반면에, 신회는 실천적 참회에 가깝다고 볼 수 있다. 이와 같이 내용상에서 서로 다르게 나타난 것은 당시 선이 중국화되는 과정에서 이루어진 것이라고 본다.[267]

초기 선종의 계율관, 즉 수보살계의의 구체적 전개는 도신 이후라고 보며, 선수행에 반드시 지계청정할 것을 강조함과 동시에 율은 바로 선으로 통한다는 선계일치사상禪戒一致思想의 면목을 보인 것은 신수이다. 이는 초기 선종의 계율관의 발전된 형태를 보인 것이다.

---

266 『大乘無生方便門』(『大正藏』85, p.1273b~c). "菩薩戒, 是持心戒, 以佛性爲戒性, 心瞥起 卽違佛性, 是破菩薩戒, 護持心不起, 則順佛性, 是持菩薩戒."
267 椎名宏雄, 「北宗禪における戒律の問題」(『駒澤大宗學硏究』 11號), pp.147~148.

# V. 결론

지금까지의 논지를 정리하기에 앞서 당시 신수의 제자들과 그 법손法孫, 그리고 그들의 선사상을 개략적으로 살펴보도록 하겠다.

신수선문神秀禪門에 드나든 자가 '승등칠십升登七十 미도삼천味道三千'이라고 할 정도로, 당시 신수문하는 크게 흥성興盛한 것으로 보인다. 그 중에서도 보적普寂·의복義福·경현景賢·거방巨方·지봉智封·항마장降魔藏 등은 신수선의 계승자로서 왕족·귀족·도속으로부터 귀의를 받고, 더구나 보적(651~739)·의복(658~736)은 사師와 같은 예도禮道로서 황제로부터 귀의를 받았다고 하며, 조詔에 의해 도중徒衆을 통령統領하게 하였다는 것에서 초기 중국선종이 처음으로 국가적 차원에서 번성하였음을 살필 수 있다.

신수의 제자 및 그의 법손들이 사師의 선법禪法을 존속시킨 것을 연대별로 나열해 보면, 신수의 입적연대는 706년으로, 그를 제1대로 하고 그의 현손玄孫제자를 제5대(900년까지)로 하였을 때, 신수의 덕화德化는 당 멸망(906) 때까지 약 200년간 지속하였음을 알 수 있다.¹ 더욱이 신수계통이 점차 그 세력을 잃는 현손제자 당시는 862년 이후가 되며, 그 당시는 당의 회창파불會昌破佛과 남종선의 융성시기가 된다. 이와 같이 북종 신수의 선법은 당말과 함께 그 세력이 희미해져 갔음을 알 수 있다.

특히 북종의 선사상은 우리 신라에까지 전래된다. 당시 신라에는 아직도 선법이 알려지지 않고 또 행하여지지 않았는데, 신라승 신행(神行, 704~779)이 당으로 유학하여 보적普寂의 문인 지공志空에게 가서 수도修道하여 법을 얻고 귀국하여 지리산에서 교화한다. 신행에게서 전래된 북종선은 그 뒤 준범遵範에게 전해지고, 차례로 혜은惠隱을 거쳐 도헌(道憲, 824~882)에 이른다. 이처럼 신라 선禪 전래의 최초기에는 북종선이었다.²

신수 이후 북종의 선법은 신수의 고제高弟인 보적과 법손인 마하연摩訶衍의 문헌에 잘 나타나 있다. 그들의 사상을 통하여 북종의 선사상을 살펴보도록 하겠다.

이옹李邕의「대조선사탑명大照禪師塔銘」에는 보적의 선법사상이 다음과 같이 기록되어 있다.

"마음을 하나로 섭한 곳에 만 가지 인연을 쉬고 혹은 찰나에 변통하고 혹은 세월로 점증漸證하여 불체를 밝힌다. 일찍이 이를 전해

---

1 金東華,『禪宗思想史』(寶運閣, 1985), pp.128~136.
  宇井伯壽,『禪宗史研究』(東京: 岩波書店, 1982), pp.275~329.
2 禹貞相·金煐泰 共著,『韓國佛敎史』(進水堂, 1970), pp.73~74.

듣고 바로 법신을 가리켜 자연 호념한다. 물방울이 그릇에 가득해지고 서리를 밟게 되면 얼음이 얼 징조이다. 따라서 방편문이 열리면 바로 보배의 상相을 보고 창고 깊이 들어가 청정의 인因을 깨달으리라."[3]

또한 문하門下에게 유계遺誡하는 내용으로서,

"나는 선사先師로부터 이 밀인密印을 전해 받았다. 멀리 달마보살로부터 가선사로, 가선사는 찬선사에게, 찬선사는 신선사에게, 신선사는 인선사에게, 인선사는 대통선사에게 주었고 대통선사는 나에게 주었다. 그래서 칠엽이 된다. 시尸바라밀은 그대의 스승이며 사마타문은 그대가 의지할 곳이다. 마땅히 진설眞說을 실행하여 스스로 깨달아 통하고 더럽지 않아 해탈의 인이 되고 무취無取하여 열반의 깨침이 된다."[4]

라고 하였다. '마음을 한 곳에 모아 만 가지 인연을 쉬는 것[攝心一處 息慮萬緣]'이 그의 주요한 선법禪法이며, 제자에게 남기는 당부 중 시바라밀尸波羅蜜과 사마타문奢摩他門은, 계와 정정定의 실수實修로서

---

[3] 『全唐文』 卷262, 六左. "攝心一處 息慮萬緣 或刹那便通 或歲月漸證 總明佛體, 曾是聞傳, 直指法身, 自然獲念, 滴水滿器, 履霜堅氷至 故能開方便門, 示直實相, 入深固藏, 了清淨因"

[4] 위의 책, 7左~7右 "吾受託先師, 傳玆密印. 遠自達摩菩薩導於可, 可進於璨, 璨鍾於信, 信傳於忍, 忍授於大通, 大通貽於吾, 今七棄矣, 尸波羅蜜是汝之師, 奢摩他門是汝依處. 當眞說實行, 目證潛通, 不染爲解脫之因, 無取爲涅槃之會"

이를 통해 불염不染과 무취無取를 얻을 것을 뜻하는 것이다. 불염不染을 해탈지인解脫之因으로 삼는다는 것은 자성청정인 여래장如來藏을 본래 갖추고 있음을 의미하는 것이라고 보며, 무취無取를 열반지회涅槃之會로 삼는 것은 무소득공無所得空 반야般若을 실천해 보이는 것이다.[5]

이와 같이 보적의 선법은 계·정·혜 삼학일체三學一體를 중시하는 실천으로, 달마의 이입사행二入四行의 사상과 동산법문의 방편문을 계승하면서 동시에 신수선의 중핵인 관심선법을 잘 반영하고 있음을 알 수 있다.

또한 신수의 법손인 마하연은 그의 속가 제자 왕석王錫이 찬술한 『돈오대승정리결頓悟大乘正理決』에서 북종선의 사상을 계승하고 있다.[6] 『정리결』의 주요 내용은 돈오설이지만 돈오와 점수를 승의勝義와 세속世俗의 이제설二諦說로 나타내어, 불성본유佛性本有의 입장에서 중생의 근기에 따라 방편설을 도입하여 수행을 강조한다. 이러한 내용을 문헌에서 살펴보도록 하겠다.

---

5 田中良照, 『敦煌禪宗文獻の研究』(東京: 大東出版社, 1983), pp.552~553.
6 『頓悟大乘正理決』은 8세기 말(796년) 당시 티베트 佛敎가 印度佛敎學인 阿毘達磨 佛敎를 그대로 받아들여 漸修만에 치우친 修行에 대하여, 北宗禪系인 唐의 摩訶衍이 頓悟禪을 닦을 것을 주장하는데, 印度僧 대표인 Kamalásila와 문답 형식 論爭을 기록한 文獻이다. 따라서 이 文獻을 *Le Concile de Lhasa*(티베트 宗論)라고도 칭한다. 敦煌 발굴로 빛을 보게 된 이 文獻은, *Le manuscrit de Paris*, Pelliot No.4646, The manuscript from London, Stein, No.2672 兩者를 합쳐서 수록한 것으로, 長谷部好一, 「吐蕃佛敎と頓悟大乘正理決をぬぐつて」, 『愛知學院大學文學部紀要』 1號(日本: 名古屋, 1971), pp.70~88.

## ① 방편설

본래 오悟의 입장을 보이면서 "불성은 본유本有하여 닦을 성품도 없지만, 삼독의 허망망상습기虛妄妄想習氣가 있어 그 더러운 옷을 벗으면 바로 해탈을 얻는다."라고 하여[7] 그 방편을 말해 놓고 있다.

> "무엇을 방편方便으로 삼는가. 삼귀三歸, 오계五戒, 십선十善, '나무불南無佛'이라고 부르면서 합장하여 머리를 낮게 숙이는 등이고, 또한 육바라밀六波羅蜜로서 모든 불보살은 중생을 인도引導하고 승의(勝義, 佛의 진리)에 들게 한다. 이것이 방편이다. 승의勝義는 만나기 어렵고 들어가기 어렵다."[8]

이와 같이 본종本宗과 방편은 승의勝義와 세속의 이제二諦를 취하고, 본래불本來佛임을 전제로 하지만 중생 각각의 근기가 같지 않으므로 방편으로서 수행, 즉 보살행이 필요하다는 것을 나타내고 있다.

## ② 바라밀관

보살행으로서 육바라밀을 강조한다. 이 육바라밀을 행하는 데도 이제二諦에 각각 차이를 두는데,

---

7 長谷部好一, 「吐蕃佛敎と頓悟大乘正理決をぬぐつて」, 『愛知學院大學文學部紀要』 1號(일본: 名古屋, 1971), p.82. "佛性本有非是修成, 但離三毒虛妄妄想習氣垢衣, 則得解脫"

8 위의 책, p.85. "何爲方便, 三歸五戒十善, 一稱南無佛, 至一合掌, 及以小低頭等, 及至六波羅蜜, 諸佛菩薩, 以此方便, 引導衆生, 令入勝義, 此則是方便, 夫勝義者, 難會難入."

"육바라밀을 닦을 때, 일체법에 있어서 무사무관無思無觀하게 되는 것이 승의勝義에 해당하는 것이고, 육바라밀을 수행하는 것에는 내외의 두 종류가 있다. 안으로는 스스로를 제도하기 위해서이고, 밖으로는 이익을 위해서다. …(中略)… 육바라밀은 네 가지 종류가 있다. 하나는 세간바라밀世間波羅蜜, 둘은 출세간바라밀出世間波羅蜜, 셋째는 출세간상상바라밀出世間上上波羅蜜, 넷째는 안으로의 육바라밀內六波羅蜜이다."⁹

라고 분류하여 세속수행世俗修行으로 육바라밀을 말한다. 따라서 "만약 불관불사不觀不思를 얻을 때는 육바라밀은 자연원만하다. 아직 불관불사의 중간의 일〔中間事〕를 얻지 못하면 모름지기 안으로의 육바라밀六波羅蜜을 행하여도 과보果報를 바랄 수 없다."¹⁰라고 밝히는 것과 같이, 불관불사不觀不思의 득·부득(得·不得)에 의하여 자연원만한 바라밀과 수행으로서의 바라밀로 나눈다. 그러나,

"육바라밀을 행하는 자는, 반야바라밀을 구하는 것이 된다. 만약 지혜바라밀을 갖추면 나머지 다섯 가지 바라밀은 닦아도, 닦지 않아도 얻게 된다."¹¹

---

**9** 위의 책, p.80. "六波羅蜜者, 爲內爲外, 內外有二種, 內爲自度, 外爲利益 …(中略)… 所言六波羅蜜, 有四種, 一世間波羅蜜, 二出世間波羅蜜, 三出世間上上波羅蜜, 四內六波羅蜜."

**10** 위의 책, p.81. "若得不觀不思時, 六波羅蜜自然圓滿, 未得不觀, 不思中間事, 須行六波羅蜜, 不希望果報."

**11** 위의 책. "所行六波羅蜜者, 爲求般若波羅蜜, 若智慧波羅蜜具者, 餘五波羅蜜,

고 하여, 반야 즉 지知를 중요시하는 북종계 돈오점수선頓悟漸修禪의 특색을 보이고 있다.

### ③ 불사불관설不思不觀說

좌선간심에 근거한 불사불관설이다.

> "습선자習禪者는 간심看心해야 한다. 만약 염기念起할 때는 유무有無 등을 불관불사不觀不思하고 불사不思마저 불사不思한다. 만약 심상心想이 일어날 때, 불각不覺하면 수순수행隨順修行하여도 윤회생사輪廻生死한다. 만약 깨달아 망상작업妄想作業에 불순不順하면 즉 염념해탈念念解脫한다. 일체제상一切諸想을 여의면 바로 제불諸佛이라 하고 승의중勝義中에 있어서는 수·불수(修·不修)를 여읜다."¹²

라고 밝히고 있는 것처럼 간심은 불사불관이고 각覺임을 시사한다. 그래서 "만약 망심불기妄心不起하여 일체망상을 여의면 진성본유眞性本有 및 일체종지一切宗智가 자연히 나타난다."¹³는 것이다. 이것은 바로 북종선에서 말하는 이념離念에 대한 것이며, 달마의 『이입사행론』을 근저로 한 돈오점수의 북종선법을 그대로 계승하였음을 알

---

修與不修, 亦得."
12 위의 책, p.86. "其習禪者令看心, 若念起時, 不觀不思有無等, 不思者亦不思, 若心想起時不覺, 隨順修行, 卽輪廻生死, 若覺不順妄想作業, 卽念念解脫, 離一切(諸想卽名)諸佛, 於勝義中, 離修不修."
13 위의 책, p.81. "若妄心不起, 離一切妄想者, 眞性本有, 及一切種智, 自然顯現."

수 있다.

이상에서 전개한 본 연구의 논지論旨를 요약하면 다음과 같다.
즉 불타 이래 선수방편禪修方便의 역사적 연원과의 관련에서 볼 때 모두 돈점일치, 정혜쌍수라는 선禪의 일관된 본질을 동일하게 갖고 있다. 그러나 사자상승師資相承이라는 사회적·정실적情實的 인맥관계와, 개인적 또는 집단적 근기의 차이에 따른 실수방편實修方便의 종류에 따라서 돈오頓悟와 점수漸修, 계와 정과 혜 등의 그 어느 하나가 각각 강조되는 과정에서 중국에 이르러 마침내 남돈북점南頓北漸이라는 서로 상반되는 듯한 두 개의 사조思潮가 형성되었다. 그러므로 남돈북점南頓北漸이라는 말을 그저 단순하게 문자 그대로 받아들일 것이 아니고, 남종에도 북종에도 실은 모두 선禪의 본질이며 선수방편상禪修方便上의 필수 조건인 돈오와 점수가 있다는 것을 재인식해야 한다. 특히 혜능과 신회의 돈오사상은 그 중핵사상이 같으며, 한 마디로 그것은 견성이고, 그 실천행 역시도 같이 정혜불이쌍수定慧不二雙修였다.

그러나 이러한 남종선의 이념은 결국 앞에서 논한 바와 같이 그 역사적 발생 배경과의 관련에서 보면, 그것은 분명히 북종 신수에 대한 하나의 반동적인 것이었고 역시 그것은, 어디까지나 '점수에 대한 돈오의 일방적 강조임을 면할 수가 없다'라고 요약될 수 있다. 그리고 그것은 앞의 각 항의 결론들에서 부분적으로 살펴볼 수 있었다. 이제 총결어總結語로서 본 연구에 의하여 명료하게 나타난 몇 가지 점을 제시하고자 한다.

첫째, 불타 이전 내지 재세시에 이미 알라라와 웃따라까 2인으로 대표될 수 있는 수정방편修定方便이 있었는데, 그들에게서도 이미 돈오와 점수, 계와 정과 혜 등의 개념들이 구분되면서 서로 대조적으로 설명도 되고 또 실수적實修的으로 구별도 되어 있다.

둘째, 불타도 역시 그러한 수도 과정들을 거치며 그러한 기존 과정들을 실수實修하였는데, 거기에 만족할 수 없어서 독자적인 수정방법修定方法을 개발하였다. 그것이 바로 불교선수방편佛敎禪修方便이다. 이러한 사실들은 주로 아함부의 제경諸經 중에서도 알라라와 웃따라까가 직접 언급된 제경諸經에 근거하여 밝혀질 수 있다.

셋째, 불타가 독자적으로 개발한 선수방편禪修方便은 불타 이후 계속하여 돈오와 점수의 일치, 또 계·정·혜 삼학三學의 일치라는 입장을 견지하여 왔다. 이러한 사실들은, 첫 단계로서 아비담불교阿毘曇佛敎의 『대비바사론大毘婆沙論』에서 유부有部와 대악부大樂部계의 사상들에 의하여 밝혀질 수 있다. 또 둘째 단계로서 이른바 『성실론成實論』, 『구사론俱舍論』 등 소승논서小乘論書들에 의해서도, 또 셋째 단계로서 이른바 대승 초기 내지 대승 말기의 대표적 제경諸經과 논들에 의해서 역력히 밝혀질 수 있다. 그리고 특히 즉신성불卽身成佛을 종지宗旨로 삼는 밀교계密敎系의 제경론諸經論에서도 그야말로 선교일치禪敎一致, 돈점일치頓漸一致, 선계일치禪戒一致 등의 사상이 그 극치를 이룬다고 볼 수 있다.

넷째, 이상과 같이 교리적·실천적·역사적 맥락에서 벗어날 수 없이 받아들여진 것이 중국의 선불교다. 또 그래야만 중국의 선禪이 불교의 일문一門일 수 있을 것이다.

다섯째, 결국 중국의 남종선도 북종선도 모두 불교수선방편佛敎修禪方便 본래의 교리적·역사적 본질로서의 돈점일치·정혜쌍수·선계일치禪戒一致, 나아가서는 선념일치禪念一致의 사상을 동일하게 가지고 있다. 특히 북종선이 그러하였음은 신수의 저서들을 통하여 명백하게 간파할 수 있다. 또 한편 그 문헌적 근거가 매우 미약하기는 하지만 남종선에서의 혜능과 신회의 저서를 통하여서도 그런 점들을 알 수 있다.

여섯째, 그러므로 남돈과 북점을 전혀 상반되는 개념인 것처럼 본다든가, 또는 그 둘이 전혀 상반 대립되는 수정방법修定方法을 가지고 있었던 것처럼 본다든가, 또는 더 나아가 그 어느 한 측면만이 선禪 또는 수선방편修禪方便의 정통성을 지니고 있고 그 다른 측면은 정도正道가 아니라는 식으로 생각한다든가 하는 것은 중도中道를 벗어난 단견斷見에 불과하다고 하지 않을 수 없다. 굳이 그 어느 한 측면만을 취하려 한다면 차라리 북종선이 정통성을 지니고 있다고 하는 것이 옳다고도 생각된다.

일곱째, 한국에서의 돈오점수에 대한 여러 가지 견해들도 앞으로 이상과 같은 점들을 충분히 고려하면서 이야기되어야 할 것으로 생각한다. 보조국사의 선사상도 또한 그런 관점에서 볼 때 그 진면목이 드러나게 될 것이며, 한국의 선禪도 선 본래의 진면목을 잃지 않을 것이라고 생각한다.

# 初期中國禪宗系譜(北宗禪) 및 주요 禪籍

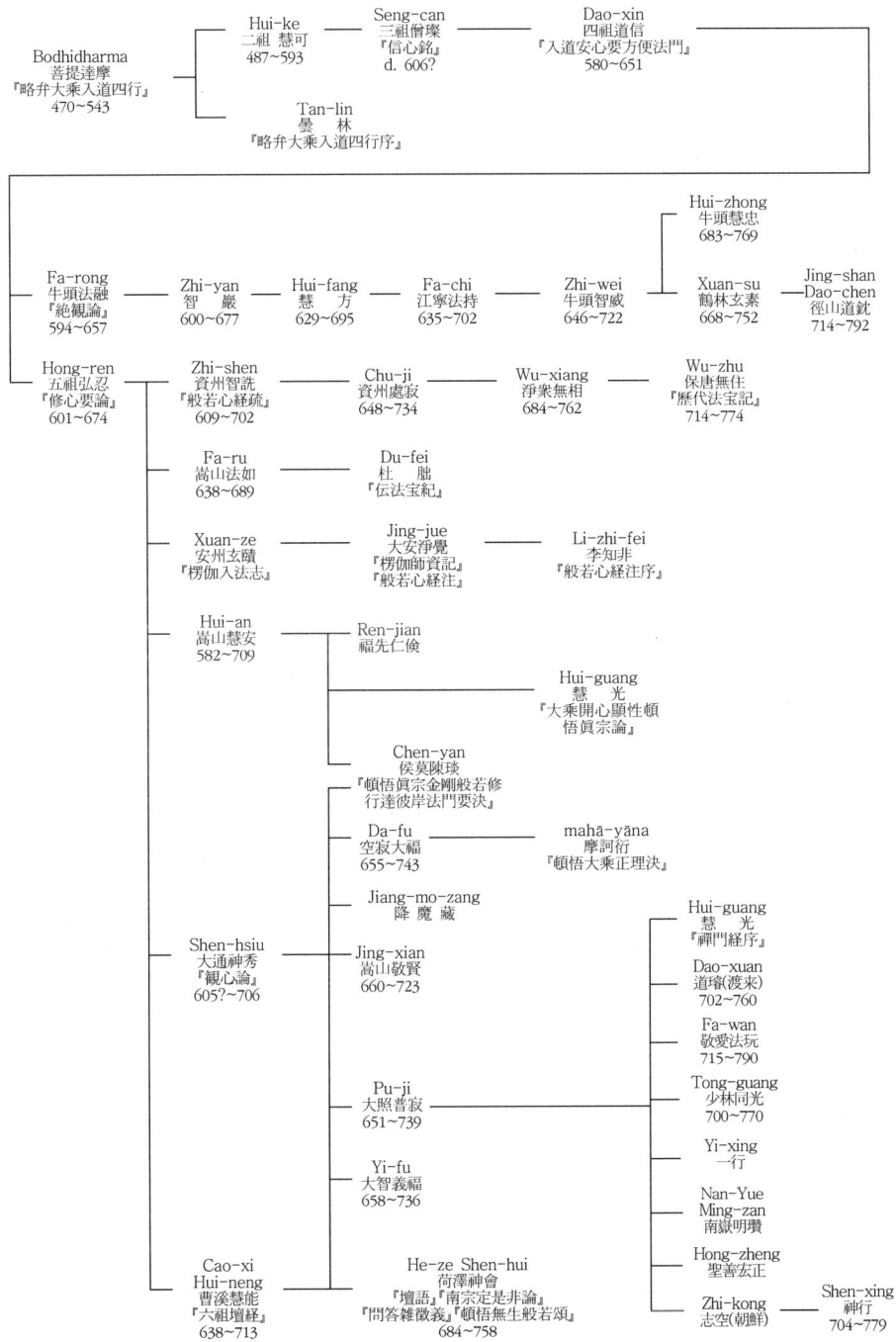

參考文獻

1. 原典

『中阿含經』第56(『大正藏』1)
『普曜經』권5(『大正藏』3)
『出曜經』卷7(『大正藏』4)
『佛所行讚經』卷3(『大正藏』4)
『過去現在因果經』卷3(『大正藏』3)
『佛本行集經』卷26(『大正藏』3)
『佛本行集經』卷22(『大正藏』3)
『方廣大莊嚴經』卷7(『大正藏』3)
『佛說眾許摩訶帝經』卷7(『大正藏』3)
『雜阿含經』(『大正藏』2)
『五分律』(『大正藏』22)
『根本說一切有部』卷37(『大正藏』24)
『阿毘達磨大毘婆沙論』卷54(『大正藏』27)
『俱舍論』(『大正藏』29)
『成實論』(『大正藏』32)
『大方光佛華嚴經』(『大正藏』9, 10)
『大般若波羅蜜多經』卷372(『大正藏』6)
『大般若波羅蜜多經』卷599(『大正藏』7)
『大智度論』(『大正藏』25)

『大乘大集地藏十輪經』(『大正藏』13)

『大般涅槃經』(『大正藏』12)

『大方廣圓覺經大疏』(『卍續藏經』41)

『入楞伽經』 卷7(『大正藏』16)

『解深密經』 卷3(『大正藏』16)

『解深密經疏』 卷7(『卍續藏經』34)

『大日經』 卷1(『大正藏』18)

『佛說安般守意經』(『大正藏』18)

『佛說禪行三十七品經』(『大正藏』18)

『禪行法想經』(『大正藏』18)

『禪要經』(『大正藏』18)

『達摩多羅禪經』 卷上(『大正藏』18)

『五門禪經要用法』(『大正藏』15)

『法觀經』(『大正藏』18)

『坐禪三昧經』(『大正藏』18)

『法華經安樂行義』(『大正藏』46)

『摩訶止觀』(『大正藏』46)

『楞伽師資記』(『大正藏』85)

『傳法寶記』(『大正藏』85)

『南天竺國菩提達摩禪師觀門』(『大正藏』85)

『觀心論』(『大正藏』85)

『大乘無生方便門』(『大正藏』85)

『法寶壇經』(『大正藏』48)

『最上乘論』(『大正藏』48)

『禪源諸詮集都序』(『大正藏』48)

『宗鏡錄』(『大正藏』48)

『大乘開心顯性頓悟眞宗論』(『大正藏』85)

『大乘北宗論』(『大正藏』85)

『景德傳燈錄』(『大正藏』51)

『續高僧傳』(『大正藏』50)

『高僧傳』卷1, 2, 3(『大正藏』50)

『宋高僧傳』(『大正藏』50)

『中華傳心地禪門資承襲圖』(『卍續藏經』110)

『圓覺經大疏鈔』三之下(『卍續藏經』14)

『金剛經解義』卷上(『卍續藏經』38)

『全唐文』175, 231

『金剛三昧經論』(『韓國佛教全書』卷1)


## 2. 著述

金東華, 『禪宗思想史』(寶運閣, 1985)

_____, 『俱舍學』(文潮社, 1971)

_____, 『佛教教理發達史』(三榮出版社)

元義範, 『印度哲學思想』(集文堂, 1983)

禹貞相, 金煐泰 共著, 『韓國佛教史』(進水堂, 1970)

金知見 編註, 『均如大師華嚴學全書』(大韓傳統佛教研究院, 1977)

李箕永, 『元曉思想』(弘法院, 1986)

韓基斗, 『禪과 無時禪의 研究』(圓光大學校 出版局, 1985)

田中良昭, 『敦煌禪宗文獻の研究』(東京: 大東出版社, 1983)

柳田聖山, 『初期禪宗史書の研究』(京都: 法藏館, 1967)

柳田聖山, 『達摩の語錄』禪の語錄I(東京: 筑摩書房, 1981)

柳田聖山,『初期の禪史』I 禪の語錄2(東京: 筑摩書房, 1979)
柳田聖山,『初期の禪史』II 禪の語錄3(東京: 筑摩書房, 1981)
柳田聖山,『佛敎の思想』7(無の探求-中國禪- 東京:角川書店, 1980)
柳田聖山,『六祖壇經』(世界の名著 統3,『禪語錄』, 東京: 中央公論社, 1943)
宇井伯壽,『禪宗史硏究』(東京: 岩波書店, 1982)
關口眞大,『禪宗思想史』(東京: 山喜房佛書林, 1964)
關口眞大,『達摩大師の硏究』(東京: 春秋社, 1969)
鈴木大拙,『鈴木大拙全集』卷2, 3, 18 (東京: 岩波書店, 1968)
鎌田茂雄,『禪源諸詮集都序』禪の語錄 9 (東京: 筑摩書房, 1979)
鎌田茂雄,『中國佛敎史』(東京: 岩波書店, 1979)
田中良昭·篠原壽雄,『敦煌佛典の禪』(敦煌講座 8, 東京: 大東出版社, 1980)
古田紹欽·田中良昭 共著,『慧能』(東京: 大藏出版株式會社, 1982)
鈴木哲雄,『唐五代禪宗史』(東京: 山喜房佛書林, 1985)
胡適,『神會和尙遺集』(胡適紀念館, 1970)
塚本善隆,『唐中期の淨土敎』(京都: 法藏館, 1981)
望月信亨,『中國淨土敎理史』(京都: 法藏館, 1942)
吉律宜英,『華嚴禪の思想史的 硏究』(東京: 大東出版社, 1985)
木村淸孝,『中國佛敎思想史』(東京: 世界聖典刊行協會, 1979)
駒澤大學禪宗史硏究會 編著,『慧能硏究』(東京: 大修館書店, 1978)
高埼直道,『如來藏思想の形成』(東京: 春秋社, 1978)
山埼宏,『隋唐佛敎史の硏究』(京都: 法藏館, 1980)
伊藤英三,『禪思想史體系』(東京: 鳳金, 1963)
阿部肇一,『中國禪宗史の硏究』(東京: 誠信書房, 1963)
松本文三郞,『金剛經と六祖壇經』(東京: 具葉書院)
高峰了州,『華嚴と禪の通路』(奈良: 南都佛敎硏究會, 1956)

中川孝,『六祖壇經』禪の語錄(東京: 筑摩書房, 1985)

Philip B. Yampolsky, The platfrom sutra of the Sixth Patriarch (Columbia Univ. N. Y. 1967)

R. H. Robinson, Early Madhyamika in India & China (Wisconsin College, 1967)

## 3. 一般論文

久野芳隆,「北宗禪 - 敦煌本發見のよいて明瞭となれる神秀の思想 -」(『大正大學 研究紀要』第30, 31, 1940)

_____,「楞伽禪」(『日本宗教學會紀要』第5回大會, 第1, 3輯, 1939)

柳田聖山,「北宗禪の思想」(『禪文化研究所紀要』第6號, 京都: 花園大學, 1974)

_____,「禪門經について」(『塚本博士頌壽紀念佛教史學論集』)

_____,「ダルマ禪とその背景」(横超慧日編,『北魏佛教の研究』, 京都: 平樂寺, 1970))

_____,「傳法寶記とその作者-ぺりお3559號文書めぐる北宗禪研究資料の札記-その 一」(『禪學研究』53, 1963)

_____,「語錄の歷史-禪文獻の成立史的研究」(『東方學報』57, 1985)

田中良昭,「北宗禪の再檢討」(『宗學研究』第40卷, 3輯 190號, 1967)

_____,「達摩禪における信について」(『宗學研究』38卷 2輯, 1965)

_____,「大乘安心と方便法門」(『印佛研』, 13-1, 1965)

_____,「北宗禪研究序說-『大乘開心顯性頓悟眞宗論』の北宗撰述について」(『駒澤大學佛教學部研究紀要』25, 1967)

_____,「北宗禪と南宗禪-神會の北宗批判-」(『佛教思想史』4, 東京: 平

　　　　　樂寺書店, 1981)

＿＿＿＿,「初期禪宗史における方便法門」

＿＿＿＿,「初期禪宗における對論」(『敦煌禪宗文獻の研究』東京: 大東出版社, 1983)

＿＿＿＿,「『菩提達摩南宗定是非論』と神會主張」(『敦煌禪宗文獻の研究』東京: 大東出版社, 1983)

仙石景章,「觀心論の思想と特質について」(『宗學研究』第23號, 1980)

武田忠,「初期禪宗における觀心」(『印佛研』20-2)

沖本克己,「摩訶衍の思想」(『花園大學研究紀要』8號, 1977)

上山大峻,「チベット宗論におけろ禪とkamalaśilaの爭點」(『日本佛教學會年報』40號, 1975)

＿＿＿＿,「チベット譯 頓悟眞宗要決の研究」(『禪文化研究記要』 第8號, 1976)

小昌宏允,「古代チベットのおけろ頓門派の流れ」(『佛教史學研究』 18-1, 1976)

長谷部好一,「吐蕃佛教と禪 - 頓悟大乘正理決ちのぐつ」(『愛知學院大學文學部紀要』1號)

竹內弘道,「荷澤神會考」(『宗學研究』第24號, 1982)

＿＿＿＿,「『南宗定是非論』の成立について」(『印佛研』29-2, 1981)

＿＿＿＿,「荷澤神會考-『神會語錄』の成立について」(『駒澤大學大學院佛教學研究會年報』15, 1981)

橫川顯正,「荷澤神會の無念禪」(『大谷學報』第12卷 2號, 1931)

條原壽雄,「荷澤神會のことば譯註-『南陽和上頓教解脫禪門直了性壇語』-」(『駒澤大學文學部研究紀要』第31號, 1970)

＿＿＿＿,「北宗禪2『觀心論』」(『敦煌佛典と禪』, 東京:大東出版社, 1980))

中川孝,「金剛經口譯と六祖壇經」(『禪文化硏究所紀要』9號, 京都: 花園大學, 1977)

_____,「僧璨大師の年代と思想」(『印佛硏』6-1)

_____,「東山法門の開演」(『敦煌佛典と禪』(東京: 大東出版社, 1980))

_____,『修心要論』とその著者に就いて」(「禪文化硏究所紀要』10, 1987)

關口眞大,「慧能硏究に關するメモ」(『印佛硏』20-2, 1972)

_____,「南宗と南宗禪」(『印佛硏』10-2, 1962)

_____,「曹溪慧能の金剛般若經解義について」(『新羅佛敎硏究』, 東京: 山喜房佛書林, 1973)

_____,「授菩薩戒儀'達摩本'について」(『印佛硏』9-2, 1961)

_____,「敦煌本達摩大師四行論について」(『宗敎文化』12, 1957)

_____,「弘忍の守本眞心」(『禪宗思想史』東京: 山喜房佛書林 1964)

_____,「神會の南宗獨立」(『禪宗思想史』東京: 山喜房佛書林 1964)

藏田正浩,「禪宗の見性思想とイソド如來藏思想」(『印佛硏』31-1)

蘇田正浩,「楞伽師資記における道信の自性清淨心と如來藏思想」(『印佛硏』32-1)

增永靈鳳,「二祖慧可の禪法」(『道元』9-2, 1942)

增永靈鳳,「三祖僧璨と其の思想」(『日華佛敎硏究會年報』2號, 1937)

古田紹欽,「菩提達摩以前の禪」(『鈴木學術年報』2, 1965)

鈴木格禪,「壁觀と覺觀について」(『印佛硏』24-1)

日置孝彥,「禪淨融合思想史硏究」(『曹洞宗硏究紀要』7, 1975)

_____,「禪宗第四祖 道信と念佛」(『曹洞宗硏究紀要』9, 1977)

西村惠信,「南頓北漸と神秘思想」(『日佛學會年報』40號)

木村靜雄,「初期禪宗史に於ける悟と修の問題」(『禪學硏究』36號, 1942)

_____,「初期修神の二形態」(「禪學研究』51號, 京都 花園大學, 1961)

椎名宏雄,「嵩山における北宗禪の展開」(『宗學研究』10號)

_____,「北宗禪における戒律の問題」(『駒澤宗學研究』11號)

小林円照,「一行三味私考」(『禪學研究』51號, 京都: 花園大學, 1961)

高雄議堅,「禪の南北兩宗における」(『禪宗』45卷 5號, 貝葉書院, 1937)

金九經校『達摩大師觀心論・大乘開心顯性頓悟眞宗論』(『薑園叢書』1, (潘陽, 1934))

宇井伯壽,「北宗殘簡 三 觀心論」(『禪宗史研究』(東京: 岩波書店, 1939))

鈴木哲雄,「荷澤神會論」(『佛教史學』14-4, 1969)

中村信幸, 「『南陽和上頓教解脫禪門直了性壇語』飜譯」(『駒澤大學大學院佛教學研究會年 報』8, 1974)

Paul Demiévile稿・林信明譯「『神會語錄』とチベット宗論-中國禪に關する二つの敦煌資料-」(『禪學研究』60-8の和譯) 1981


John R. McRae; "The Ox-head School of Chinese Buddhism: From Early Ch'an to the Golden Age", R. M. Gimello and P. N. Gregory eds., Studies in Ch'an and Hua-yen, Studies in East Asian Buddhism, no. 1, Univ. of Hawaii Press in association of the kuroda Institute, Honolulu, 1983.

John R. McRae; The Northern School and the in East Asian Buddhism, no. 3, University of Hawaii Press in association with the Kuroda Institute, Honolulu, 1986.

John R. McRae; "Shen-hui and the Teaching of Sudden Enlightenment in Early Ch'an Buddhism", P. N. Gregory ed.,Sudden and Gradual-Approaches to Enlightenment in Chinese Thought-, Studies in East Asian Buddhism, no. 5, Univ. of Hawaii Press in association with the Kuroda Institute, Honolulu, 1987.

## 4. 辭典

『望月佛敎大辭典』(東京: 世界聖典刊行協會, 1958)

『禪學大辭典』(東京: 大修館書店, 1978)

『佛敎語大辭典』(東京: 東京書籍, 1981)

『梵和大辭典』(東京: 講談社, 1979)

## 11經의 번역 연대 일람표

『普曜經』卷5,「異學三部品」第14(『大正藏』3), 東晋永嘉二, 308年 竺法護

『出要經』卷7,「放逸品」(『大正藏』4, p.644), 姚秦建元19 혹은 10, 383年 혹은 374年 竺佛念

『中阿含』卷56,「利多品羅摩品」(『大正藏』1), 東晋陸安海, 397~398年 僧伽提婆

『中阿含』卷56,『優院羅經』(『大正藏』1), 東晋陸安海2, 397~398年 僧伽提婆

『佛所行讚』 卷3, 「阿羅藍鬱頭藍品」 第12(『大正藏』4), 北涼玄始3(元?)~15(13?), 414~426年 曇無鐵

『過去現在因經』卷3(『大正藏』3), 劉宋元嘉12~20, 435~443年, 求那跋陀羅

『佛本行集經』卷22,「問阿羅邏品」第26上(『大正藏』3), 隋開皇7-11 혹은 12, 587~591年 혹은 592年 闍那崛多譯

上同,「問阿羅邏品」第26下(『大正藏』3), 隋開皇7-11 혹은 12, 587~591年 혹은 59年 闍那崛多譯

上同,「答羅摩子品」第27(『大正藏』3), 隋開皇7-11 혹은 12, 587~591年 혹은 592年 闍那崛多譯

『方廣大莊嚴經』卷7,「苦行品」第17(『大正藏』3), 唐永淳2, 683年, 地婆詞羅

『佛說衆許摩訶帝經』第6(『大正藏』3), 宋咸平4, 1001年, 法賢

Summary

# A STUDY ON THE THOUGHT OF DHYANA OF SHENXIU IN THE NORTHERN SCHOOL

The main purpose of this thesis is to study the thought of Dhyana of Shen-hsiu in the Northern School and to point out its orthodox character in an aspect of the oneness of sudden enlightenment and gradual attainment.

In the second chapter, for the study of the historical background of the practice of Yoga before Buddha in India, the differences between the Yoga practice of Brahmanism and the Dhyana of Gotama Buddha are explained. The main references are some Theravada and Mahayana sutras and commentaries in which Alarakalama and Uddakaramaputta, the Yoga teachers of Gotama Sramana, were spoken of.

In the third and fourth chapter, the sudden enlightenment of the Southern School and the gradual attainment of the Northern School are studied historically and dogmatically.

The main points of the conclusion in the fifth chapter are as follows: Before Buddha, there was the practice of Yoga represented by Alarakalama and Uddakaramaputta, and their Yoga conceptually indicates the oneness of sudden enlightenment and gradual attainment.

Before his enlightenment, Gotama Sramana also practiced by means of the two Yogi teachers, but he could not be content with them.

He left them and practiced his own new method of meditation and discovered a new Yoga. That is the Buddhist Dhyana by which Gotama Sramana attained his enlightenment and became the Buddha.

The method of Buddhist Dhyana was thus originated from the unification of the ancient Indian Brahmanist method of Yoga and the Buddha's new method of meditation which includes the three departments of Buddhism-discipline(Sila), meditation(Dhyana), wisdom (prajna). Buddhists who practiced Dhyana kept necessarily both the two methods of meditation, the method of sudden enlightenment and the method of gradual attainment.

History tells that in the early Indian Buddhism, the united method of meditation, the method of oneness of sudden and gradual enlightenment, was exercised by the Buddhists. The records related to the method of meditation from many Theravada and Mahayana sutras and commentaries proves this fact.

The early Chinese Buddhist Dhyana before Hui-neng and Shen-hsiu also accepted such an Indian traditional Buddhist method of Dhyana, and both Hui-neng of the Southern School and Shen-hsiu of the Northern School accepted it in their own Dhyana practice.

According to the historical facts, before the time of Hui-neng, the sixth Patriarch of Dhyana Buddhism, most masters such as Hui-ke, Seng-can, Dao-xin, and Hong-ren taught that understanding Bodhi and cultivating the good, sudden enlightenment and gradual attainment, should be united in a dialectical way. They never rejected either of the two.

At the time of Hui-neng and Shen-hsiu, however, they said that there is a critical difference between the sudden enlightenment of the Southern School and the gradual attainment of the Northern School. At that time, the Northern School was more popular than the Southern School, so those who belonged to the Southern School naturally regarded the Northern School with jealousy. The Southerners said that sudden enlightenment was different from gradual attainment and that it was the single original way of Dhyana.

According to the teaching of Hui-neng, however, his sudden enlightenment indicates a spiritual state of mind where subject and object are in oneness. In this sense, sudden enlightenment means both sudden awakening to Bodhi and sudden cultivation of the good. In other words, sudden enlightenment and gradual attainment are to be united dialectically in his doctrine of Dhyana. The word "sudden" of the Southern School never meant any shortness of time but meant a state of the mind where there is no separation of subject and object.

According to the teaching of Shen-hsiu, his gradual attainment also meant a spiritual process of the perceptive operation of the six sense-faculties(六根不動), by which no separation of subject and object is recognized. The following concepts are the instances of his teachings: leaving all the confused thoughts and looking at the pureness in The Doctrine of The Five Methods(五方便說), the apprehension of the four elements(四大) and the five Skandhas(五蘊) in The Doctrine of Meditating on The Mind(觀心論). The gathas from The Doctrine of Mahayana Northern School(大乘北宗論) show the essence of his teachings: "I never let an attentive mind on Dhyana arise, much less an inattentive mind on Dhyana(我尚不起禪定心 何況散亂心).", "Where there are letters and words there are birth and death; where there are no letters and words there is Nirvana(有文有字 名曰生死 無文無字 名曰涅槃)."

Understanding Bodhi and cultivating the good, sudden enlightenment and gradual attainment, were in fact united dialectically in the doctrine of the Dhyana of both Hui-neng and Shen-hsiu. Neither of the two is superior to the other. We should not attach to either of them.

If we could choose one of the two as the orthodox one, we would rather choose the thought of the Dhyana of Shen-hsiu in the Northern School.

# 찾아보기

## 【ㄱ】

각관覺觀  32, 134
각조覺照  193, 231
각행覺行  145, 187
간무소처看無所處  219
간심看心  154, 225, 268
간일자看一字  211
견도見道  100
견무념見無念  231
견본사見本師  229
견본성見本性  162
견불성사상見佛性思想  233
견성성불見性成佛  136, 209
계戒  14
계법계繫法界  187
계성戒性  261
곡曲  220
공적空寂  225
『과거현재인과경過去現在因果經』  29
관觀  20
관문觀門  224
관심觀心  136, 191
『관심론觀心論』  121, 134, 221
관심일법觀心一法  231
관심행법觀心行法  241
구경도究竟道  225

『구사론俱舍論』  17, 65
구칭염불  184
구해탈俱解脫  64
굴屈  220
근본지根本智  213
『금강정경金剛頂經』  105
『기신론起信論』  139
기심起心  139
기악棄惡  202

## 【ㄴ】

남돈북점南頓北漸  16
『남양화상돈교해탈선문직료성단어南陽和上頓教解脫禪門直了性壇語』  157
남종  6
『능가사자기楞伽師資記』  120

## 【ㄷ】

달마  6
『달마다라선경達摩多羅禪經』  110
담란曇鸞  170
『대반열반경』  87
『대보집경大寶集經』  168
『대비바사론大毘婆沙論』  17
대승돈오설大乘頓悟說  131

대승무상선관문大乘無相禪觀門 226
대승무생 217
『대승무생방편문大乘無生方便門』 131
『대승북종론大乘北宗論』 219
대승심大乘心 237
『대승오방편大乘五方便』 133
『대일경』 103
대통선사大通禪師 128
『대품경大品經』 177
『도서都序』 166
도선道宣 130
도신道信 123
도작道綽 170
돈무頓無 104
돈수정頓修定 66
『돈오대승정리결頓悟大乘正理決』 157, 265
돈오頓悟 16
돈오성불관頓悟成佛觀 237
돈오점수 6
『돈오진종금강반야수행달피안법문법요결頓悟眞宗金剛般若修行達彼岸法門法要決』 219
돈오진종頓悟眞宗 135
돈점개공 79
돈점불이頓漸不二 63, 65
돈점일여 79
돈점일치 87, 271
동산 127
동산법문東山法門 149, 166
동정일여動靜一如 209

등지等持 202

【ㄹ】
라집羅什 201
樂根 32

【ㅁ】
마하연摩訶衍 263
『마하지관摩訶止觀』 110
만다라선曼陀羅仙 168
멸진정 92
무간등기지無間等起知 58
무간無間 73
무념 155
무량삼매 169
무량종차無量種差 64
무물심 152
무분별성無分別性 224
무사교無師教 53
무사無死 53
무상락無常樂 46
무상無相 41
無想報 32
무상심지無相心地 255
무상정無想定 107
무상참회無相懺悔 259
무상청정無相清淨 134
『무생방편문』 132
무소념無所念 177
무소처간無所處看 136
『무심론無心論』 223

무심無心 136, 139
무심법신無心法身 212
무아無我 36
무아상無我想 36
무애도無碍道 147
무여니원無餘泥洹 77
무위삼매無爲三昧 21
무의행법無依行法 85
무이無異 147
무일물無一物 133
무주도無住道 147
무주無住 142
무주심無住心 148
『문수소설반야경文殊所說般若經』 166
「뮤아라라품間阿羅灑品」 37
미세정微細定 106

【ㅂ】
박縛 215
반야삼매般若三昧 167
반조反照 242
방편도 116
방편方便 199
방편법문 124
방편선 118
방편심지方便心智 222
법계연法界緣 195
법계일미法界一味 212
법계일상法界一相 167
법계체 223
『법관경法觀經』 110

『법보단경』 191
법상法相 226
『법화경』 82
벽관 149
『보리달마남종정시비론菩提達摩南宗定是非論』 132
『보림전寶林傳』 122
『보요경普曜經』 34
보적普寂 243
보특가라補特伽羅 63
본래무일물 52
본래청정공本來淸淨空 213
본심 191
부동 143
부동도량不動道場 192
부동방편문 213
부사의해탈不思議解脫 144, 155
부주상不住相 192
부주심不住心 151
북점北漸 123
불가각지不可覺知 102
불기심不起心 136
불념不念 192
불리不離 202
『불설중허마하제경佛說衆許摩訶帝經』 34
불성佛性 233
불진간정설拂塵看淨說 234
불체佛體 138
불취상모不取相貌 188
불환해탈不還解脫 46

비유상비무상정 107

【ㅅ】
捨根 32
『사익범천소문경思益梵天所問經』 146
사자밀용師資密用 205
『사자칠조방편오문師資七祖方便五門』 242
삼학계三學戒 252
삼학三學 6, 15
삼학일체三學一體 265
삼해탈三解脫 236
선계동수禪戒同修 257
선계일치사상禪戒一致思想 261
선계일치禪戒一致 271
선도善導 170
선리禪理 204
『선문경禪門經』 131, 135, 216
선바라밀 80
『선요경』 109
선정 15
선지방편 101
선지심善知心 101
섭심攝心 134, 261
『성실론成實論』 17, 76
성제현관聖諦現觀 71
『속고승전續高僧傳』 121, 130
『송고승전』 126
수계작법授戒作法 248
수법행隨法行 64
수보살의사상受菩薩儀思想 254

수본진심守本眞心 150, 154, 211
수신행隨信行 64
수심설守心說 149
수심守心 149
수심修心 99, 177
『수심요론修心要論』 121, 124, 177
수일불이守一不移 123, 154, 210
순일직심純一直心 192
승가바라僧伽婆羅 168
승도구경 116
식불생識不生 218
신수 5
신수선 6
『신심명信心銘』 122
신심부동身心不動 141
신행神行 263
실상관實相觀 171
실상념實相念 198
실행방편實行方便 171
심부동心不動 136
심불기心不起 122, 137, 208
심사유尋思惟 59
심성心性 238
심식불기心識不起 134
심일경성心一境性 98
심지心持 211
심지心智 222
심지心持의 보살계菩薩戒 249
심진여心眞如 138
심처心處 226
심해탈心解脫 138

쌍수쌍조雙修雙照　96

**【ㅇ】**
「아라람울두람품阿羅藍鬱頭藍品」　26
『아비달마대비바사론』　64
안심계安心戒　251
안심安心　205
애진각愛盡覺　26
여래심상如來心相　88
여래의如來義　188
여래장　139
여래평등법신如來平等法身　186
여실지如實知　58
여여如如　149
역순입추월逆順入超越　77
연좌宴坐　26, 154
염념상속念念相續　188
염리법厭離法　55
염불기念不起　154
염불일행삼매　183
영명연수永明延壽　182
오근부동五根不動　213
『오문선경요용법五門禪經要用法』　110
오문五門　123
五不能　249
『오분율五分律』　60
『요결』　135
『우다라경優陀羅經』　21, 23
원적대보리圓寂大菩提　215
원적圓寂　144
『육조단경六祖壇經』　5, 132

의근부동意根不動　213
의법간依法看　222
이관理觀　171
이념離念　122, 134
『이입사행론二入四行論』　120
이입理入　139
이지비李知非　130
「이학삼부품異學三部品」　20
일묵一默　104
일미진삼매一微塵三昧　134
일법계행一法界行　172
일상一相　168
일시一時　163
일심명정一心明淨　208
일자　210
일체지一切智　91, 108
일행一行　169
일행삼매一行三昧　152
일행일체행一行一切行　189
일행전수一行專修　189
『입능가경』　92
입삼매　83

**【ㅈ】**
자내심증自內心證　212
자성이현自性理顯　149
자성自性　155
자성청정　234
자수자서계自受自誓戒　255
자심삼매慈心三昧　117
자정청정심自定淸淨心　211

장열張說　126
적멸락문寂滅樂門　95
적정寂靜　46, 225
적조寂照　218
『전등록』　126
『전법보기傳法實記』　122
점수관漸修觀　99
점수漸修　20
점수정漸修定　66
정定　14
정각淨覺　130
정근定根　59
淨念　32
정념正念　182
『정명경』　153
정성正性　146
정심定心　100
정심淨心　217
정정正定　61
정혜등定慧等　142
정혜등지定慧等持　143
정혜문현定慧開顯　57
정혜불이定慧不二　142
정혜쌍수定慧雙修　17, 63, 65, 271
정혜일여定慧一如　98
정혜일체定慧一體　167
제법정성諸法正性　215
제불심제일諸佛心第一　173
조적照寂　218
『종경록宗鏡錄』　174
좌선간심坐禪看心　123

『좌선삼매경坐禪三昧經』　110
『주반야바라밀다심경注般若波羅蜜多心經』　130
주심간정住心看淨　149
중중무진　215
지견知見　144
지견해탈知見解脫　161
지공志空　263
지달智達　219
지문智門　213
지사문의指事問義　205
지심계持心戒　249
직直　220
직수임운直須任運　176
직수直修　191
직심　153
진성眞性　205
진심眞心　149
진여삼매　169
진여성眞如性　229
진여심眞如心　236
진여평등眞如平等　167
진진법법무애盡盡法法無碍　134

【ㅊ】

청정성　217
청정행淸淨行　172
초정수超定修　68
최상승선　196
출세승지出世勝智　56
『『화엄경』　90출요경出曜經』　34

취사이징就事而徵　219
칭명일행稱名一行　188

【ㅋ】
카마라실라Kamalasila　157

【ㅍ】
팔승법八勝法　250
평등무이平等無二　187
평등법신平等法身　213

【ㅎ】
하택신회荷澤神會　17
해解　215
『해심밀경소解深密經疏』　102
『해심밀경』　96
해오점수解悟漸修　164
해탈과解脫果　35
해탈도解脫道　147
해탈성解脫性　227
행법수행行法修行　241
현관現觀　71
『현종기顯宗記』　132
혜慧　14
혜능　5, 17
혜문慧門　213
혜해탈慧解脫　64
혜해慧解　15
홍인　5
『화수경華手經』　168
『화엄경』　90

『화엄경소』　172
화타化他　145
후득지後得智　214
희심喜心　32

● 혜원 스님

동국대학교 불교학과를 졸업하고, 일본 東京駒擇大學 선학과 박사과정을 수료하였으며, 동국대학교 대학원에서 박사학위를 취득하였다. 현재 동국대학교 불교대학장 겸 불교대학원장, 불교문화연구원장을 맡고 있다.

저서 및 역서로『유마경이야기』,『선가어록』,『신심명 · 증도가』,『선어록 읽는 방법』등 다수가 있으며, 주요 논문으로「계율과 청규의 관계에서 본 현대한국의 '선원청규'」,「간화선에서의 疑와 看에 대하여」,「템플스테이의 제문제」등이 있다.

# 북종선

초판 1쇄 발행 2008년 2월 28일 | 초판 2쇄 발행 2008년 8월 15일
지은이 혜원 | 펴낸이 김시열
펴낸곳 운주사 (136-036) 서울 성북구 동소문동 6가 25-1 청송빌딩 3층
전화 (02) 926-8361 | 팩스 (02) 926-8362
ISBN 978-89-5746-203-4 93220   값 15,000원
http://www.buddhabook.co.kr